深度预测

WARNINGS

寻找能够阻止灾难的预言家

Finding Cassandras to Stop Catastrophes

[美] 理查德·A. 克拉克 / R. P. 埃迪◎著
Richard A. Clarke / R. P. Eddy
陈桂芳◎译

中信出版集团 | 北京

图书在版编目（CIP）数据

深度预测 /（美）理查德 · A. 克拉克，（美）R.P. 埃迪著；陈桂芳译 . -- 北京：中信出版社，2019.6

书名原文：Warnings

ISBN 978-7-5086-9849-6

I. ①深… II. ①理… ② R… ③陈… III. ①社会学－通俗读物 IV. ① C91-49

中国版本图书馆 CIP 数据核字 (2018) 第 282363 号

深度预测

著　　者：［美］理查德 · A. 克拉克　［美］R. P. 埃迪
译　　者：陈桂芳
出版发行：中信出版集团股份有限公司
　　　　（北京市朝阳区惠新东街甲 4 号富盛大厦 2 座　邮编　100029）
承 印 者：北京诚信伟业印刷有限公司
开　　本：787mm×1092mm　1/16　　印　　张：22.25　　字　　数：320 千字
版　　次：2019 年 6 月第 1 版　　印　　次：2019 年 6 月第 1 次印刷
京权图字：01–2019–0683　　广告经营许可证：京朝工商广字第 8087 号
书　　号：ISBN 978–7–5086–9849–6
定　　价：69.00 元

目　录

1

2

第二部分　不能再被忽视的警告 173

1

第一部分

被忽视的警告

第 1 章

卡珊德拉：从神话传说到现实世界

我们中有的人拥有预见未来的能力。

他们常常疾呼以引起我们的注意，但通常会遭到我们的无视。不去理会大多数的预言者也无可厚非，但当我们对某些灾难的准确警告也置若罔闻时，恐怖的事情就会发生。由于未能辨别出谁是先知，谁是骗子，一些人付出了生命的代价。

本书试着找出那些极少数的能预见未来、准确预测灾难的人。

卡珊德拉是特洛伊的一位美丽的公主。她被阿波罗下了诅咒。阿波罗赐予她预见灾难的能力，但也让她失去说服别人相信自己的能力。跨越空间和时间的阻碍、看到未来的能力让她预见自己心爱的城市会因大火而毁灭，但是特洛伊人对她奚落嘲讽，置之不理。她发了疯，最终成为自己预言悲剧的一个牺牲品。

今天在我们之间存在着卡珊德拉式的人物吗？他们警告我们，有些灾难正踏着时间的节拍缓缓而来，却未被我们理睬。有没有可能找出这些预言家呢？我们可以透过虚假警告看到准确警告，从而挽救数百万的生灵，避免数十亿的损失吗？这些问题无关希腊神话，而关乎今天的我们。国家和国际社会能否觉察到迫在眉睫的灾难，然后及时作为、规避灾难或至少减弱其破坏力呢？

埋藏于无数的博客和推文中，积压在浩瀚的学术研究和政府报告之下，卡珊德拉呼叫着，向我们警告灾难。通常，没有人理会她，有时甚至听不到她的声音。卡珊德拉经常得到象征性的回应，或被当作傻瓜或骗子。卡珊德拉的故事如此不可思议、史无前例，以至我们无法解读或是信任她，更不用提做出什么行动了。

当然，问题在于卡珊德拉是正确的，忽视她警告的人可能需要付出代价——个人的生命或祖国的未来。

悲剧在预言家被忽视之后接踵而来的故事不仅存在于古希腊神话中，《圣经》中也讲述了一则故事：在巴比伦国王伯沙撒举行的一次热闹的盛宴上，宴会厅的墙上出现了一些神秘词语："弥尼，弥尼，提客勒，乌法珥新"（mene，mene，tekel，upharsin）。它们在阿拉米语中意为"时日无多，时日无多，被称重，被瓜分"，但是除了希伯来人先知但以理以外，没有人了解其中的含义。但以理警告伯沙撒，说这些词语预示着巴比伦王国的灭亡。故事的最后，伯沙撒丧命于数小时之后的一场政变中。但以理早已读懂写在墙上的"不祥之兆"。

今天，当有人被贴上卡珊德拉的标签时，我们通常的理解是：这些人太杞人忧天了，太相信宿命论，太过悲观，或是过分关注未必会发生的不利情况。我们会认为这些人是"四眼天鸡"[①]，而不是预言先知。如果借鉴希腊神话，我们应该重视卡珊德拉式的人物，应该接受他们的警告并采取相应的行动，但是，我们很少这么做，我们很少相信与一般人

① 影片《四眼天鸡》中，一只名叫四眼天鸡的小鸡在参加棒球队的比赛时被树上掉落的橡树果打到，它却认为这是天空剥落的碎片，恐慌地认为天要塌下来了。它疯狂地到处发布警告，但大家都不相信它。——译者注

有着不同预言的那些人。卡珊德拉式的人物能看见从未发生的事情，他们对于未来的看法不同于我们的。他们提供的方案如果可以迫使我们立刻采取行动，或许还有可能改变一些事情，否则我们将会以惨烈的方式付出沉重的代价。

古希腊所称的卡珊德拉行为有时被今天的社会科学家称为“警戒智力”（sentinel intelligence）或“警戒行为”（sentinel behavior），即从警示征兆中首先觉察到危险的能力。人们发现多类动物都有这种行为，并且相信人类也有。拥有“警戒智力”的物种可以透过层层征兆的迷雾，清晰地看见危险，然后对自己的群体发出警告。对别的动物而言，它们的群体似乎会对“哨兵”的警告做出快速反应，这是由基因决定的，但是在人类身上，那种快速反应的能力进化得不怎么样。

我们是本书的作者迪克·克拉克（Dick Clarke）[①] 和 R. P. 埃迪（R. P. Eddy）。从政府部门内到政府部门之外，从“基地”组织和之后恐怖势力的崛起到核武器和生物武器的扩散，从埃博拉病毒和艾滋病病毒等致命病毒的出现到网络威胁概念的引入，从伊拉克战争到波斯尼亚战争再到阿富汗战争，我们相互认识、并肩工作了 20 多年。我们既不是悲观主义者，也没有痴迷于厄运。事实上，我们是乐观主义者。我们相信人类正处于巨大科技进步的顶端，人类的生活应该变得更加美好。大多数时候，我们已经了解情况，但是，对一系列本可以避免或减轻的灾难的新闻报道随处可见，比如，“9·11”事件、经济大衰退、“卡特里娜”飓风、第二次伊拉克战争、“伊斯兰国”的崛起。我们的工作直接涉及其中的许多话题，我们本人也深受其中一些事件的影响。这些话题在我们的交谈中占据着重要地位。我们俩经常会一起喝高浓度的单一麦芽威士忌，酒酣之际，一个问题总是重现：我们怎样能够避免灾难或是在灾

① 迪克·克拉克即为理查德·A. 克拉克。——编者注

难降临之前做好更充分的准备呢？

我们注意到，随着每一次灾难而来的几乎都是调查和互相的指责，我们试图为某个灾难追究责任，或找出造成情况恶化的失职行为。

然而，在许多情况下，似乎都有专家或是专家团队，即卡珊德拉，事先做出了准确的预测。他们经常被忽视，其警告遭到贬低、无视，或者只是得到不充分的、做样子般的回复。

我们开始思考，这些一再出现但又被忽略的警告信息是否具有一些规律。我们有没有可能找到一种方法，赶在灾难发生之前捕捉到那些准确但被忽视了的警告信息？如果那些事后被证明是准确的、事先没有得到重视的警告真的会频繁出现，那么，找到一种预先检测、验证这些警告的方法就可以拯救生命，避免苦难，减少经济损失。

我们发现，在任何一个特定的时间段我们都可以听到大量的厄运预言。大多数预言都遭到了忽视，也理应遭到忽视。那些预言由奇怪的人编造而来，毫无实证支撑或现实依据。有的预言吸引了一些人的注意，但是事情的进展证明这个警告是错误的。更常见的是，某些领域的真正专家履行自己的职责，及时发出警告，结果却惨遭忽视或只是收到少量的、象征性的回复。我们开始用“卡珊德拉事件”来形容这些插曲。这引发我们思考：过去的一些“卡珊德拉事件”是否可以帮助我们找到当代的灾难预言家，他们的预言将被事实证明是正确的。为此，我们走访了朋友、同事、工作伙伴以及一些世界级的专家，问问他们对于“卡珊德拉事件”的看法。

卡珊德拉的问题不仅在于人们是否能透过噪声听到可能准确的预言，还在于一旦识别出准确的预言，人们应该做何处理。我们开始意识到，要想成功地引导“卡珊德拉事件”，一个组织或者一个社会必须经历数个阶段。首先，我们必须听到那个警告，然后必须相信，最后必须采取行动。[1]实践中，执行每一个步骤都是一个挑战。况且，循序执行这三个步骤通常困难重重。尤其当预言偏离常规、历史，与我们的经验和我们对于未来发展方式根深蒂固的观点迥异时，对预言做出正确的判断是一种十分罕见的能力。按照这种预言行动的要求投入大量的资金，然后进行行动的可能性往往接近于零。但是，如果忽略了一位真正的卡珊德拉，我们因毫无作为而付出的代价将远远高于早些时候就着手处理的成本。

因此，该书将试图回答下列问题：如何能从众多的权威人士中发现真正的卡珊德拉呢？是否有方法可以被用来更好地识别和听取这些预言性的警告？是否存在一种方法可以让我们从周围的噪声中分辨出最可怕的预言，并让我们的注意力集中在上面？还是，卡珊德拉会永远受到诅咒，一直看着自己心爱的城市特洛伊被烧毁却只能哭泣？

为了找出这些问题的答案，我们先从一些简要的个案研究开始着手。这些个案的研究对象是一些实实在在的当代人，他们在一些重要问题上拥有卡珊德拉的能力，也像神话中的这位公主一样遭到了忽视。本书无意成为书中所回顾的那些灾难的权威性案例调查。相反，我们将重点关注卡珊德拉及其故事。我们将试着确定以下问题的答案：他们为什么先于别人知道真相？他们为什么没有被理会？如何改变环境使人们注意到他们的警告？

虽然我们将案例研究集中在个人身上，但也有许多案例涉及以履行“哨兵职责”为己任的组织机构。政府、一些行业和职业早已认识到设立瞭望员、侦察兵和哨兵给予警示多么有价值。我们的案例研究涉及一些美国政府机构：情报机构的“警告人员”，为监督、避免潜在的矿井灾难而专门设立的机构，国家灾害管理机构，以及为了警惕欺诈行为和潜在的、系统性的经济动荡而专门设立的金融监管机构。

回顾“卡珊德拉事件”时，我们首先探讨 1990 年萨达姆·侯赛因（Saddam Hussein）入侵科威特，这一事件引发了一系列今天仍在持续的灾难。接下来，我们将研究被“卡特里娜”飓风袭击之前的路易斯安那州的情况。然后，我们将目光投向日本的一次海啸，它引发了多个核反应堆融化的次生灾难。再回到美国，我们进入西弗吉尼亚州的地下，去看看不断发生的矿难。随着“伊斯兰国”的崛起，中东再次闯入人们的视线。最后，我们转向经济和金融领域的“卡珊德拉事件”，除了2008年的经济大衰退之外，我们还将研究一下伯纳德·麦道夫（Bernard Madoff）的“庞氏骗局”。

当研究不同领域的这些“卡珊德拉事件”时，我们开始注意到一些共同点：卡珊德拉的共同点，其警告对象的共同点，以及某些事件的共同点。这些事件，如果用现代不无争议的灾难预测方法来看，可能表明某些人正在对未来的“卡珊德拉事件”提出警告。通过找出这些共同之处，并将其综合成一种方法论，我们将这个结果称为“卡珊德拉系数”，其具体数字则告诉我们一个人有多大可能是一位真正的卡珊德拉。他们的警告可能是准确的，却有被我们忽略的风险。

根据以往的“卡珊德拉事件”计算出一个“卡珊德拉系数”之后，我们接下来要听听今天的卡珊德拉的声音。今天我们中的哪些人可能会准确地预测一些我们正在忽略、或许将置我们于危险之中的事情？让我们看看当代的一些人及其预测，然后研究一下公众对此的一些反应。在此举的例子将包括人工智能、基因工程、海平面上升、流行性疾病、核冬天[①]的新风险、物联网以及小行星的影响等。最后，在本书的结尾部分，我们将探讨社会和政府如何在涉及当今时代的一些重大问题时尽量避免忽略卡珊德拉。

我们并不是对当代卡珊德拉的预言表示赞同（赞同与否，我们将留

① 核冬天是指核爆炸后，巨大的能量将烟尘和微粒注入空气，导致高层大气温度升高，地表温度下降，产生与温室效应相反的作用，进而使地表呈现出如严寒冬天般的景观。——编者注

给读者自己定夺），虽然如此，我们仍会将自己的分析框架套在他们的案例中，评估每一个元素——发出警告的那个人、警告的接收人、威胁本身，然后计算出“卡珊德拉系数”。如果你觉得我们的方法是有价值的，那么或许整个社会都会更加关注那些得分最高的糟糕情况，即我们正在忽略的、会对将来造成巨大影响的事件。

乍一看，这是一项野心勃勃的任务，其实不然。穿针引线、把所有的线索编织在一起其实并不困难，难的或许是首先要认识到这些不显眼的个人确实存在。

本书之前，从未有作者探索过如何从干扰的声音中听到真正的卡珊德拉的声音。本书是帮助人们判断哪些警告值得仔细聆听，这也许是为阻止灾难的发生所做出的第一次努力。

有的人认为我们之所以对这个话题感兴趣，是因为迪克曾在“9·11”事件之前发出过警告。“那么，你们之所以对卡珊德拉感兴趣是因为你——迪克·克拉克，曾经是针对‘基地’组织和‘9·11’事件的一位卡珊德拉吗？”这个问题的简短答案是：不是。我们——两位作者都对卡珊德拉这一现象感兴趣，是因为我们专注于研究领导层的决策，以及其在重大历史事件和潮流中所起的作用。然而，人们不可避免地要谈论“基地”组织和发生在 2001 年 9 月 11 日的袭击事件。早在多年前，迪克就已经在自己的《反击一切敌人》（*Against All Enemies*）一书中详细阐述了该事件。我们两人都没有任何意愿在本书中再次涉及那片领域，那么让我们先把这个问题解决吧。以下是迪克对警告和“9·11”事件的看法。

在 1999 年之前，当然还有在 2001 年时，许多人警告存在“基地”组织这一威胁，他们是美国联邦调查局特工约翰·P. 奥尼尔（John P. O’Neill），美国中央情报局（简称中情局）局长乔治·特内特（George Tenet），以及美国中情局反恐中心领导层的大多数人。遗憾的是，没人能够预测袭击的时间、地点及方式。他们所做到的是发出军事情报人员所谓的战略性警告：确定意图，而不是战术警告：确定何时、何地及以何种方式。他们为什么没能发出战术警告，是一个颇有争议的话题，其核心就是美国中情局高级官员反复阻挠联邦调查局和白宫领导层知晓“9·11”事件的劫机者已经踏入美国本土。[关于此话题更详细的讨论，请参见迪克之前出版的另一本书《你的政府辜负了你》(*Your Government Failed You*)。]

小布什政府对“9·11”事件的警告的回应是笨拙且糟糕的，正如本书之后将探讨的“卡珊德拉事件”中的那些回应。官员听到了警告，但并不完全相信，当然也不会采取行动。当时，老布什执政结束，在那之后，这些官员大都离开政府部门了。他们依然抱着十年之前的偏见，不敢相信世界已经发生了如此巨大的变化。美国的头号威胁不是来自一个民族国家，而是一个恐怖主义组织？他们更无法相信这种威胁最终被证实是一个从国家内部实施袭击的计划。简而言之，这种事情之前从未发生过，所以他们真的无法相信这种事情会在以后发生。

不幸的是，即使有知名专家和权威机构明确且大声地发出警告，他们也不总能有效地传递某个信息或是引起有关当局做出有意义的回应。一些决策者通常不欢迎宣告灾难即将发生的预测。他们不是尽可能全面地预防或减轻即将到来的灾难的影响，相反，他们往往采取一种模糊的否认态度。决策者或许不会对证据提出异议并拒收警告，但其行动表明他们并不真正相信某个警告是真实的。“基地”组织的威胁，2001年9月11日的恐怖袭击和小布什政府就是这样的状况。现在可以翻过“9·11”事件这一页了。

在与朋友和同事进行初步讨论时，他们引导我们关注近代历史上一些著名的卡珊德拉例子。人们最常提及的人物就是历史伟人温斯顿·S.丘吉尔(Winston S. Churchill)爵士。记录丘吉尔的公共和私人生活的书籍很多，其中有些还是他本人撰写的。事实上，这位英国前首相是一位多产的历史学家。很少有公众人物像丘吉尔那样，详细地记录和讲解自己的生活和职业。除了美国总统亚伯拉罕·林肯（Abraham Lincoln）之外，丘吉尔可能是最多被当作学术研究和文章写作对象的领导人。因此，我们对丘吉尔的生活有很多的了解，包括那些可能使他称得上卡珊德拉的事件。描写丘吉尔的性情、智力和品格的作品也十分丰富。

与本书后面将要讨论的一些卡珊德拉不同，当丘吉尔在 20 世纪 30 年代开始发出警告时，他绝非是一个鲜为人知的无名小卒。1900 年，丘吉尔入选议会，当时他只有 26 岁，仅仅 8 年之后他就成为内阁成员。他连续担任多个部长，掌管国内政策、经济事务和外交政策。到 20 世纪 10 年代中期，丘吉尔最知名的职务是在“一战”期间担任皇家海军大臣。他是一次袭击土耳其行动的幕后策划者，因为执行不力，导致英军在加利波利溃败。丘吉尔在批评声中辞职，转而参加军队，在西线的法国战壕里作战。

后来，丘吉尔更改党派，吸引了更多的目光，也更具有争议性。20 世纪 30 年代，英国首相斯坦利·鲍德温（Stanley Baldwin）和其继任者阿瑟·尼维尔·张伯伦（Arthur Neville Chamberlain）都认为，丘吉尔是一位麻烦制造者。丘吉尔的书籍和报刊专栏文章多为军事题材，加深了人们将他看作好战分子的印象。因此，1933 年，当丘吉尔开始疾呼要警惕德国军事力量的膨胀，并呼吁英国扩军时，许多人并不予理会。

许多卡珊德拉式的人物是在自我驱使下独立得出那些经验数据的，丘吉尔则不同。德国大规模的军备重整问题并不是他独立发现的。相关领域的文官和军官将政府的秘密文件提供给丘吉尔。其中，一位线人给丘吉尔提供了许多细节，这些细节说明英国皇家空军与纳粹德国空军之间的差距正在迅速拉大。另一位线人将德国防御工事的一道新围墙的照片提供给他。那就是齐格菲防线，它将使法国和英国难以甚至完全没有可能入侵或是反攻德国。有了这些秘密情报的支持，丘吉尔在议会多次发表演讲，痛斥德国造成的空中威胁，推测日后一旦开战，德国将横扫比利时和荷兰，然后入侵法国。许多政府部长驳回了丘吉尔的说法和数据，尽管这些情报来自政府内部。

的确，政府中也有一些严肃对待丘吉尔的警告的人，甚至是在这些警告有待证实时。20 世纪 30 年代中期，一位与丘吉尔关系友好的议员、后来的英国首相哈罗德·麦克米伦（Harold Macmillan）担忧丘吉尔会中途放弃，告诫他“处于重新陷入骄傲自满的卡珊德拉的危险之中”。麦克米伦形容，丘吉尔当时的态度是：“我已经尽力了，我已经做了这么多演讲，可没人当回事儿。我所有的预言已经被证明是正确的，我也被政府当众冷落了。我还有什么可做的？”[2] 英国著名历史学家朗福德（Longford）夫人甚至认为，当时的丘吉尔正是“说话不被理会的卡珊德拉”。

丘吉尔和许多准确警告灾难即将到来的其他人有一个共同之处，那就是丰富的性格。卡珊德拉通常被形容为有强迫倾向、积极主动、勤奋工作、直言不讳、粗鲁暴躁。丘吉尔被认为是一位终身的鹰派人物和冒险家。麦克米伦指出，“人们普遍怀疑他的判断是否合理”。希特勒最终“拯救”了丘吉尔的名声，希特勒的所作所为逐渐证明了这位直言不讳的英国人是正确的。随着希特勒的侵略越来越猖狂，丘吉尔获邀重新加入英国内阁。当阴云密布、战争迫近时，他接受任命，成为英国首相。

作为战时领袖，丘吉尔表现出非凡的驾驭能力。面临不利的局势，他鼓舞被围困的英国人，使其士气高涨，并且实施创造性的军事战略和战术，运用新的技术。一些历史学家认为，丘吉尔所做的贡献是决定英国取得胜利的关键因素。然而，丘吉尔的先见之明和领导能力并不足以让他在“二战”结束之后仕途顺利。1945 年，在战后的第一次选举中，丘吉尔落选了。

另一位与我们的时代更接近的卡珊德拉是“挑战者号”航天飞机的工程师。早在 1986 年“挑战者号”爆炸之前，他就与美国国家航空航天局的领导层进行过抗争。这一“卡珊德拉事件”中，罗杰·博伊斯乔利（Roger Boisjoly）多次尝试阻止在 1986 年 1 月的那个早晨发射“挑战者号”。事实证明，那是一个灾难性的早晨。其实，博伊斯乔利以及他的做法已经成为风险管理和决策伦理方面的一个经典案例。

“挑战者号”灾难的起因在于将其发射到太空轨道的固态火箭助推器的最初设计存在一处固有缺陷。美国国家航空航天局将助推器的制造合同给了莫顿·瑟奥科尔公司，该公司依照可靠的“泰坦三号”火箭进行设计。这些圆柱形的助推器是被分成数节、独立生产的，该公司用 O 型环和填充缝隙的腻子将各节首尾相连、密封起来。但是，为了简化复杂的制造工序、削减成本，莫顿·瑟奥科尔公司对“泰坦三号”火箭做了多处重大的设计变更，包括更改各个部件的连接方式和 O 型环的朝向。

在最初和后续的测试中，甚至在“挑战者号”航天飞机升空之后，莫顿·瑟奥科尔公司的工程师以及美国国家航空航天局都越来越警惕更改后的火箭助推器出现的一些问题。燃烧的热气将填充缝隙的腻子烧穿，然后泄漏到结合处，接着烧毁 O 型环，密封的效果不复存在。而且，这一日后被称作“节点转动”的问题因低温天气而变得更加糟糕。

博伊斯乔利是莫顿·瑟奥科尔的一名固态火箭助推器工程师。他十分担心“节点转动”这一问题，不仅如此，他更为担心的是，在没有找到合理的解决方法之前，美国国家航空航天局获得莫顿·瑟奥科尔的管理层同意之后选择继续发射航天飞机。美国国家航空航天局和莫顿·瑟奥科尔的管理层都将 O 型环问题视为一个可以承担的飞行风险。1985 年 7 月 31 日，大约是“挑战者号”事件发生前半年，一份备忘录显示，博伊斯乔利警告公司工程部门的副总裁，说 O 型环问题将会酿成一场灾难。他不祥地预言道："这样的后果将是一场最严重的灾难，会造成生命的损失。"博伊斯乔利的警告被无视了。

"挑战者号"发射的当天早晨，天气预报说，气温为30华氏度（约-1摄氏度），远远低于以往任何航天飞机发射时的气温。博伊斯乔利和莫顿·瑟奥科尔的其他工程师都认为，鉴于O型环以往的性能问题，这样的低温对安全发射构成了严重威胁。但这些人并未成功说服美国国家航空航天局和莫顿·瑟奥科尔的管理层，后者在数次发射延迟之后也面临着压力。

1986年1月28日上午，发射场气温为36华氏度（约2摄氏度），比之前最低的发射温度还要低15华氏度（约9摄氏度），但发射任务继续进行了。"挑战者号"的使命终结于那天上午的11点39分，即它升空后的第73秒。那时其右侧固态火箭助推器有一个O型环失效了，后果是整个航空飞机的结构被彻底摧毁。美国民众和美国国家航空航天局及莫顿·瑟奥科尔的工程师、管理层一道，惊恐地看着"挑战者号"在巨大的火球中分解成碎片。

即使在灾难发生之后，人们也很少会感激卡珊德拉曾做出的努力。莫顿·瑟奥科尔的同事（包括管理人员），都在回避罗杰·博伊斯乔利，他们觉得他在事故调查中所说的证词将会让自己丢掉饭碗。或许，我们可以悲观地理解这些反应只是人性所致，是一种生存的本能。但是，就应对以后的灾难，或是确保卡珊德拉的警告不再遭到无视而言，这样的反应有害无益。

注意到我们中间有着卡珊德拉式人物的似乎并不只有我们两个人，于是，我俩想知道是否有一些关于预测的学术研究。事实上，学术界已经花费了大量的时间来研究和思考预测。统计学家纳特·西尔弗（Nate Silver）采取了一种高度量化的方法来研究预测，这对研究某种类型的事件很有效果。法理学家理查德·A. 波斯纳（Richard A. Posner）对于

“9·11”事件之后的灾难现象进行了研究。丹·艾瑞里（Dan Ariely）和萨齐·艾因–多尔（Tsachi Ein-Dor）两位心理学家通过经验观测和警告研究探索了大脑的运作方式。

毫无疑问，菲利普·E. 泰洛克（Philip E. Tetlock）的《狐狸与刺猬：专家的政治判断》（*Expert Political Judgment*）是研究社会科学领域的预言的一本奠基性著作。20 世纪 80 年代，泰洛克开始了一个项目，他起初抱着几分试验性的目的，之后越来越严谨。当时泰洛克是加州大学伯克利分校的一位心理学教授，他觉得美国公众耳边充斥着所谓“专家”的预测，特别是关于国家安全和经济政策的预测。在他看来，一位自信满满的专家提出一些预测，认为其必会发生，但往往与另一位同样自信满满的专家提出的预测相矛盾。所以，泰洛克想努力搞明白众多预测的意义。

接下来的将近 20 年中，泰洛克邀请 284 位专家就自己专业领域之内和之外的一系列问题进行预测。这里“专家”的定义为“靠着评论重大政治和经济趋势或通过提供相关咨询服务谋生的专业人士”。虽然这项研究是匿名进行的，但是这些专家一般都接受过高等教育，并在各自的专业领域有着至少数年的工作经验。有的专家在政府部门工作，有的专家在私营领域、国际机构或智库工作。泰洛克搜集并分析了他们的反应，总共 2 万多条，然后他自己也做了一些精彩的预测。

总的来说，专家预测未来的能力都很糟糕，但是泰洛克做了一件有意思的事情：除了询问专家如何看待某个特定情况，他还认真研究了他们的思维方式。泰洛克评估了专家的认知方式之后，将其分为“刺猬”和“狐狸”两类。这种说法源于哲学家以赛亚·伯林（Isaiah Berlin）的一篇文章。伯林在文章里引用古希腊诗人阿尔基洛科斯（Archilochus）的话：“狐狸知道很多事情，而刺猬只知道一件大事。”刺猬式思维方式的特点是相信“一件大事”，比如一条统一的基本理论，然后“积极地用这件大事来解释新的领域”。相反，狐狸式思维方式的特点是“灵活地做出临时决议，需要将多种信息来源拼接起来”。泰洛克写道，狐狸对于“模糊不清的政治话题可以成为规律性极强的科学的研究对象”表示相当怀疑。

将专家进行如此分类之后，泰洛克发现了一些出乎意料的联系。“狐狸”预测的准确性总是远远超过“刺猬”，不仅被问及专业领域时如此，而且“狐狸”在不甚熟悉的问题上的表现也优于“刺猬”，但最令人惊讶的或许是，“刺猬”就自己的专业领域进行预测时，其表现实际上更加糟糕。泰洛克将这一惊人发现归因于：“刺猬钻了智力的牛角尖，钻得越深，就越难出来，越难看清外面的世界，进而越来越容易沉浸在自己已知的领域……继续为说服自己相信最初的惯性是没错的寻找新的理由，而不知自己最初通常是太过于乐观或悲观的。”

然而，令人抓狂的是，即使是“狐狸”，整体而言，其推测的准确率也仅是接近于简单统计模型的推断结果。“狐狸”做出的预测的准确率的确比本科生好一些，也胜过谚语中所说的“投掷飞镖的黑猩猩”，却远远低于正式统计模型预测的准确率。

继泰洛克之后，又有些学者撰书更为详细地研究他所得出的基础性结论。丹·加德纳（Dan Gardner）在2012年的《“愚”言未来》（*Future Babble*）一书中运用心理学、神经系统科学和行为经济学的最新发现，详细阐述了在预测未来时影响我们判断的偏见和其他认知过程。纳特·西尔弗根据自己在体育和政治上的成功预测经验，撰写《信号与噪声》（*The Signal and the Noise*）一书，探讨为何用概率的方法思考问题会帮我们从海量的原始预测数据中提取出更为准确的数据。

从根本上说，上述书籍全都指出了预测未来的内在重重困难。阻碍我们预测自然现象的是宇宙混沌的本质：自然现象的形成过程是由反馈回路驱动的非线性体系，而这些反馈回路本身往往也是不可预测的。人类的行为，或者说某个政府和社会的行为，受到无数因素的驱使，这让预测行为变得难上加难。

因而，我们对一些信任其判断的人做了初步的非正式调查，结果显示：人们已经开始思考相关的问题，甚至有了典型的卡珊德拉人选。有的专家出版了学术性著作，深入研究科学、社会科学、工程学、情报学方面的预测现象。我们调查的著作中，没有一本将焦点放在那些预测灾难来临的专家身上或探讨这些专家遭到忽视的原因，也没有一本是思考我们如何能在灾难发生之前就找到“警戒智力”高超的那些人的。因此，本书将着重探讨这两点。

之所以没人重视那些发出警告的人，原因之一是众多甚至大多数的预言家都说错了，败坏了整个行业的名声。我们都曾听过以下这些预言：世界上的矿物燃料要用光了；种植的粮食不够人类吃了；爆炸式增长的人口要拖垮地球了。然而，今天，我们看看四周，就会发现碳氢化合物供过于求，人类找到了增加粮食产量的种种新方法，有些国家正为人口负增长的问题感到焦虑。那么，谁的预言能信呢？

我们认为，人们不重视这类预言的另一个原因是，即使暂且不提那些无数的错误警告，光是海量的数据就是一个阻碍，而且这些数据正在继续扩大。个人和组织通常尽力从这些数据中挖掘出有意义的信息，或借助大数据分析和机器学习技术，然后知会决策层。许多企业和政府都在努力搞清楚重要的一点：哪些看似低概率的预言准确地预测了影响极大的事件。这是事关成败，有时甚至是事关生死的一点。另外，大量看似内容翔实的专家评论通过互联网、电视和纸质媒体等无数渠道从四面八方砸向我们。大数据允诺的光明前景让人眼花缭乱，专家的权威意见嘈杂喧嚣，面对这样的环境，决策者如何才能听到卡珊德拉的警告呢？

对我们作者来说，探索着自觉陶醉和深爱的一系列广泛重要议题，此书的撰写过程犹如一趟发现之旅。多少次，我们与潜在的卡珊德拉坐下长谈，不仅探讨他们的领域，而且逐渐了解到他们本身。为了写作这本书，从海湾地区的海滩到加利福尼亚的实验室，我们亲身走访多地；从旋转在太阳系之外的暗礁到深埋在阿巴拉契亚山底下的岩石，我们的思绪徜徉天地。现在，我们可以说，这些现代警告中哪怕仅有一些是对的，我们正去往的未来之路也将布满荆棘。因此，所有人应该决定是否从此刻就行动起来、减轻潜在的灾难，这一点至关重要。

如果判断没错的话，那么运用这种系统性的方法将卡珊德拉找出来，能够帮助今天的领导人重新调整注意力，更有意义地调度资源，以应对明天的威胁。本书或许可以让那些险些经历卡珊德拉悲剧的人成为说服社会、及时作为的英雄。

启程之前，我们已经清楚地意识到，和古代的特洛伊人一样，我们不过是一介凡人，常常走进众神的谜之圣殿里，期望追求真理和预见未来。我们知道，自己将不可避免地犯错。尽管如此，我们从未放弃尝试，始终朝着预见未来和阻止迫在眉睫的灾难的目标前行。我们寻找理解，寻找倾听卡珊德拉的方法。

第 2 章
情报间谍：入侵科威特

面临重大的不确定性时，人们倾向于推测自己希望发生的事情定会发生。

——罗伯塔·沃尔斯泰特（Roberta Wohlstetter），
《珍珠港：警告与决策》（*Pearl Harbor: Warning And Decision*）

查理·E. 艾伦（Charles E. Allen）没有规划夏日休假，他已经好几年没休假了。7 月于他，和往常一样平淡无奇：早晨五点半左右到办公室，约 14 个小时之后才下班。他要阅读的情报报告浩如烟海，要分派的搜集任务不计其数。他不想漏掉任何蛛丝马迹，因为他自然不想日后陷入措手不及的境地。有的同事觉得他有强迫症、过分执着，不过他可从没忽略过任何重要信息。成年累月的工作终于在此时此刻见了成效，而这一刻他必须最大限度地行使自己的权力。这样做不无风险，但他被挑选到这个岗位上来正是因为他的坚决与果敢。他让自己听从情报的指挥，此时情报显然已经发令了。查理拿起一支红笔，打开标准拍纸本，在顶端用大写字体草草写下“战争警报”几个大字。这条信息将被直接上报给美国总统。

1990 年 7 月，查理 54 岁。彼时，他人生中恰有一半的时光都在为美国中情局工作。严格说来，从 1986 年开始，他已经从中情局被借调到一个叫作国家情报委员会的地方。国家情报委员会是设在中情局总部的一个小机构，但从更大的政府层级结构来看，它实际上位列 10 多个情报机构之上。该委员会由 10 位国家情报官组成，他们每个人负责一个系列的问题，协调不同机构之间的工作，然后将重要发现报告给白宫。查理负责的可绝不是某个单一问题，而是一种被称为“警告”的不祥问题组合。

7 月 25 日的那天早晨，查理已经工作了一个多小时，但中情局的停车场与其总部大楼的大多数办公室一样，依然空空如也。他正在喝第二杯咖啡，目不转睛地看着一摞伊拉克共和国卫队的照片。7 月 15 日，伊拉克共和国卫队的几个师率先南下，朝着科威特的边境开进。拍下这些资料的照相机位于数百英里[①]的高空之上，正以每小时上万英里的速度围绕地球工作着。查理已经让它瞄准了一个目标。他在前一天晚上离开办公室之前，就下令用卫星拍摄这些王牌装甲师了。而此刻，看着这些采集而来的图像，他并不开心。

查理作为负责预警事务的国家情报官，其岗位的设立正是美国汲取国家安全教训的制度体现。该岗位之所以存在，就是为了让国家在面临与以往一样的危机时，尤其是面临“珍珠港”事件那样的危机时，不再毫无准备、措手不及。美国政府曾就为何未能事前得知日本偷袭的原因进行过 5 次独立调查。参众两院的一项联合调查也得出了一份多达 39 卷的报告。

① 1 英里 =1 609.344 米。——编者注

但是有关“珍珠港”事件的权威性报告直到1962年才问世。然而，这份报告并非由政府委员会主导，而是由一位名叫罗伯塔·沃尔斯泰特的学者撰写。其得出的结论是：问题不在于信息缺失，而在于信息过剩。从海量的情报及其他资源中识别出那些至关重要的情报异常困难。许多军事部门的分析员已经对源源不断、纷至沓来的新情报感到麻木，却无人负责汇总所有的情报，或在达到某个紧急临界点时，向其他政府部门发出警告。当时还没有可以整体分析、解读美国所获取的所有情报的国家情报官，也还没有可以独立决策、及时发出警告的国家情报官。

迪克·克拉克第一次见到查理·艾伦是在罗纳德·威尔逊·里根（Ronald Wilson Reagan）执政期间。每周四上午，在白宫附近一座不起眼的建筑里，查理会将美国主要情报机构的高级分析员集合在一起。他将这个小组起名为警报委员会。克拉克代表的是国务院的情报部门，那是由“二战”期间大名鼎鼎的间谍组织——战略情报局中的分析机构演变而来的。

克拉克总是独自走向那栋不显眼的建筑，拎着一个上锁的公文包，里面装着一周以来令他最不安的情报报告（他觉得带着这些情报摘要走在大街上可能会违反安全规定，便索性不向上级申请许可了）。每个人都会把自己所关心的情报交给查理·艾伦的警报委员会，结果，警报委员会就像是一个集体治疗见面会。周四那天结束之前，艾伦会根据会上得到的信息写出两页简明的备忘录，列出需要留意的事项、动态、军事演习、潜在的麻烦制造者。这些会议的成果还包括“搜集任务”的分派，让一些卫星拍摄照片，让另一些卫星监听某些频率的指令，优先处理破译某些加密信息的申请，以及让间谍关注特定目标的建议。

艾伦经常提醒，警报委员会所面临的挑战是不要成为那个喊“狼来了”的孩子，工作人员的评估务必审慎，措辞应当严谨。还有一点至关重要，那就是，每周的报告必须让情报部门的领导有意愿读下去，能帮助高层官员聚焦要点，而不是批评他们遗漏了哪些重大信息。理论上，这份《警报周报》会被递交给总统和所有高级情报官员，但实际上，委员会里没有一个人幻想总统里根会是该报告的忠实读者。

然而，查理·艾伦的确有办法直接接触到总统。作为负责警报事务的国家情报官，他有一项之前从未使用过的特殊权力。如果查理判断，在世界某地即将爆发对美国来说具有重要影响的、不容小觑的战争，那么他有权直接发布一份正式的战争警报。一个人不会草率地做出这样的举动，错发此种红色警报很可能会断送其仕途。尽管如此，在 1990 年 7 月华盛顿那个愈加炎热潮湿的早晨，艾伦匆匆写下战争警报，写下他要告知总统的消息：伊拉克即将入侵科威特。

数周以来，艾伦和同事都在关注这两个国家之间的口水战。仅在 3 年前，萨达姆的巴格达当局才结束了中东史上最为血腥的战争——长达 7 年、最终造成 100 多万人丧生的两伊（伊朗和伊拉克）战争。查理·艾伦密切关注着那整场冲突的走向。好多次，当伊拉克军队似乎就要被偷袭或打垮时，美国就透漏给巴格达一些机密情报，帮助萨达姆，让他能够把军队转移至牢固阵地。更不用提，伊拉克为何能够经常使用含有沙林和芥子气在内的化学武器发起炮击来阻止伊朗志愿军的蜂拥而至。

双方均宣称是对方先挑起战争，但看起来比较可信的是，萨达姆趁伊朗国王下台之机，意图夺取伊朗境内一块阿拉伯人聚居区，伊朗大部分的石油也产自该地区，萨达姆这么做真是一石二鸟。在这场冲突期间，伊拉克严重依赖科威特以筹集资金，最终欠下的债务高达 140 亿美元。7 年之后，两伊都濒临破产和崩溃，战争结束了，边境线仍保持在战前状态。那时是 1987 年，而现在是 1990 年了。

查理·艾伦知道萨达姆·侯赛因仍需要还钱给科威特，或是谋求一个胁迫科威特豁免其债务的办法。萨达姆也需要一次政治或军事胜利，也许两者都需要，但萨达姆·侯赛因不需要的是，一群王室酋长操控石油市场，他认为科威特恰恰在那么做。石油输出国组织不仅定下了每一个国家的石油出口配额，还商定了石油的价格。科威特违反这项协议就是在干扰伊拉克赚取石油出口收入。并且，巴格达方面还宣称，其他阿拉伯国家并没有充分补偿伊拉克在对抗伊朗的战争中所蒙受的全部损失。伊拉克政府将其与波斯人的那场战争刻画成是为所有的阿拉伯人而战的，因此科威特理应承担更多费用，豁免伊拉克在战争中产生的大部分乃至全部债务。

中情局负责阿拉伯事务的分析员认为，阿拉伯各个国家之间互相争抢着石油财富，这种事情已经发生多次了。最终，各个阿拉伯国家的统治者通常会达成协议，之后，西方世界就再也听不到那些争议了。这次也不例外，照样会是这样解决的，中情局在内部的保密刊物上一直这样写。事实上，中情局在 7 月 25 日的旗舰刊物《每日国家情报》(*National Intelligence Daily*）里也把同样的话告诉老布什总统。“伊拉克是在虚张声势吗？”“肯定是。”他们自问自答道。

艾伦看过中情局的那份报告，那简直让他坐立不安。他知道那份报告是错误的，如果伊拉克只是在虚张声势，那么他们根本不会进行现在的部署，但艾伦眼下必须找到证明的办法。他曾经与《每日国家情报》关系密切，20 世纪 70 年代时，他所做的工作就是为《每日国家情报》搜集信息。而现在，作为负责警告事务的国家情报官，艾伦在总统每日会看到哪些秘密情报上毫无发言权。如果他有发言权的话，他一定会多加谨慎，不会错估形势，不会将萨达姆·侯赛因与科威特之间关于石油和石油配额的争端形容成无足轻重。

艾伦和同事看着伊拉克陆军开始将部队向南调遣。“炫耀武力”，中情局的阿拉伯专家用这 4 个字来标记这次军事行动。国务院的阿拉伯问题专家大都曾在阿拉伯各个国家的首都生活过数年，他们也都赞同中情局同僚的看法。他们分析之后，都将其完全看作一场精心编排的表演，认为其目的是传达给科威特一个信息：萨达姆说想要钱或者减免债务，那可不是说着玩儿的。

查理·艾伦后来笑称自己身边的工作人员是“一群与周围人格格不入的反传统斗士”，他们或许并不是阿拉伯问题的专家，但他们深谙兵法，熟知其文献和历史。他们知道需要监视哪些军事单位，也已将同样的分析侦察术大量运用在民主德国、朝鲜和苏联身上。如果一个国家真的想发动战争，那么某几个关键的军事组织将会有不同寻常的动作。

例如，“冷战”期间，在美国军队进入西柏林的几分钟之前，苏联抢先将50多万的士兵和7 000辆坦克匆忙开进了民主德国。如果美国陆军没有得知这个消息，没有快速地占据防御性的战斗位置，那么数小时之内，占领联邦德国的苏联军队规模也可能会大大碾压美国及其盟友。苏联红军为在德国境内发起战争进攻而进行的调兵遣将一开始就被美国情报机关截获，这对之后40多年的历史发展有着十分重要的意义。苏联进行军事演习的频率非常高，于是，搞清楚这些军事行动究竟是演习还是真实的战备行为，就显得至关重要了。美国情报界为了不混淆两种不同性质的行为，动用了一切手段。在一次秘密情报搜集行动中，美国从西柏林挖地道进入苏联占领区，在苏红军的军事通信电缆上安装了窃听器。这是历史上一次有名的窃听行动，年轻的查理·艾伦就是当时负责解读所截获情报的一位美国情报官。

美军从监视苏联红军和朝鲜军队数十年中学到的一点就是：存在一些特定的“征兆”，军事术语称其为“指示和预警”（indications and warning），即“I&W”。比方说，在训练演习中，师级指挥官可能不会把军火库中所有的弹药都搬运到前线，但是在现实的战争中，他们会。问题在于，苏联和朝鲜都试图让自己的大型军事演习接近实际，那样才能找出各自体系中的问题和缺陷。有些美军人士还认为，苏联和朝鲜清楚美国盯着自己的哪些单位寻求预警信息，所以便把这些单位也拉出去演习，目的就是迷惑美方，让美方难以判断他们是否正在策划一场真实的进攻。这种玩法太危险了。

如果“对方”误将一场演习看作战备行为的话，它有可能决定开启警戒模式，甚至可能先发制人、首先攻击。这样的误判实际上差点就在现实中出现。里根刚执政时发表了激烈的反共言论，因而，苏联领导层曾在 1981 年就这位新总统是否意图开战进行过讨论。接着，1983 年 3 月，美国及其北大西洋公约组织盟友开展了一场北约史上最为逼真的核战演习。苏联人在那之前就已经十分警惕，担心自己会被突袭，他们认为这场名为“优秀射手”的演习是一场真实袭击的幌子。苏联下令红军开启核警戒模式，将潜艇开进深海，轰炸机升空，给导弹加满燃料。在北约结束军演后，苏联才长舒了一口气。这次事件是自 20 年前古巴导弹危机之后，美苏离开战最近的一次。

跟踪监视伊拉克和科威特情形的查理 · 艾伦及其团队已经看到了某些征兆。数月前，也就是 1 月时，查理 · 艾伦令手下核对伊拉克的“I&W”目标清单。他们完善了清单，提高了拍摄伊军重点部队单位的优先等级。查理 · 艾伦也确保图像解读专家会优先处理拍摄到的图片。

7 月底拍摄的卫星图片证实了查理 · 艾伦一直在寻找的征兆：伊拉克军方正在将所有的支援部队派遣出去，这些部队的作用是在全面作战时为作战部队提供支援。但正常情况下，这些部队不会参与野外演习，小规模的军事行动也不需要它们。除此之外，伊军也正在将军火库中的弹药运往南边。这绝对不是演习。艾伦认为，如果伊拉克的目的是吓唬科威特，那么它没有必要进行上述任何行动。因为科威特根本看不到这些行动，科方甚至不知道这些行动的存在，但是查理 · 艾伦知悉一切。

查理 · 艾伦将自己的判断正式写入了那份战争警报，然后使用加密的传真机将其发送到白宫战情室。他没有将警报提交给中情局的任何人，或是他名义上的领导——国家情报委员会的主席审批。他们肯定会截下那份报告，然后修改其中急切的用语。可情况紧急，不能再耗费时间了。

假如重来

现在查理·艾伦回想起中情局同僚的反应，他说他们“放狼咬人”[1]。我们与他见面交谈此事时，他已经79岁了。尽管已过去了25年，艾伦在交谈中仍展现出他一贯无所不包以及精准的记忆力，他记得几十年前的具体日期、情报报告的内容以及备忘录中的用词。“他们威胁要开除我。”他说。艾伦的中情局领导此后时不时就考虑要不要炒掉他。“国家情报委员会主席弗里茨·厄马斯（Fritz Ermarth）认为，我应该先获得他的批准。中情局副局长迪克·克尔（Dick Kerr）怒不可遏，因为情报界上报给总统的是两种完全不同的意见。”查理·艾伦并没有被吓住。“我有权发布战争警报，我也那么做了，”他会心一笑，接着说，“而且，我做对了。”

但是，在7月26日那天，这么想的人寥寥无几。艾伦上报战争警报备忘录之后，中情局的人承认，伊拉克可能会发起一场小规模的军事行动，或许占领科威特在海湾地区的某个小岛，他们将这种可能性称为“夺取布比延岛”。中情局的人还承认，或许伊拉克军队会扫过广袤沙漠之中的科威特北部边境，占领其石油富足区。他们认为这些情况发生的可能性仍然很小，如果真的发生了，那也是伊拉克一时的行为，目的就是减少科威特在金钱与石油谈判中的筹码。

国务院的阿拉伯问题专家也无异议。“从来没有哪一个阿拉伯国家与另一个阿拉伯国家打过仗，从来没有。”他们一再引述这条传统智慧，信誓旦旦地告诉迪克·克拉克（时任政治军事事务的助理国务卿）。“再说，天气太热了。科威特沙漠地区的气温在7月末会高达120华氏度（约49摄氏度）。”大多阿拉伯领导人在一年中的这个时节会去瑞士或法国南部度假，华盛顿的国家安全高层领导也正在收拾行李，准备到缅因州等凉爽的地方去。8 月，华盛顿总是不太运转的，现在离 8 月只有数日了。没人希望此时出现一场危机，被迫取消度假计划。

美国国务院当时联系的阿拉伯领导人低估了萨达姆造成的威胁，约旦国王侯赛因·伊本·塔拉勒（Hussein Ibn Talal）断然否决其邻国可能会入侵科威特，阿布扎比的谢赫·扎耶德（Sheikh Zayed）是个例外。数周来，他一直警告华盛顿，说萨达姆正在策划发动战争。扎耶德是阿拉伯联合酋长国的开国总统，他希望华盛顿方面阻止萨达姆，通过军事部署向萨达姆发出信号：美国不会纵容伊拉克的进一步侵略行动。阿联酋请求美国将 KC–135 空中加油机迅速部署到阿布扎比，那样一来，飞出阿联酋作战的喷气式战斗机就能够执行从海湾到科威特的往返飞行任务，但五角大楼的人对此并不感兴趣。再说，他们刚刚在海湾地区举行了一场海军演习，还有什么必要再发警告信号呢？实际上，那时，美国的军舰已经开始撤离。

几天的时间就这样过去了，美国本可以在这几天内派遣 KC–135 空中加油机，向萨达姆发出警告信号，或是用一种更为直接的方式，从华盛顿派一位高级特使前去警告。老布什总统常常亲自打电话与全世界的国家领导人攀谈交流，这已经是众所周知的了。他如果单独打给萨达姆，也不是什么反常之举。萨达姆频繁会见美国高级代表团，其中就有前国防部部长唐纳德·拉姆斯菲尔德（Donald Rumsfeld）和共和党参议员鲍勃·多尔（Bob Dole）率领的代表团。如果美国通过上述任何渠道接触到萨达姆，就可以很好地避免整个海湾战争，但是，老布什政府一个电话也没打，一位特使也没派。领导们不相信形势已经严重到如查理·艾伦所说的那种地步。

战争警报发出 6 天之后，也就是 8 月 1 日，卫星图像显示伊拉克共和国卫队的几个师已经在离科威特边境极近的沙漠里排列好了进攻队形。查理·艾伦开始到处打电话，紧急呼叫一些他觉得应该还在华盛顿的白宫和国务院官员。他希望国家最高安全小组——主管委员会马上召开会议，但发现其成员大都不在华盛顿。他强烈要求级别第二高的安全小组——助理委员会马上开会，但助理委员会主席、副国家安全顾问罗伯特·盖茨（Robert Gates）在外度假。最终，副国务卿鲍勃·金米特（Bob Kimmit）同意在国务院主持召开一场相当于助理委员会级别的会议。

8 月 1 日下午，他们在国务卿办公室附近的一间木板会议室集合。中情局由副局长迪克·克尔代表，他承认伊拉克可能会暂时占领边境区的油田，甚至有可能占领布比延岛。金米特接着让查理·艾伦解释一下他为什么觉得伊拉克即将发动一场全面侵略和占领行动。

查理·艾伦摆出下列细节：哪些军事单位现在部署在哪儿，摆出证据证明这并非是演习，并指出一个事实——几乎所有的伊拉克特种部队要么在直升机上，要么在突击艇上整装待命。接着，延续着一成不变的语调，他快速、毫不含糊地说道："进攻队列中的大多单位已经不再用无线电通信了，它们已经启用发射控制，已经调成静音模式。"听到这里，正在记笔记的国务院的迪克·克拉克和白宫的理查德·哈斯（Richard Haass）同时抬起头，盯着桌子另一边的对方，满脸震惊。他们两位学习过军事史，知道一支军队的静音模式意味着什么。克拉克张开嘴不出声地对哈斯说："哎呀，该死！"哈斯点了点头，表示赞同。尽管如此，并不是所有的与会者都被说服了，会议暂停，没有达成进一步行动的协议。

仅仅几个小时之后，到晚上，国务院作战中心打电话紧急重新召集所有的与会者。科威特城的美国大使馆人员报告称，他们从窗口可以看到伊拉克特种部队的直升机正在降落。隔了一会儿，他们又报告，一架伊拉克坦克已经停在了他们那栋楼的前面。当会议重新在国务院召开时，鲍勃·金米特开口便揶揄道："哦，看起来，萨达姆可不光是占领了布比延岛呀。"伊拉克军队仅用几个小时就完全占领了科威特全境。

接下来的一周之内，老布什总统下令大量美军进入海湾地区，数月之内，派出的美军数量增长到 50 万。接下来就发生了海湾战争，现在被称为第一次海湾战争，因为后来还有第二次海湾战争。直到今天，美国对伊拉克的军事介入仍然继续着。

如果决策者当时听取了查理·艾伦的意见，认真对待他发出的战争警报，事情会如何发展呢？当然，答案无从得知。"另类历史"只存在于室内游戏中。再说，萨达姆或许已经铁定了心要将科威特变成伊拉克的第 11 个省，他不会理会别人跟他说什么，更不会在乎美国将以何种程度介入其中。但是，萨达姆也许会因受到震慑而采取一种代价更低的方式，这种可能性也是有的。

先例影响决策

查尔斯·迪尔费尔（Charles Duelfer）在联合国（后来在中情局）负责伊拉克问题以及所谓的制造和保存大规模杀伤性武器相关事务。他认为，第一次海湾战争是一个沟通失误的惨痛案例。萨达姆·侯赛因被抓获之后，迪尔费尔撰写了审讯他时要问的许多问题，之后又负责分析他的回答。迪尔费尔相信，这位伊拉克领导人根本不知道美国会如此强烈地反对他进行土地吞并。如果知道美国为了将他从伊拉克逐出会派遣大量的部队，那么萨达姆将不会入侵科威特。问题在于，在 1990 年 8 月 1 日当天，连美国也没有意识到自身对伊拉克侵占科威特会这么重视，会采取军事行动。这个政策是美国政府在随后的几个月中慢慢形成的。

无论如何，根据事实发展，我们有足够的理由相信查理·艾伦称得上第一次海湾战争的卡珊德拉。他大声疾呼，清晰明确地警告称一场战争将要爆发了，但他受到了怀疑和中伤，没有人按照他说的话展开行动，结果，事实证明他是对的，但是，艾伦与该书所探讨的许多卡珊德拉并不相同。他的职位决定了他就是一位制度化的卡珊德拉，其设立的目的正是吸取过去如“珍珠港”事件等惨痛的教训。他的例子更让人沮丧，因为即使是一位官方的、全职的卡珊德拉，他的警报也沦落到无人理会的下场。原因何在？

第一个原因是性格方面的。艾伦坦承，中情局许多人将他和他的手下视为“眼中钉，肉中刺”。他觉得自己积极进取，而批评者称他伤人感情。显然，他和那些同僚不一样。令他显得鹤立鸡群的一个原因是他的工作风格和他所展现出的职业道德。艾伦似乎总是早晨第一个到办公室的，而且是晚上最后一个离开的。除了少数几位高级官员，他的丰富经验无人能及。他曾服务于中情局，从内部见证了中情局几十年来的起伏。见到查理·艾伦，你就知道自己面对的绝不是一位普通的情报官员。他声音浑厚，有时低沉响亮，用语精确，语速很快，谈话中满是日期、地点、人物、情报报告及采集技术。他说话时非常自信，让你觉得他发表意见之前已经进行了深入的分析研究，让你觉得如果没有花费大量的时间，没有使用充足的材料深入研究一些问题的话，他是不会发表意见的。

许多政府官员发现这样的性情令人有种压迫感。查理·艾伦只不过是美国情报界最会阐述自己观点的人罢了。他可以摆一些你不知道的事实，让你哑口无言。一位同僚告诉我们，看见艾伦迎面走来，有的人会觉得过来的是一辆推土机，气势汹汹、无可阻挡。他们不会想到艾伦在得出结论之前已经辛勤搜集和整理了一整套全面的信息，一看到他的做事风格，他们就认为，艾伦只不过是努力吸引大家关注他被分配的工作项目，不管是什么项目，这可能会以牺牲别的理应享有更高优先权的项目为代价。

查理·艾伦还有个名声在外，那就是曾颇具“争议”。这个标签其实意味着，艾伦所关注的议题或问题，一直以来都被谨小慎微的政府官员视为危害仕途。当某中情局站长被伊朗支持的恐怖分子扣押并虐待时，艾伦与里根的白宫工作人员试图秘密接触伊朗，并秘访黎巴嫩。这些尝试最终酿成了“伊朗门”事件，里根政府数名高级官员遭到了起诉。当事情曝光时，中情局正式发文批评查理·艾伦在其中扮演了角色。艾伦不服，反驳道，正是自己告发了那些违法的资金转账行为。在中情局的听证会上，华盛顿律师吉姆·伍尔西（Jim Woolsey，他后来成为中情局局长）为艾伦辩护，他的批评才被撤销。尽管如此，这个小插曲强化了人们对于艾伦的印象：他在某些方面与别人不一样，有时冲撞鲁莽，有时对于整个官僚体系是个危险人物。

艾伦没有被上级重视的第二个原因是体制上的。鉴于警报办公室的工作就在于吸引人们来关注当下的紧急问题，有些人就以为该办公室发出警报只是出于自身在整个官僚体制中的生存考虑。“珍珠港”事件促成了警报办公室的诞生，但 50 年过去了，情报界的一些人士早已忘记了它的成立初衷。尽管艾伦深知，要避免变成那个“喊狼来了的小男孩”，但是情报界的一些人认为警报办公室所做的就是喊狼来了。除此之外，他们往往还看不上没有丰富区域经验的人。

有的人想当然地认为，中东办公室对于中东方面的问题比警报办公室的分析员知道得要多，那些分析员所了解的只不过是“一米宽，一寸深”，太过于浅显。查理·艾伦了解到，他手下往往被不太适合传统官僚体制的那类人吸引。他很看重这样的品质。还有人将他的团队看作一群与别人格格不入的人。中情局的人习惯性地依靠有着区域专业知识的分析员，他们并不总能理解：发布警报已经成为一门复杂的功能学科，而掌握这门学科的人恰恰是艾伦这帮与他人格格不入的人。艾伦说这叫“换副眼镜看世界”。

迪克·克拉克在管理国务院的大概包括100名情报分析员的小组时，发现了类似的问题。人们更加偏向于聆听部门内任职已久的区域问题专家，这种偏见是根深蒂固的。长时间任期制度必然可以让分析员提供宝贵的见解，但是也会让他们难以觉察真正的变化。当看到种种迹象表明新的事情正在发生，某个情况或许已经逼近了临界点时，经验丰富的专家往往会列举众多的情形，说明以往也出现过类似迹象，但最终并没有怎样。他们见过太多的虚假幻想了，结果产生了一种抗拒态度，而这种抗拒态度蒙蔽了他们的双眼，让他们无法看到眼前的情况与过去事件之间存在着一些细小却重要的差异。这些老将告诉克拉克，作为提供“新视野”的新进人员（克拉克本人），老是觉得要有新的大事发生了，那只是因为新人对资料档案不熟悉，经验不足罢了。这些长期任职的分析员有时判断不出没有引发危机的过去事件与将会引发真正危机的当下事件之间的众多区别。

这又帮助我们得出伊拉克–科威特案例没被重视的第三个原因：无先例可循。本书将之称为“第一次综合征”，下文还将多次探讨这个问题。“从来没有哪一个阿拉伯国家与另一个阿拉伯国家打过仗，或是侵占过另一个阿拉伯兄弟的领土。”当区域问题专家这样说时，言下之意就是“因此，这样的事情永远不会发生”。如果他们明确地这样断言，或许还能让我们更容易看出，他们在证据不足的情况下就草率地下了总结。然而，他们只是含蓄地暗示道：一个现象如果以前从来没有发生过，那么以后也永远不会发生。虽然这个看法逻辑不通，但事实证明，这个看法正有力地决定了人们对待卡珊德拉的方式。

心理学家对这种现象有个专业术语，叫作可得性偏差。可得性偏差是一系列认知偏差中的一种，是大脑用于做出快速决策的捷径，是人类为了提高生存机会而在数千年中产生和完善的思维过程。对穴居人来说，这的确提高了生存机会。当我们的祖先决定要不要探索一个之前从未见过的洞穴时，他们的大脑快速运转，计算自己曾受过多少次隐藏在洞穴里的威胁，然后快速计算概率，看进去还是不进去，哪一个选择更好些。当快速模式下的识别和决策事关生死时，认知偏差很有用，但在当代，这些思维过程可能会带来意外后果。

可得性偏差往往会让我们在判断和理解世界时，更倾向于听从记忆最深刻的那些信息以及最近刚刚经历的那些事情。回想一下自己的经验：你什么时候更会因恐怖主义的威胁而犹豫要不要坐飞机，是“9·11”事件发生的两周之后，还是上周二呢？虽然没有频发的迹象显示恐怖分子准备在这两个时间点劫持飞机，但是“9·11”事件刚过去的几周内，人们对于航空旅行安全性的忧虑处于历史最高水平。当人们思考和试图减轻未来灾难的影响时，这种可得性偏差更是帮了倒忙。[2] 我们将“第一次综合征”看作一种特殊的可得性偏差，它更难以克服，由于完全没有先例可循，我们的大脑无法估计这种事情发生的可能性。

对查理·艾伦来说，先例却是他决定发出警报的原因之一。1990 年 7 月，当他从伊拉克在集结军队中窥见战争迹象时，他承认自己无法摆脱过去所犯下的一次错误的阴影。1973 年 10 月的一天早晨，当时艾伦负责写《总统每日简报》，国家安全局传来消息：埃及军方好像正处于高度戒备状态。艾伦那时并不是情报官，他想别人肯定会就这个问题进行分析的，所以就没有在简报中提及相关信息，而是自己乘电梯下楼，走向停在中情局停车场的汽车，下班走了。几个小时之后，以色列国防军遭到突袭，数人伤亡，以色列几乎被击垮。华盛顿和特拉维夫方面一时措手不及。

17 年后，对艾伦个人来说，1973 年发生的那场第四次中东战争仍然是一个有用的警示，提醒他意想不到的事情的确会发生。那次事件是否让他感到内疚，让他做出了对伊拉克–科威特战争的失真分析，驱使他发出警报，即使犯错也在所不惜？驱使卡珊德拉做出决定的一个原因，通常就是个人经验。哈佛的已故历史学家塞缪尔·亨廷顿（Samuel Huntington）提议说，分析领导人时，了解他们年少时、世界观形成时期曾受过什么世界大事和个人经历的影响，总是十分有益的。卡珊德拉以及评估卡珊德拉的人都应该了解他们观察世界的角度的形成起源。

伊拉克–科威特案例中的第四个原因也常常出现在其他“卡珊德拉事件”中，那就是经验数据扮演的角色。古典神话里的卡珊德拉可以预卜未来，但是宣称自己判断的证据和来源是先知能力，是不可能说服众人的，神话里的那位被诅咒的年轻公主已经发现了这一点。但是，现今的卡珊德拉不会声称自己拥有先知魔力，相反，他们经常找寻和破译他人忽视的资料，搜集他人不愿搜集的实例，或者从别人的资料中提取新的见解。国家警报官拥有下令采集数据的权力，他有权移动卫星，优先处理截获的通信，派给间谍侦察某些关键信息的任务。当思考伊拉克集结军队时，查理·艾伦盯着一系列客观的指标，他和手下在危机开始数月前就制定了这些指标，他看到的是一长串经验指标，显示警报已经从安全级别滑向了危险级别。

与艾伦和他的手下不同的是，区域问题分析家不会特别注意这些指标，也不会觉得它们有什么价值。当查理·艾伦说伊拉克某个小城镇的军火库空空如也时，他期望他的听众会在脑子里响起警钟，但是很多听众根本不知道这个事实是否重要。我们研究的所有领域中，专家型的卡珊德拉往往会呼吁大家关注数据本身多么具有说服力，这些数据是他们自己采集而来的，或是他们自认为重要的。这些数据本身就足以说明问题，卡珊德拉深信不疑。但是，对专家以外的人来讲，这些之前从未听说过的、晦涩难懂的数据并不足以说明一切，他们对它们的理解就像是看着用陌生语言写的一个句子。

最后，查理·艾伦的例子也证明，即使对的是你，你得到的也不总是好的回报。伊拉克入侵科威特之后，艾伦升为中央情报搜集助理主管，负责为美国卫星和间谍确定需要优先追踪的目标。近十年以后，2003 年美国攻打伊拉克数月之后，艾伦来到了伊拉克，他到处走走转转，想看看埋身于华盛顿官僚体制中的自己错过了什么。不出所料，他发现了一些别人没有发现的材料和一些令人担心的趋势，情况濒临发出警报的边缘。他相信自己发现的是一个刚刚起步的叛乱活动，这个叛乱有可能变得颇为强大，令美国占领军毫无准备。

艾伦一回到华盛顿，就将自己的发现以个人备忘录的形式报告给了中情局新任局长波特 · 戈斯（Porter Goss）。戈斯长期以来担任国会议员，并不完全熟悉行政部门和情报界的运作方式，但他还是立刻意识到艾伦这份报告的重要性，便转交给了总统。事实上总统也看了这份报告，这都是查理 · 艾伦起初没有料到的。小布什总统询问了新上任的国家情报局局长约翰 · 内格罗蓬特（John Negroponte），问他如何看待查理 · 艾伦关于伊拉克叛乱威胁的报告。内格罗蓬特毫无准备，显得十分尴尬。并且，他勃然大怒，觉得他们绕过了自己的管辖权力，单方面向总统报告。

很快，内格罗蓬特就展开了报复。当情报界进行体制大改组时，查理 · 艾伦从中情局调到了他的小组。人人都以为艾伦肯定会继续领导这个小组，但内格罗蓬特说他想换成别人。被排斥在重组之外后，艾伦得到了一个靠不住的机会，他被调去问题重重的国土安全部。虽然早已到了退休的年龄，但是艾伦依然是那个满腔热情的公务人员，他接受了这个挑战。接着，在这个刚由 17 个部门匆忙合并而成的国土安全部，他开始着手构建涵盖各个部门的情报搜集和分析能力。

当终于退休时，查理 · E. 艾伦已经在情报界辛勤耕耘了 50 年，他获得美国国家安全和情报界下属众多机构颁发的奖项和荣誉。在为退休特工举办的正式晚宴上，人们向他敬酒致意。讽刺的是，尽管他很珍惜自己低调和不为大众所知的身份，媒体还是发表了很多关于他的文章。

中情局历任局长齐声赞誉，称赞他为了警告美国人注意伊拉克所付出的一切——虽然他还警告过许多别的危机。

2009 年，负责警报的国家情报官一职被撤销。一位官员在解释这一决定时说："发出警报是所有国家情报官的职责。"也许是吧，但是这一解释引发了一个疑问：现在哪一位情报官负责聆听卡珊德拉呢？

第 3 章

家园重建者:“卡特里娜”飓风

在路易斯安那沿海地区，家园建设者所持的信仰虔诚至深。

——戴夫·埃格斯（Dave Eggers),《泽恩图》(*Zeitoun*)

强大的 3 级飓风扫过加勒比海时力量增强，接着又转向北方，朝路易斯安那州开进。位于普拉克明郡和格兰德岛的沿海小社区将首当其冲，遭受倾盆大雨、如刀子般锋利的狂风，以及最为危险的高达 15 英尺[①] 的巨大风暴潮。久居海湾的很多居民安然度过了很多风暴，他们拒绝撤离；即使在最后一分钟改变了主意，但可以选择的向北撤离的公路为数不多，因为早已塞满了车子，拥挤不堪。往内陆去一点点，有着“新月城”和“快活之都”美名、堪称美国的一块文化瑰宝的新奥尔良

① 1 英尺 =0.304 8 米。——编者注

同样岌岌可危。当移动缓慢的风暴在路易斯安那州东南部登陆时，在路易斯安那州紧急行动中心挤作一团的灾难应急官员已经准备好应对最糟糕的情况。毋庸置疑，这次飓风将带来灾难性的影响。讽刺的是，遍布新奥尔良的排水渠，本应帮忙将暴雨灌输到北面的庞恰特雷恩湖，却将风暴潮直接引入了城市中心。现在能阻挡新奥尔良大都市完全毁灭的只剩下由美国陆军工程兵几十年前承建的堤坝、防洪墙、水渠和水泵站。

然而，修筑这些堤坝时并没有考虑到要承受如此巨大的风暴，所以，不幸的是，这些堤坝是远远不够的。随着飓风缓缓向西经过新奥尔良，风暴潮涌入庞恰特雷恩湖之后，轻易地就漫过了大堤。几个小时之后，新奥尔良大都市遭到灾难性的破坏。除了洪水肆虐，20 英寸[①] 的降雨量和每小时 120 英里的风力把建筑物和房屋夷为平地，切断主要道路和运河的交通，还让道路和运河变得面目全非，不仅受伤人员涌进医院，涌进医院的还有洪水；电力系统和电话服务瘫痪，污水和危险化学品随着洪水蔓延整个地区。人员方面，17.5 万人受伤，20 万人染病，至少 6 万人死亡。其中很多人无法在灾难袭击前撤离，原因是他们年岁太高，病得太重，或是太穷，或是无法乘坐可靠的交通工具离开新奥尔良。

这是新奥尔良长久以来都担心受到的飓风袭击，但上述情况不是在描述“卡特里娜”飓风，而是在描述“帕姆”飓风，美国联邦应急管理局在 2004 年 7 月末进行了一次防灾模拟演习。13 个月之后，“卡特里娜”就在同一个地点登陆了。这次演习汇集了路易斯安那州最知名的飓风专家和灾难专家，以及来自联邦、州、地方政府的灾难应急管理官员，政府希望他们将专业知识联合运用起来。这些卡珊德拉希望，经过几十年流于表面的时不时因官员有意的玩忽职守而被搁置的整改措施，他们要

① 1 英寸 =0.025 4 米。——编者注

求为新奥尔良面临的飓风威胁制订计划、减轻灾害影响的警告终于得到了正视。悲剧的是，刚刚一年以后，他们就知道自己想错了。[1]

沉在海浪之下

飓风和热带风暴以及引发的洪水威胁已经渗透到这座"新月城"的日常生活里。这里的居民知道，夏天的几个月里肯定会有暴雨，他们对此已经熟悉到不太放在心上了，看见暴雨，就好比马尔迪·格拉斯音乐狂欢节前夕在 Rouses 杂货市场上看到"国王"蛋糕，或是在一个炎热的夏季周末，看到一群音乐爱好者跟着一支铜管乐队走街串巷。新奥尔良自建市以来就受着暴雨的折磨。1722 年，也就是法裔加拿大籍的比安维尔（Bienville）先生创立新奥尔良仅 4 年之后，这块定居地就在一次飓风中被高达 8~10 英尺的风暴潮摧毁了。[2] 新奥尔良乃至整个密西西比三角洲地区的地形独特，特别容易受到极端天气的影响，试图减轻自然灾害的种种努力无济于事。[3]

艾弗·范·希尔登（Ivor van Heerden）博士自 1969 年就开始研究湿地和河口，起先是在祖国南非，后来又在路易斯安那州立大学攻读博士学位。范·希尔登非常熟悉路易斯安那州的沿海地形和密西西比三角洲的动态变化。正如他所描述的："相对而言，10 号州际公路以南的几乎整个路易斯安那州都是新的土地……是 5 000 年来每年一度的（密西西比河）春季洪水退去之后形成的。"这些沉积物水分含量很高，但同时也富含有机物质。随着有机物质的分解，土壤因自身重量而下沉，整个区域都在以每世纪约数英尺的速度急剧下沉。在一个多世纪的时间里，这样的下沉并没有引发严重的问题，因为在这里定居的人自己修建了一些小型的、临时的堤防系统，将洪水分流出去，自我保护，从而免受密西西比河的影响。

但这一切在1927年发生了改变。数月的强降雨过后，密西西比河漫过了其在中西部地区的河堤，冲毁堤坝，淹没了27 000平方英里①，造成200多人丧生和50亿美元（按今天的美元计算）的财产损失，成为美国历史上最为严重的洪灾。[4]国会随后通过了1928年的《防洪法》，下令陆军工程兵修筑堤岸、泄洪道，划分排水流域，这些工程今天仍在继续控制和制约着密西西比河的流向。[5]但是这个迷宫般的工程也造成了一个意外的后果：新的沉积物不再覆盖在旧的沉积物之上，坑洞无处不在，"新月城"任何一位无奈的车主都可以证明这一点。事实上，整个地区就是在往海浪之下下沉，越沉越深；考虑到这座城市已有50%的地区位于海平面以下，那可真不是什么好消息。[6]

雪上加霜的是，大量沿海湿地在过去几十年中严重流失，湿地为土壤侵蚀和风暴潮提供了天然的屏障。墨西哥湾沿岸地区是全美最大的石油来源地，也是重要的天然气来源地，这使其成为沿岸各州经济中不可或缺的一部分。[7]当地人大都熟悉石油公司的海上石油钻井作业，但是很多人并没有意识到，石油公司为了探测碳氢化合物的巨大储量，直接在墨西哥湾湿地的内部和下面进行钻井施工，从而对脆弱的沼泽生态系统造成永久破坏。此外，将石油、天然气输送到各地需要在这些珍贵的湿地上疏浚数千英里的运河和修建数千英里的管道。结果，1930—2005年，湿地流失了100多万英亩②。范·希尔登博士指出，在这些流失的湿地中，有一多半正好位于新奥尔良附近海域，遇到飓风时，这些湿地"会削弱风暴的强度，几乎完全吞噬风暴潮的冲击"。

范·希尔登于1983年从路易斯安那州立大学博士毕业，之后返回祖国南非，从事海岸管理工作，后来又因政治动乱而逃离南非，尽管有几分兴味索然，但在一位前同事的竭力劝说下，他最终回到了路易斯安

① 1平方英里≈2 589 988.1平方米。——编者注

② 1英亩≈4 046.8平方米。——编者注

那州，先是担任顾问，后来成立了路易斯安那州立大学的自然体系管理和工程项目，重点关注自己熟悉的海岸恢复和湿地保护领域。当时，路易斯安那州已经有一个由联邦政府资助的湿地保护和修复项目——“沿海湿地规划、保护和修复行动”，尽管名称严肃认真，但那个项目有着根本缺陷，正如范·希尔登博士所说的：“他们目光不够长远，构思不够宏大。”[8]

范·希尔登博士一开始就知道，路易斯安那州需要全面的海岸恢复，尤其考虑到飓风威胁。他告诉我们：“我做的第一件事，就是写一个计划，一个宏大的计划。”该计划得到了媒体的广泛报道，范·希尔登一下子成为摇滚明星般的人物，至少在关注路易斯安那州湿地的官员和科学家中声名鹊起。其中一位仰慕者恰好是州长埃德温·爱德华兹（Edwin Edwards），他在 1994 年任命范·希尔登为自然资源部助理秘书长。作为该州的“独揽湿地恢复大权的人物”，范·希尔登的职责包括为该州的海岸健康问题设计短期和长期的解决方案。

范·希尔登终于有了权力来预防他所担心的灾难。首先，他想重建障壁岛、离岸浅滩，以替代湿地的作用，同样也可以削弱飓风带来的风暴潮影响；其次，他将开垦并重建正在消失的海岸湿地。但不幸的是，面子工程和特殊利益者对他努力预防这场本可以预防的灾难进行了阻碍。当地政客引进了一项法案，规定政府必须赔偿房产所有者因环境改造而遭受的任何潜在经济损失，目的是讨好当地富有的土地所有者，实际上这破坏了路易斯安那州重建沿海湿地的广泛努力。

据大家所说，艾弗·范·希尔登是一位直言不讳的科学家，看事情都是从科学角度出发，这些政治诡计在他看来就是对一切理性的攻击。数十年的科学调查和经验证据表明，人类活动正在以惊人的速度造成路易斯安那州海岸线的消失。海岸线在某些人眼中似乎只是无用的沼泽地，但是不可避免地，海岸线关系着路易斯安那州人在过去几个世纪中所创造的一切的安危。如果不采取严肃措施来恢复这些防御，一场大风暴就可以将新奥尔良变成一片汪洋。

范·希尔登和同事为了捍卫自己的计划使出了浑身解数，他们给议员写信、争取公众支持，但这些努力还是不够。下一次选举之后，没等他们的项目正式落地，那些修复海岸线和湿地的尝试就遭到了扼杀，“沿海湿地规划、保护和修复行动”流产了，范·希尔登作为路易斯安那州“独揽湿地恢复大权的人物”，其地位岌岌可危，影响力也日渐下降。他对州内暗箱操作的政治伎俩感到挫败和厌恶，便辞去了官职。

高科技，高风险

范·希尔登博士知道拖得越久，风险就越大，很快他就找到另一家权威平台继续敲响警钟。离开政府部门之后，他被路易斯安那州立大学重新聘用。1998 年，路易斯安那州立大学飓风研究中心成立，该虚拟组织将科学家聚集起来，共同研究和模拟强大的飓风日后从路易斯安那州东南部登陆可能会造成的风暴潮、疾风骤雨的状况。路易斯安那州立大学土木工程教授马克·莱维坦（Marc Levitan）担任该中心的主任，艾弗·范·希尔登则是副主任。“一有了这个飓风研究中心，我就有了动力出去，为自己想做的事业集资筹款。我想仔细全面研究新奥尔良，开发风暴潮（计算机）模式，真正搞明白过去到底发生了什么。”

研究小组很快意识到，要研究这种级别的风暴带来的 2 级和 3 级影响，需要大量的资金，超出了飓风研究中心得到的赞助。于是，经过大家团结一致的游说努力和一再的资助申请，路易斯安那州立大学在 2002 年成立了第二家研究所——飓风公共健康中心，这次由范·希尔登掌舵。路易斯安那州立大学之外的人也意识到，模拟风暴潮对新奥尔良市的影响至关重要。“我们成功说服州长，说路易斯安那州立大学需要一台超级计算机，"范·希尔登笑着回忆道，"因为我们当时是真的需要。"

应急准备官员长久以来都熟知新奥尔良所面临的飓风威胁，他们甚至给它起了个名字，叫"新奥尔良惨状"。尽管这样的忧虑持续了几十年，但是一场缓慢移动的飓风直接袭击新奥尔良之后，会在哪些方面造成巨大的灾难，没有任何组织尝试过对此进行全面评估。路易斯安那州立大学飓风研究中心和飓风公共健康中心正好弥补了这一空白，它们人才齐备，汇集了最博学的科学家和最机敏的研究生，着手模拟风暴潮和风向，为新奥尔良地区研究洪水预报的方法。后来，这个研究团队更深入一步，研究了城市防洪体系的韧性有多大；大规模撤退令发布之后会带来什么问题；洪水与附近工业仓库和化工厂的储存物混合在一起会造成什么污染问题；洪水一旦消退后，传染病如何在受困人口中快速传播。[9]

研究小组担忧的另一个问题围绕着这座"新月城"防洪堤的质量和高度。陆军工程兵向范·希尔登和他的同事保证，说不用担心，修筑那些防洪堤就是为了抵御"预期中最为严重的各种复杂气象同时发生"。这些说法也正是国会在通过 1965 年的《防洪法》时所引用的，之前"贝齐"飓风淹没了新奥尔良的大部分地区，该法命令工程兵在新奥尔良修建现代化的城市防洪体系。科学家模拟之后发现，当时防洪墙的高度还不足以抵挡 3 级飓风带来的一般风暴潮，他们还担心，建立在软黏土之上的堤坝和防洪墙，在承受极限压力时，整个结构的坚实度会被软黏土削弱；后来，事实证明，这些担忧是有先见之明的。[10]

不管怎样，卡珊德拉终于有了一个可以传播信息的、有影响力的平台，她便开始行动了。范·希尔登博士及其同事广泛撰文发表自己的研究成果，并将其分享给媒体、市级和州级的应急管理组织、医院、联邦应急管理局等。一时间，关于路易斯安那州立大学飓风研究中心成员的专题报道出现在当地和全国的新闻里。在一个引人津津乐道的噱头中，研究人员将新闻工作人员带到低洼的法国人居住区，然后在屋顶上接受采访，为的是让新闻媒体以及观众看到必须爬那么高才能不被洪水淹到。[11] 也许，研究小组并不能说服地方官员实施保护和修复湿地的长期计划，但至少可以让人们为一场迟早会来的灾难做好准备。“要抓住每一次发言的机会，从妇人组织的针织品聚会，到新奥尔良市长举办的环境论坛，再到媒体访问，我都会谈这个话题。”

到 2004 年，范 · 希尔登坚持不懈的努力似乎有了回报。经过几年断断续续的资金和合同问题的阻碍，联邦应急管理局终于要就“新奥尔良惨状”组织一场大规模、跨部门的应急管理演习，代号叫“帕姆”飓风。这场演习将汇集联邦、州和地方相关组织的专家和管理人员，确保当最糟糕的情况发生时，新奥尔良能够做好准备并从中恢复，对这些人来说，这场演习与他们是利益相关的。

其实，相关尝试最初在 1999 年就开始了。当时，范 · 希尔登博士与路易斯安那州的国土安全和应急准备办公室一道，要求联邦政府拨款举行演习，以加强该州应对飓风的能力，但由于缺乏资金，这些人遭到了冷落。再者，应急准备办公室当时士气低落，因为全美的所有注意力都在恐怖主义威胁上。小布什政府认为，联邦应急管理局是一个臃肿的官僚机构，在“9·11”事件之后、政府进行大重组时，便将其纳入国土安全部，成为国土安全部的下属部门，不再直接向白宫报告。[12]

不管怎样，2004 年，终于开始全面实施这项计划了。奇怪的是，虽然路易斯安那州立大学飓风研究中心已经为新奥尔良市开发出了高度精确的计算机模拟飓风和风暴潮的模式，那次演习却没有使用该模式。相反，联邦应急管理局将开发此种情形的合同外包给了一个承包商，只要求范 · 希尔登团队提供一些信息和制作风暴潮动画。尽管如此，范 · 希尔登仍认为，有一点儿总比什么也没有强。

然而并没有强太多。范·希尔登回忆道，演习期间，“联邦官员和陆军工程官员只会嘲笑我们”。随着“帕姆”飓风演习在炎热潮湿的 7 月末拉开序幕，他的沮丧感渐渐袭来，接着日渐沉重。尽管以前热衷于在新奥尔良应急准备部门内部推动这样的规划和尝试，但是范·希尔登很快就明白了一个残酷无情的事实：虽然当地官员充分利用演习机会来检验应急预案，但是从联邦应急管理局过来的联邦政府管理人员似乎将其视为儿戏，没有认识到可能发生的灾难将多么巨大。

范·希尔登四处奔走、呼吁关注，他搞不清楚为什么联邦官员不能彻底理解危机的严重性，为什么他们一再忽略路易斯安那州立大学飓风研究中心和飓风公共健康中心多年来的工作和研究。科学家在此之前已经发现疏散人口会存在一些问题，尤其是那些年老、病重、贫穷的人，他们没办法找到出城的交通工具；重要的人口中心遭到灾难性破坏之后，公共卫生问题将随之暴发；为滞留人口提供住所、食物、水和药品将对后勤能力提出巨大的挑战。“我试图让联邦应急管理局至少正视帐篷需求。”范·希尔登向他们建议道。“帐篷？”一位联邦应急管理局官员似乎不敢相信自己的耳朵，惊呼：“美国人才不住帐篷呢！”

联邦官员对那次演习很不重视，即使如此，地方官员还是改善了撤退人口、联合搜救以及应急通信方案。美国海岸警卫队和鱼类及野生动植物管理机构在“卡特里娜”飓风过后的成功搜救工作大受赞誉，范·希尔登将其归功于这两个部门认真参与了“帕姆”飓风演习。

然而，灾难规划的各个重大方面都仍待完善。飓风研究中心此前对社区开展了广泛调查，研究了以往因飓风而撤退的人口的数据之后，研究人员做出推断：即使下达了强制撤离命令，至少仍有 10 万人会留在新奥尔良。“帕姆”飓风演习时，如何解决撤退时的交通问题呢？最终答案是“待定”。

由于无法争取到资金，或进行更多的演习来解决这些遗留问题，“新奥尔良惨状”的灾难应急方案从未真正成型。最终，2005 年夏又举办了两次后续研讨会，一次聚焦交通问题，另一次聚焦医疗支援问题，但这些远远不够，也为时已晚。到 8 月底，“卡特里娜”已经盘旋在墨西哥湾上空，正要对新奥尔良这座城市发起一场无情的进攻。在飓风登陆两天前，刊登以往的经验教训和一份运通计划草案的小册子才被匆忙制作，分发给应急官员。

数年来的警告和倡议——先是要为路易斯安那州摇摇欲坠的海岸堤防找到一个长期的解决方案，再是制订一份全面的灾难恢复预案，都无疾而终。终于，搭乘着这些警告和倡议的火车与搭乘着可怕灾难的火车迎头相撞，这也是必然结果。在位于巴吞鲁日的路易斯安那州紧急行动中心，艾弗·范·希尔登博士祈祷着情况不会那么糟糕。但是他知道，当“卡特里娜”飓风于 8 月 29 日在密西西比河三角洲登陆时，整个地区都毫无准备。随后的几个小时，陆续传来新奥尔良大部分地区已经被上涨的海水淹没的消息，范·希尔登博士知道，之前的新奥尔良已经一去不复返了。

许多灾后调查报告集中于探究为什么防洪墙倒塌了，为什么没有执行全面的人口撤退计划，谁应该为一团糟的重建计划负责。本书的目的并不是要回答这些问题，新奥尔良市在“卡特里娜”飓风到来时崩溃的原因已经被诸如艾弗·范·希尔登博士的卡珊德拉警告过数年甚至数十年之久。卡珊德拉的警告呼吁为什么没有被转化成实际作为？为什么没有一位领袖站出来，减轻那场必然灾难的影响？

虽然无法高度精确地预测某场飓风会在何时、何地登陆，但是“新奥尔良惨状”长久以来被认为是美国面临的三大自然灾害威胁之一。从 1965 年的“贝齐”飓风，到 1998 年的“乔治”飓风，再到 2002 年的“伊西多尔”飓风，新奥尔良仅在近 50 年来就遭受了数不清的飓风袭击，还好都侥幸脱险，死里逃生。不仅面临的威胁是真实可见的，而且众所周知，墨西哥湾沿岸地区对于重大飓风造成的破坏的应对能力是极其脆弱并准备不足的。《新奥尔良皮克云时报》(*New Orleans Times-Picayune*）于 2002 年刊登了一篇获得普利策奖的系列文章《冲走》(*Washing Away*)，里面触目惊心的细节描写，揭露了这座"快活之都"的继续存在面临着极大的不确定性的事实。

辜负人民的不仅是堤坝，还有他们的政府

"卡特里娜"飓风，从某种意义上来说，是本书所讨论的最直接、最悲惨的案例，因为受影响的人群以及他们的领导大都注意到了卡珊德拉发出的警告，但没能将关注转化为减弱必然灾难影响的实际行动。原因何在？我们推测在卡珊德拉现实中被忽略的背后有几大原因：第一，卡珊德拉本人的特点；第二，警告接受人持有的固有偏见；第三，僵化的官僚主义；第四，其提出的解决方案与当时政治的主流风向背道而驰。

卡珊德拉呼吁关注的灾难超出了人们的集体视野，因此我们将其视为悲观、否定的讨厌鬼。这是卡珊德拉被忽略的第一个原因。当一位反传统的卡珊德拉深信自己发出的警告关系重大，出于道德愤慨而站在更为鲜明的对立面时，我们会加深那种看法，更会将其视为讨厌鬼。在被问及"卡特里娜"飓风发生前、发生时和发生后都存在着哪些领导问题时，艾弗·范·希尔登博士毫不遮拦，直言不讳。他在名为《风暴》(*The Storm*）的 300 页的文章里毫不掩饰自己对一些政客和官员的鄙夷和唾弃：正是这些政客阻挠了路易斯安那州重建湿地的努力；正是这些联邦应急管理局的官员无视了路易斯安那州立大学发表的灾害研究成果和风暴潮模型；在成千上万的人依然被困在阁楼、屋顶和新奥尔良"超级穹顶"体育场，处于孤立无援之境时，这些官员已在互相道谢、恭维

彼此的行动果断英明。范·希尔登讲述了自己早年的天真幼稚，幻想着明白无误的科学和经验证据一定会为大胆行动扫清障碍。他嘲讽地谈道，在为堤岸倒塌、为时已晚且敷衍潦草的撤退计划以及糟糕的救援和重建应对能力推卸责任时，那些官员的动作倒是一个比一个快。当然，他之所以会有这些无奈的观点，是由于多年来他的警告遭到了坚决的反对。这种挫败感不难理解，但是其后果不容忽视。或许，我们的卡珊德拉可以从下面这句古老的谚语中学到些东西：用蜂蜜比用醋捕获的苍蝇更多，好话比尖酸刻薄的话管用。

卡珊德拉的警告得不到重视的第二个原因涉及警告接收者本人。在9月5日的一场媒体吹风会上，当时堤岸在几天前倒塌，而美国仍在挣扎着搞清楚此次灾难的影响究竟多大，国土安全部部长迈克尔·切尔托夫（Michael Chertoff）通报情况时形容，这是“一场多种灾难同时发生的‘完美风暴’，超出了规划者的预期，甚至是所有人的预期”[13]。他的这一评论受到了广泛的嘲讽，暴露了政府内部充斥着系统性的无所作为的风气，因为范·希尔登博士等专家多年来一直警告着这样的灾难（更何况，联邦应急管理局举行的“帕姆”飓风演习，从结束到那时还不足一年的时间）。但有意思的是，这场灾难也说明了一个重要的观察结果，我们也同查理·艾伦探讨了这一点，在以后的“卡珊德拉事件”中也会一再发现这一点，即“第一次综合征”有效地阻碍了人们对于警告的准确评估。

范·希尔登博士及其同事面临的一个最大障碍可能就在于，之前新奥尔良总能平安度过飓风的侵袭，虽然会稍显吃力，但谁敢说它这次不能平安度过？人们似乎无法想象会发生什么更为严重的灾难。当那些被困的沿海居民被问及为什么不在“卡特里娜”登陆之前撤离时，他们最容易做出的解释就是：“我们之前挨过去很多飓风，便想着这次肯定也能挨过去。”假如意识到这种可得性偏差的话，联邦和地方官员可能会做出改变，认真准备以应对“新奥尔良惨状”。

让我们对于卡珊德拉发出警告的应对行为变得更为复杂的第三个原因是，实施解决方案的组织机构的内部僵化。尤其是，陆军工程兵尤其应该受到谴责，警报响了几十年，但其从未听进去，进行补救工作时行动迟缓，事后也没有承担任何责任。如前所述，1965 年国会授权在新奥尔良修建现代防洪工程，计划修筑一系列的堤岸和防洪墙，抵御所谓的标准设计飓风。标准设计飓风是一种理论上的风暴，指的是“基于某地区的合理特征而形成的最为严重的、同时发生的多种气象状况”。公平地说，标准设计飓风成了一个活靶子。1965 年，该地区最初的标准设计飓风在数年之内被美国国家海洋和大气管理局至少修改（并强化）了三次。然而，在那之后的那么长时间内，陆军工程兵未能更新设计或是调集必要的资源来强化城市飓风防范体系，原因似乎只有一个，那就是为了组织机构和官僚体系的私利。[14] 即使来自路易斯安那州立大学飓风研究中心的范·希尔登博士及其同事呼吁人们关注，土壤条件差和沉积物可能会使新奥尔良已完成的一些堤防系统存在结构和高度上的缺陷，陆军工程兵仍坚持认为他们的设计已经足以解决这些问题。

此外，陆军工程兵的项目总负责人未能注意到，恢复和保护沿海湿地和障壁岛需求的背后有着科学依据，而且这些科学依据已经被广泛接受和尊重。他们认为，那与自己修筑防洪墙的主要任务不相干，所以当卡珊德拉警告说，随着历史上起保护作用的沼泽和浅滩的流失，风暴潮造成的威胁日益紧迫时，他们从未认真对待。甚至，当国家气象局把自己的担忧告知陆军工程兵时，说新奥尔良目前的防护措施可能连较弱的 2 级风暴都难以抵挡，在这之后，没有任何证据显示陆军工程兵采取任何行动修改设计方案或重新评估自己的判断。虽然不一定存在渎职行为，但是官僚机构的笨拙无能，决策时青睐的权宜之计，似乎都阻碍了人们认真地对待该案例中卡珊德拉发出的警告。

卡珊德拉不被聆听的第四个，也是最后一个原因便是：其寻求的解决方案在政治上不合时宜，与当时政治管理上追求的理念不一致。不幸的是，这个因素也在本书中一再出现。范·希尔登博士最初在20世纪90年代便尝试开发和实施一项连续的海岸恢复长期项目，但因地方官员寻求短期的政绩而受到了阻碍。后来，当他鼓励地方、州级，尤其联邦政府官员共同规划以减轻潜在的大灾难造成的影响时，又遇到了同样的问题。完成1992年“安德鲁”飓风善后事宜之后，警觉的克林顿政府开始对联邦应急管理局进行自上而下的改革。乔治梅森大学后来的一项研究发现，这些改革实际上将联邦应急管理局从“一个官僚主义、过程导向的机构变成了一个反应敏捷、结果导向的机构”。

然而，联邦应急管理局之后被视为一个臃肿的、无足轻重的官僚机构，实际上，小布什政府从2001年就开始抽其精髓。由于联邦应急管理局的经费削减，联邦、州、地方各个层级的办公室间的关系也疏远了。更甚的是，“9·11”事件之后，反恐耗费了数十个其他联邦政府部门的经费，抢夺了高层的关注力，削弱了这些部门原本的重要性。联邦应急管理局附属于新成立的国土安全部，被进一步削减了重要性，整个部门士气暴跌。“卡特里娜”飓风来临时，担任联邦应急管理局局长的迈克尔·布朗（Michael Brown）没有任何应急管理经验，只是因与小布什的白宫的关系才担任此职位的。他首先担任联邦应急管理局的法律总顾问，后来担任其副局长，最终担任其局长。加入联邦应急管理局之前，他曾是世界阿拉伯马协会的一位理事。这类政治上和官僚体制上的轻视，可以用来解释为什么联邦应急管理局官员会完全措手不及：机构经费不足，完全没有能力来应对任何灾难，更何况是“卡特里娜”飓风级别的灾难。

可悲的是，这样的官僚主义缺陷和政治动机大都顽固地存在于“卡特里娜”飓风危机之中和之后。陆军工程兵为新奥尔良修筑的堤岸工程于 2015 年竣工，目标是可以抵挡"百年一遇的风暴"，其强度和"卡特里娜"飓风差不多。但是，2013 年的一项调查表明，新奥尔良部分地区的堤岸仍然不足以抵挡一场"卡特里娜"规模的飓风引发的风暴潮。因此，陆军工程兵建议，应在 2018 年前重新全面审视自己的设计方案。[15]

更为糟糕的是范·希尔登博士的结局。他为呼吁加强海岸防御进行了数十年坚持不懈的努力，得到了路易斯安那全州的认可，美国交通部在路易斯安那州的秘书长邀请他对堤岸坍塌的原因展开一项日后可作为证据的独立调查，调查结果结集成《路易斯安那小组报告》。正如他的个性一样，范·希尔登博士在报告中直言不讳，毫不含糊地指责陆军工程兵修筑的工程未能满足 1965 年国会立法通过的基本要求。尽管这一调查结果与其他 4 个"卡特里娜"灾难委员会的调查结果基本一致，路易斯安那州立大学的高层担心范·希尔登对陆军工程兵口无遮拦的指责会影响学校从联邦政府那里拿到研究经费，便于 2010 年解雇了他。

范·希尔登的警告在最为有益的时候，无人接受，并且当他试图建立问责制以确保人们不再重蹈覆辙时，遭到了报复和惩罚。解聘官司打了 3 年之后，花了将近 100 万美元诉讼费的路易斯安那州立大学突然放弃了立场，就案子达成了和解。[16] 2015 年夏末，当我们找到范·希尔登的时候，他正准备回巴吞鲁日参加路易斯安那州立大学飓风研究中心成员的重聚活动。尽管发生了诸多事情，范·希尔登依然保持当年同样的精神状态，"我仍觉得，自己能做的事还有很多"。那么多年来，正是这样的精神激励着他四处呼吁、警告。

第 4 章

阿拉伯专家：恐怖势力的崛起[1]

曾几何时，我们一直绝望地在荒原上辛勤耕作；绝望地在上帝之土上培植民族国家……在各个部落之间，我们的信条就只能像沙漠里的草木一般：看似是一片春天的美景，但好景不长，经过一天的日晒，总归蔫头蔫脑。

——T. E. 劳伦斯（T. E. Lawrence），《智慧七柱》（*Seven Pillars of Wisdom: A Triumph*）

“阿拉伯之春”发生在冬天，那是 2010 年 12 月中旬，一个街头商贩以自焚的方式进行了最后的抗争，一下子点燃了突尼斯人民对于那位年迈的独裁者压抑已久的广泛不满情绪。华盛顿很少有人注意到这件事。参议院因放假而处于休会期，留下很多未完成的工作，其中就包括

---

① 本章观点仅代表作者及当事人观点，不代表事实真相。——编者注

奥巴马总统要求填补长期空缺的美国驻大马士革大使一职。参议员们刚一出城，奥巴马就行使手中的休会任命权，指派美国驻外事务处的杰出阿拉伯事务专家罗伯特·福特（Robert Ford）为美国驻叙利亚大使。

一个月后，福特抵达大马士革，还未安置好时，突尼斯的抗议活动就达到了高潮，总统扎因·阿比丁·本·阿里（Zine al-Abidine Ben Ali）逃往别国。整个阿拉伯世界中的人驻足、屏息观看电视上播放的那些后来被称为“阿拉伯之春”的新闻画面。无人记得，近代史上有哪一位阿拉伯统治者是因街头抗议而下台的。最近唯一一位被赶下台的阿拉伯长期独裁者，还是 8 年前被美国坦克驱赶走的那位。突尼斯近期发生的事情会在别处上演吗？当福特挨个儿打给大马士革的官员做自我介绍时，这是他们都在询问的问题，但他们未说出口的问题是，那种事会发生在这里吗？福特又会听到他们说，似乎不太可能。突尼斯的事情只会发生一次，自我标榜为专家的人在品着热茶、阿拉伯式浓咖啡之余都这样谈论着。毕竟，每一个阿拉伯国家都与另一个阿拉伯国家有所不同，叙利亚总统巴沙尔·阿萨德（Bashar Assad）直接这样告诉福特，强调阿拉伯国家没有任何可比性和相似性。

在美国驻外事务处工作的 29 年间，福特到访过大多数阿拉伯国家。他曾任美国驻阿尔及利亚大使、驻伊拉克副大使。他不确定，将突尼斯看作反常现象的那些人是否正确。他敏锐地捕捉到大多数阿拉伯国家内部的挫败情绪。“阿拉伯街头”，即阿拉伯社会的公共舆论认为，许多统治政权在改善人民的生活条件和拓展人民的未来上一事无成。不满的人民越来越多，很多是失业的年轻人。福特曾在美国占领之下的伊拉克服役 5 年，当萨达姆·侯赛因遭到罢免时，他与从伊拉克各个角落喷涌而出的暴力和派系斗争打过交道。直到现在，8 年之后，美国才敢相信，那些叛乱分子终于开始屈服，开始接受美军的存在了。

2011 年初的几个月，福特在大马士革仍未安置妥当时，抗议活动已经在阿拉伯世界的其他国家兴起了，起初是试探性的，接着便是前所未有的人群聚集，人们在电视画面上、在新型社交媒体上时时关注。等到那一年冬季结束，埃及、利比亚、也门的独裁者都被罢免了，就像沙漠里发生的一场风暴，“阿拉伯之春”四处传播，3月，大马士革也开始了抗议活动。

对很多叙利亚人来说，现在似乎是起来反抗阿萨德家族以及少数阿拉维派长达40多年统治的时候了。或许，叙利亚的独裁者，跟也门、埃及、利比亚的独裁者一样，会因被过去几周的大规模抗议活动吓倒而选择退位。或许，美国和欧洲会朝他丢炸弹，就像他们轰炸利比亚的卡扎菲一样。抗议集会蔓延到叙利亚首都之外的其他城市，在哈马，30多万人走向街头抗议。福特大使不仅关注事态，而且还四处搜集信息和情报，与叙利亚各地可以交谈的所有人都交流一番，以便判断整个运动的深度及方向，然后报告给华盛顿。他敦促国务院要明确表示美国支持这些和平抗议。华盛顿方面同意了，并授权美国驻叙利亚大使馆继续扩大与阿萨德政权反对者、人权组织以及公民社会的其他组织的接触。

问题在于，组织最为良好的反对派是“穆斯林兄弟会”，其在20世纪80年代就因残酷的镇压而转入地下，现在开始兴起。其余反对阿萨德的组织全都以流亡的形式存在，藏身于巴黎、伊斯坦布尔、迪拜、多哈的咖啡馆里。随着这些自发的抗议活动在叙利亚的大城市中持续进行，这些流亡人士密切观望着。深夜抓捕、射击人群，阿萨德惯用的老伎俩并没有吓倒反对者，反而火上浇油。大批人群一个城市接着一个城市地与警察，有些地方甚至是与军队发生冲突。许多反阿萨德的流亡者设法回国，与大城市里近来不再隐蔽的反对派、“穆斯林兄弟会”和其他更为温和的组织汇合。阿富汗和伊拉克等国的恐怖分子营地里也有一些叙利亚流亡者，但阿萨德的秘密警察多年来有效地把“基地”组织挡在国门之外，或是逼迫它只得藏身地下。“9·11”事件之前，阿萨德政府曾是美国打击“基地”组织时最为可靠的一位阿拉伯伙伴，尽管如此，一个“叙利亚基地组织”得以存在，即“胜利阵线”。2011 年的那个春天，它逮到了自己的机会。

它躲在巴基斯坦和阿富汗的“基地”组织指挥中心下令其阿拉伯世界的支持者进入叙利亚，颠覆阿萨德政权。其中一个响应的组织就是伊拉克的“基地”组织（或者说是残余的伊拉克“基地”组织），当时它由名不见经传的、自诩为神职人员的阿布·巴克尔·巴格达迪（Abu Bakr al Baghdadi）领导。除了领导伊拉克残存的“基地”分子之外，巴格达迪还是广大的包括一些萨达姆老部下在内的逊尼派叛乱分子的领导。这个组织自称伊拉克“伊斯兰国”，由于被美国特种部队追踪打压，它并没有控制任何领土。对巴格达迪来说，把战士派往叙利亚实际上是将他们转移到一个更为安全的地方。

阿萨德总统开始将自己保持权力的努力描绘成对激进主义、极端主义恐怖分子的抗争。秘密警察在突击搜查中带走了数百名嫌疑活动人士，许多人连审判的过场都没走，就被处决了。2011 年 6 月，美国驻叙利亚使馆听说有一处乱葬岗，福特大使离开大马士革，前往现场，国际媒体也都在场。那天的照片显示，福特拿着一块布捂着口鼻，腐烂的尸体散发的恶臭让他恶心不已。

7 月，阿萨德出动警察仍无力平息哈马街头的集会活动，便下令用坦克和大炮将哈马包围起来。福特担心，哈马将被夷为平地，30 年前公民叛乱的结局将重演。身在大马士革的福特钻进轿车就往那里赶，一路上只有一个保镖跟随。他头戴棒球帽，身穿防弹衣，真正走上了“阿拉伯街头”。当他的车穿行于那座被围困的城市时，抗议者真的拿着橄榄枝和鲜花欢迎他，一点儿也不夸张。罗伯特·福特用行动表明，当美国说自己支持人权、自由、民主时，美国是严肃的，是认真的。回到大马士革后，他继续将自己的建议报告给华盛顿，敦促华盛顿对阿萨德政府采取强硬态度。8 月时，奥巴马总统公开呼吁阿萨德下台。阿萨德十分不满。

阿萨德政府控诉美国驻叙利亚大使煽动暴力，支持阿萨德的民众试图暴打福特一顿，向他扔鸡蛋和西红柿，然后又袭击了大使馆，爬上使馆的院墙，美国外交官员和工作人员只得撤退到一个安全的房间，那四周一个警察也找不到。福特向阿萨德政府官员紧急求助，寻求安全保障，他们说会派一个小分队去保护使馆。几个小时过去了，他们没见任何动静。配备给大使的几名美国海军陆战队员将武器上膛，但是福特下令不准开枪。最后，警察终于到了，那些抗议者撤了，但是大使馆里的东西和地面都被破坏，一片狼藉。

美国媒体和全球媒体都将福特报道成一位英雄，但是国务院有些人士认为，正是他哗众取宠的动作让大使馆遭到袭击，有些人士认为，如果大使馆再遇袭，可能会造成包括福特本人在内的美国人员伤亡。福特接到了命令，关闭使馆。他返回美国了，只在叙利亚待了 9 个月。在那 9 个月里，叙利亚内战迅速蔓延，但那才是刚刚开始。

不祥之兆已经显现

回到华盛顿之后，福特每天都到国务院里一间临时办公室上班。在那里，他向来自雾谷[①]大楼 7 层的决策者以及白宫人士进行游说，提议援助叙利亚武装分子。他还花时间到国会山向相关议员介绍情况。

回到美国，苦乐参半。福特喜欢自己位于巴尔的摩联邦山小区的连栋别墅，享受与美国同事密切协作，但他更喜欢外派工作，不适应与官僚打交道。他说阿拉伯语时比说英语时更自在，更享受在露天市场买新

---

① 雾谷，指国务院。——译者注

鲜蔬菜和香料，正如几十年前，他在一个贫穷的摩洛哥小镇当和平队志愿者时那样。他也更习惯疯狂的节奏，习惯接近或参与军事行动。美国入侵伊拉克后的 8 年占领时间里，大部分时间他都在位于绿色地带的美国使馆内担任高级职位。

福特在巴格达的这些年的经历，让他对于恐怖主义和阿拉伯的宗派主义，有着无人能及的深刻见解。现在，待在华盛顿，他担心，发生在伊拉克的那些事情也会出现在叙利亚。“基地”组织靠着其极端的暴力和严明的纪律，可能会接管反动派的运动。之前有报道称，卡塔尔有一位富有的酋长在捐助“胜利阵线”，这一组织已从暗处、地下以及阿富汗和伊拉克的营地中冒了出来。心怀不满的穆斯林准备先去土耳其，然后悄悄跨过土耳其边境进入叙利亚。而土耳其坐视不管，也许更是提供了协助，因为有报道称土耳其暗地里欢迎从阿萨德政权下叛逃的叙利亚军官。

几个月过去了，阿萨德下令军队使用包括连续炮击和空中轰炸在内的更多极端手段来对付反对派，成千上万的叙利亚军人叛逃，转而投向反政府团体。其中有个团体自称“叙利亚自由军”，虽然它名义上是为“自由”而战，但它与“穆斯林兄弟会”的宗教反对派成员联合，谋求一个共同的目标，希望 2011 年被推翻的阿拉伯独裁者名单上能有阿萨德。

到 2011 年底，混乱取代了埃及、利比亚和也门的独裁统治局面，但是，在伊拉克，一个多民族的世俗民主制度似乎大有成功之势。美国军队和情报部门在伊拉克境内几乎完全消除了“基地”组织的威胁，还消灭了零零散散的萨达姆·侯赛因政权的军官。美军也训练和装备了一支新的、庞大的驻伊拉克军队。伊拉克新任领导人拒绝接受美军继续驻扎，奥巴马政府也没有尽力劝阻。因此，在 2011 年的最后几天里，最后一批美军部队越过伊拉克边境开进了科威特。这是 8 年来，美国作战部队第一次没有在伊拉克境内部署军队，但接下来发生的事情，正是西方的伊拉克专家最为担心的。

伊拉克总统是位什叶派人士，他开始攻击政府里的逊尼派领导人，以及温和的逊尼派民兵，那可是美国为打击“基地”组织而一手扶植起来的。2012 年，马利基总统及其支持者剥夺了政府中残留的逊尼派人士的参政权，逐步巩固了权力。[1] 在以逊尼派为主的城市中，人们传播对于马利基政府的憎恶，组织抗议活动。在华盛顿的福特，名义上仍为美国驻叙利亚大使，他不仅观察着叙利亚的事情，也关注着伊拉克。他非常了解此时左右伊拉克局势的那些人物。他知道，如果什叶派继续使用报复性和排他性的政治手段，那么逊尼派最终将再次进行武装反抗。福特看着叙利亚和伊拉克的形势日益恶化，开始担心这两个国家内部的原本独立的事件会交织在一起。

2012 年间，叙利亚国内，阿萨德的反对力量不仅站住了脚跟，而且日益壮大。福特在华盛顿四处寻求支持，他认为，美国应该援助叙利亚反对派，兑现奥巴马呼吁阿萨德下台的言论。中情局制订了一个行动计划，福特和国务院的一些人士成功说服国务卿希拉里·克林顿支持该计划。五角大楼方面，国防部长利昂·帕内塔（Leon Panetta）也表示赞同。白宫的工作人员召开了一系列跨部门会议来审视目前的各个方案，但似乎进展缓慢，在某个环节遇到了阻力。这些会议持续召开，但一直没有任何行动。

至 2012 年底，福特意识到，不采取行动可能会带来什么样的后果。也许阿萨德不会被赶下台，也不会迅速重新控制叛乱的城市和区域，反对力量的广度和深度也都不容小觑。美国不加以支持的话，温和的伊斯兰教和世俗的反对派也许将无法控制叛乱，“胜利阵线”或类似的组织将扮演领导角色。成千上万的穆斯林正涌入叙利亚，与阿萨德作战。他们有两种选择，要么加入温和的“叙利亚自由军”，要么加入“基地”组织。福特认为，如果“基地”组织资金充足，装备精良，而“叙利亚自由军”资金不足，装备短缺，那些志愿军会更倾向于投向“基地”组织这个恐怖组织。

然而更为糟糕的是，叙利亚和伊拉克的局势产生了交集。伊拉克“基地”组织的成员已经转移到叙利亚境内作战，在那里招募新兵、检验作战和实施恐怖袭击手段。如果类似于“基地”组织的力量在叙境内发展壮大，那么反过来也会巩固伊拉克“基地”组织的残余力量。并且，那时的伊拉克显然已经为逊尼派人的激进化提供了肥沃的土壤。在他们看来，巴格达什叶派对他们的篡权和镇压似乎永远不可能停止。

看到了这两种冲突产生交集的可能性，福特迎来了自己的卡珊德拉时刻。他向国务卿发了一份正式的书面警告，也给白宫抄送了一份。他认为，如果美国不迅速、果断地为叙利亚反对派提供军事训练和装备，一个类似于“基地”组织的组织可能会在叙利亚、伊拉克两国的边境区域夺取和占领大片领土，甚至大城市。美国于阿富汗展开军事行动，为的就是铲除“基地”组织的避难圣地，轰炸也门和索马里的“基地”组织分支力量，防止恐怖分子获取领土。“9·11”事件的教训就是，绝对不要让恐怖组织建立一个可以作为发动袭击策划地的避难所。福特警告说，那样的情况马上就会发生，除非美国快速行动。那个避难圣地将会涵盖伊拉克的一些地方，美国刚刚在这些地方花费了 10 000 亿美元，数万作战官兵伤亡，如果恐怖分子得逞，无异于在美国的“伤口”上撒盐，痛上加痛。

约翰·克里（John Kerry）在 2013 年 1 月确认当选新任国务卿。福特认为，克里似乎明白这件事的利害关系，但是白宫反对美国在叙利亚进行大动作的立场越来越强硬。政府官员担心，输送给“叙利亚自由军”的武器最终会落入“基地”组织或其他极端组织的手中，担心美国训练的“叙利亚自由军”成员最终还是会投靠“基地”组织。政府官员认为有必要进行一次全面的审查，否则谁都不能接受训练。白宫方面还怀疑，“叙利亚自由军”是否真的具备军队属性，质疑这个由“之前担任过教师和药剂师”的人混杂而成的反对派的战斗力。白宫希望美国训练的所有人都签署一份承诺书，保证只对恐怖分子作战，不会谋求大马士革的政权更迭，这一举动让福特大跌眼镜，他觉得这样的人根本不存在。他的想法是对的。

2013 年全年，国会议员和参议员都请福特解释说明叙利亚正在发生的事情，他尽职尽责，向疑虑的国会议员和媒体解释了总统的叙利亚政策，但是他所看见的叙利亚和伊拉克发生的事情进一步让他相信：自己所担心的情况正在成为现实。伊拉克“基地”组织头目巴格达迪单方面宣布，与叙利亚“基地”组织的分支组织“胜利阵线”合并，新组织的阿拉伯名称迅速被西方媒体翻译成“伊拉克和大叙利亚伊斯兰国”（Islamic State of Iraq and Syria），简称“伊斯兰国”（ISIS）。“胜利阵线”的领导者拒绝合并，巴格达迪与“基地”组织领导层决裂，将自己的部队撤出了“胜利阵线”，其中的大部分外籍战士都追随了他。突然之间，在伊拉克和叙利亚两国的边界地区作战的恐怖分子集成了一个单一的恐怖组织，并且还在逐步获胜。2013 年 7 月，他们在离伊拉克首都巴格达几英里之内的地方发动进攻，拿下了臭名昭著的阿布格莱布监狱，释放了 500 多名囚犯。对福特来说，不祥之兆早就已经出现了。他知道自己判断正确，虽然他希望那些判断永远不会成真。

白宫不愿介入叙利亚的态度在 9 月达到了顶点，当时，美国已经制订了针对阿萨德化学武器的空袭计划，但是奥巴马总统在最后一刻妥协了。他先前曾说，叙利亚政府使用化学武器对付自己的人民将是一道“红线”，踩了这道“红线”，美国将采取军事行动。但当确凿的证据表明，阿萨德真的这么做了，美国的战机也准备好进攻时，总统及其幕僚长丹尼斯·麦克多诺（Denis McDonough）决定取消攻击。虽然总统后来依靠成功的外交努力清除了叙利亚的化学武器，但是福特个人认为，轰炸的话，也许效果会更好，而不仅仅是销毁这些化学武器。轰炸可能会大幅鼓舞反对派的士气，大大提高美国在剩余的“叙利亚自由军”中的影响力，而取消攻击起到了相反的作用。随即，奥巴马总统就因更改计划而受到了猛烈的批评。

穆罕默德·胡斯尼·穆巴拉克（Muhammed Hosni Mubarak），埃及那位长期执政的总统，此前因人民起义而遭到罢免，其继任者，来自“穆斯林兄弟会”的穆罕默德·穆尔西（Mohamed Morsi）也由于同样的原因下台了。美国国务卿克里邀请福特去开罗担任美国驻埃及大使，因为埃及在此之前的“阿拉伯之春”让美国的外交一团糟。对罗伯特·福特而言，去开罗担任大使是一个不错的选择，但坐在国务院办公室里琢磨这个决定时，他不无怒气。无须质疑，他觉得自己对政府有种责任感，他真心觉得在驻外事务处为国家服务是光荣而高尚的。埃及将会是他继叙利亚和阿尔及利亚之后的第三个前往担任大使职位的国家，但是，他并没有接受任命，而是从美国驻外事务处辞职了。“我没办法继续支持那个连自己都不相信的叙利亚政策。”福特这样告诉我们。此外，他认为，待在华盛顿还可以帮助政府提出更好的叙利亚甚至是中东政策。福特接受了中东研究所[2]的邀请，成了这家华盛顿最为悠久的外交政策智库的高级研究员。

2013 年全年，福特最为担心的情况正像他所预测的那样发生着。“胜利阵线”在叙利亚发展壮大，不仅得到卡塔尔和土耳其政府的支持，还得到外籍作战分子的支持，阿拉伯世界的富人还为其提供武器和资金。更令人担忧的是，“伊斯兰国”的势力超过“胜利阵线”和较为弱势的“叙利亚自由军”。阿萨德的军队在各种压力之下开始衰落，但靠着伊朗的特种部队依然能支撑着。伊拉克的什叶派政府对逊尼派的攻击火力全开，不仅动用武力镇压示威活动，而且将逊尼派官员从政府、安全部门和军队中驱逐。包括萨达姆时期的前军官在内的一些逊尼派，虽不情愿，但也与“伊斯兰国”展开了对话。最终，正是这些萨达姆时期的军人将新加入的外籍战士变成了“伊斯兰国”一支有效的作战部队。当涌进叙利亚的招募新兵足够多时，“伊斯兰国”开始将其中一部分送往伊拉克。

2014 年开始时，福特担心的情况已经不只存在于理论中了，而是成了头版头条新闻。1 月 2 日，“伊斯兰国”占领了叙利亚城市拉卡，宣布其为“伊斯兰国”的首都。第二天，它袭击了伊拉克，攻击并占领了费卢杰——一座有着 30 多万人口的逊尼派城市。第二次美伊战争中最血腥的战役曾发生在费卢杰，数百名美国人在这里受伤、付出了生命的代价。而现在，使美国为了将其从“基地”组织解放出来付出了生命代价的这座城市，已经完全落入了“基地”组织的继承者“伊斯兰国”的控制之中。[①]

华盛顿一片恐慌。中情局没有料到“伊斯兰国”会发起进攻，五角大楼惊讶地发现，自己亲自训练和装备的伊拉克军队在费卢杰战役中不堪一击。美国的区域问题专家并不那么吃惊，他们依然记得福特的预测。与 1990 年伊拉克、科威特的对决不同，这次是一场内战，而问题的关键在于要像福特一样了解那里的文化和那片区域。

“伊斯兰国”迅速前进，占领了伊拉克西部的城镇和油井。伊拉克军队进行了重组，但依然无力反攻费卢杰。接着，6 月初，“伊斯兰国”又进行了一次突袭，这次进攻的对象是摩苏尔——人口超过 100 万的伊拉克第二大城市，伊拉克军队再次溃败。在拉卡，“伊斯兰国”开始设立政府机构，管理自己控制之下的城市和油井。7 月，巴格达迪现身摩苏尔的大清真寺，宣告自己是“伊斯兰国”的哈里发[②]。他不再将自己的“伊斯兰国”野心局限于伊拉克和叙利亚，而是将其最终扩展到整个伊

① 2016 年 6 月，伊拉克政府收复费卢杰。——编者注

② 哈里发，伊斯兰政治、宗教领袖的称谓。——译者注

斯兰世界。

“伊斯兰国”军队马不停蹄，威胁着库尔德城市埃尔比勒，那里有一座美国领事馆，也驻扎着美军训练团。无奈之下，奥巴马总统下令空袭“伊斯兰国”，保护库尔德人。“伊斯兰国”的回应是，发布几则其囚禁的几位美国人被斩首的、令人毛骨悚然的视频。2013 年时，奥巴马总统还将“伊斯兰国”视为“资浅代表队”，似乎还不以为意。到 2014 年 9 月，奥巴马表态要“削弱和摧毁‘伊斯兰国’”。9 月底，他下令对伊拉克和叙利亚境内的“伊斯兰国”进行持续轰炸。

尽管奥巴马总统誓要将之消灭，但是“伊斯兰国”依然占领着大城市，成功击败叙利亚和伊拉克的军队。数百名美军部署人员和顾问开始重返伊拉克，但到 2015 年春，伊拉克军队将“伊斯兰国”逐出费卢杰和摩苏尔的计划都虎头蛇尾地终结了。“伊斯兰国”又占领了一座伊拉克城市，这次是拉马迪，其人口超过 20 万。美国确实也试着使审查通过的战士组建成一个叙利亚武装组织作为抵抗，但该组织仍未运转之前，就在“基地”下属组织的一次突袭中被消灭干净了。

本·拉登时代，“基地”组织从未真正控制过哪一个稍上规模的小镇。巴格达迪掌权时，“伊斯兰国”拥有的众多小镇和城市曾是叙利亚和伊拉克的边境地区，现在这条边境线本质上已经不复存在，随着“伊斯兰国”的建立而变得毫无意义了。“伊斯兰国”的装备是其在伊拉克盗取的美国制造的大炮和装甲车，资金来自其控制下的油井的石油销售，也吸引着从整个伊斯兰世界过来的成千上万的战士。它由一个恐怖主义组织掌控（而不仅仅是受其影响），并且制订了侵略计划，想要将其影响传播到其他地方。

“9·11”事件之后，我们曾说，永远不要让恐怖分子拥有一个避难据点，但是此时他们又拥有了一个据点。如今，美国和欧洲的“独狼”恐怖分子以“伊斯兰国”之名进行暴力活动，中亚和非洲的一些团体宣布附属于新的“伊斯兰国”。在那些激进的“独狼”眼中，“伊斯兰国”已不仅仅是一个“民族国家”，已然成为一种极具吸引力、值得为之战斗的理念和愿景。

军事介入的滑坡谬误

2016年初，一个温暖的夜晚，坐在阿拉伯海湾的岸边，我们问罗伯特·福特，为什么他的警告和预测又变成了一出卡珊德拉悲剧？为什么掌权的人听不进去呢？“哦，他们听进去了，”他说，“他们中很多人也明白，包括国务卿希拉里和后来的国务卿克里”[3]。他们可能不相信，会出现一个新的、横跨叙利亚和伊拉克的恐怖主义国家，但是他们清楚，如果美国未对叙利亚的叛军提供强有力的帮助，权力真空将会被敌视美国利益和价值观的其他人填补。

与这位美国最负盛名的阿拉伯世界专家坐在一起，不难看出他的学者风范。他说话温和，用词恰当，从不一惊一乍、散布恐惧情绪或是歇斯底里。与他共事多年的同事告诉我们，福特为人随和，让人肃然起敬。然而，实际上，他并不是一位学者，而是一个无所畏惧的实践者，他不害怕走到大使馆之外的世界中弄脏自己的鞋子，或是自己的车子遭到枪击。提及他的阿拉伯语，同事们说，他几乎达到了当地人的水平，他对阿拉伯文化和政治的了解之深，美国政府中无人能及。

我们不解，那么为什么没有及时采取任何行动来阻止罗伯特·福特的一语成谶呢？他相信，白宫人员在会议中表现得不情不愿，加上在跨部门协调上的缓慢动作，反映了他们的上司在此事上的态度。福特意识到，总统认为伊拉克战争已经是一个巨大的错误了，并且严重怀疑美国是否有能力，尤其是通过武力手段在中东创造理想中的结果。大力援助叙利亚反对派，会带来灾难性的滑坡后果，导致美国再一次介入。几年前，奥巴马被成功说服介入利比亚局势，命令美国对卡扎菲政权进行大规模的空袭。结果，美国陷入了泥潭，无法脱身，暴力依然持续着，恐怖主义团体也越来越多，利比亚则进入了失控状态。他不想再次军事介入中东事务，特别是当时他终于把美军从伊拉克撤出，顶着政治压力他也极力想从阿富汗撤军。

福特认为，奥巴马对滑坡后果的恐惧是没有根据的。他将奥巴马的恐惧，与 20 世纪 90 年代克林顿总统在理查德·霍尔布鲁克（Richard Holbrooke）大使的协助下，在巴尔干半岛地区推行的“胡萝卜加大棒”的外交政策进行了比较。美国当时对巴尔干半岛既空袭又派军。“我从未呼吁在叙利亚境内动用美国军队，如果我们及时行动、武装反动派，那么根本就用不着派兵。”福特解释道。他相信，2011—2012 年间，温和的反对派队伍里不仅有教师和药剂师，还有叙利亚政府军的逃兵和军人。他说，如果我们早些动手武装他们，他们可能会吸引来更多的战士。但是，即使如此，白宫方面（或许还有总统本人）怀疑这些温和的反对派不会对战斗局势产生举足轻重的影响。

在这次的“卡珊德拉事件”中，显然是决策者未能听取专家的意见，断然拒绝了卡珊德拉的分析和建议。决策者，即这个案例中的奥巴马总统，将眼前的局面放到了更大的背景中去看，并且相信，行动的风险和机会成本会大于行动带来的好处。法里德·扎卡里亚（Fareed Zakaria）曾就叙利亚和伊拉克局势问题采访过奥巴马总统，他告诉我们，就他从奥巴马的肢体语言及在采访间隙的言语中得到的印象来看，奥巴马认为区域专家之前在中东问题上错了一次，这次又错了，他本人也无力阻止中东各个派系之间的互相残杀。再说，奥巴马在 2008 年和 2012 年的竞选纲领中有一个重要的部分，那就是，他相信，美国需要结束在中东的战争。在向美国人民做出了这番承诺之后，他怎么会允许自己被拖入另一场战争呢?

福特和同事曾警告，恐怖分子可能会控制横跨伊拉克和叙利亚边境的一块区域，但在他们之外，再无人将这一信息告知总统。迈克·莫雷尔（Mike Morrell）是中情局的一位职业情报分析师，后来擢升到中情局高层，他对我们坦言，中情局觉得没有那种可能性。莫雷尔说，中情局低估“伊斯兰国”的同时，又高估了伊拉克军队。如果中情局、中东地区的领导人，哪怕是撰写专栏文章的权威专家加入了福特的行列，那么奥巴马的反应也许会有所不同。

福特相信，自己的卡珊德拉悲剧出现的原因之一，是决策者不了解那块区域的基本动态，并且反感处理该区域的战争问题。总统还受到了政治承诺的影响，我们或许可以将之称为意识形态过滤器，与我们在“卡特里娜”飓风案例研究中看到的情况相似，那时小布什政府一门心思扑在反恐上，便削减了本可以用于预防新奥尔良遭到破坏的预算。再者，之前也从未发生过类似的事情，这个案例又验证了“第一次综合征”对决策者想法的影响。官员和分析师都看到了叙利亚长期内战的可能性，但是，他们大多没想到那场内战会催生出一个极端主义的“民族国家”。福特想到了，还警告说，“外籍战士”在叙利亚和伊拉克学会作战手法之后，再返回欧洲或位于其他地方的原籍国，会制造很多问题。但福特告诉我们，他没有料到的是，难民潮规模会如此巨大，会对欧洲产生那么大的政治影响，也没有想到伊朗会从中起那么大的作用，俄罗斯会直接通过军事介入来防止阿萨德政权的垮台。

2015 年 10 月，福特做出的预言很明显是正确的。那时的他已是一位普通公民——中东研究所的一位学者。一次，联合国正在开会，他的手机振动了，来电显示被屏蔽了，但他还是接了电话，是白宫打来的，电话另一端的人问他能否过去一趟，见见奥巴马总统。福特希望总统已经改变主意了，但是在那次两小时的会见中，前美国驻伊拉克大使瑞安·克罗克（Ryan Crocker）也在，奥巴马心存戒备，说得多，而听得少，一直为他自己的政策辩护。福特将总统的立场向我们总结道：“叙利亚发生的事情很糟糕，但是美国也无力阻止。”尽管成千上万的叙利亚人民命丧桶装炸弹和氯气，但奥巴马依然欣慰地认为：如果他没有将神经毒气清理出叙利亚，情况可能会更惨。他没有表现出自我怀疑，老是想向别人解释，他为什么依然觉得自己在叙利亚这件事上从头到尾都是对的。奥巴马告诉记者，他最大的外交政策失误是卡扎菲倒台后，对利比亚处理不力。他说的是利比亚，而不是叙利亚。

2016 年 10 月，我们又坐下与福特交谈，他指出，奥巴马及其亲近的助手，对于提交给总统的各种叙利亚行动方案，一直都持反对态度。他们似乎只想要一份完美到无懈可击的方案。福特说，他们对于自己暗暗选择的方案，即本质上按兵不动的路线，从未给予同样的批判性分析。福特告诉我们：“什么也不做，也是一种选择，也会造成严重的后果。”在这个案例中，福特所能想象的美国有所作为会带来的消极后果，远远轻于它无所作为造成的后果：数百万的难民，叙利亚境内人民流离失所，城市被夷为废墟；欧洲应对着难民危机，这场危机扰乱其政治，影响其团结，数以万计的平民丧生；伊朗和俄罗斯在中东地区占据优势。

当“伊斯兰国”最终被赶出伊拉克和叙利亚的一些小镇和城市时，已是 2016 年底了。我们不禁问，这场本可以避免的危机或许很快就会结束了？福特说：“不会。我们有生之年是看不到单一制政府重新掌控整个叙利亚了。‘伊斯兰国’失守城市之后，也不会立刻消失。城市重建和难民重返家园所需的资金很难到位，叙利亚和伊拉克境内的难民营和废墟地带，将成为繁殖下一波恐怖分子的有害温床。”在他的面孔之上，我们读到了悲伤，痛苦，以及对叙利亚人民、逝者和流离失所者的同情。让他更痛苦的是，他知道事情本可以不落到这般田地。

第 5 章

地震学家：福岛核灾难

铭记这场巨大的海啸灾难，不要在低于石碑的地方盖房子！

——日本岩手县 Aneyoshi 村一座百年石碑上刻的警语

海浪咆哮、城堡告急，巨浪滔天、城堡被淹，这样的画面一直浮现在冈村幸信（Yukinobu Okamura）的脑海中，他无法摆脱远古时期万物皆毁的那些画面，他担心着未来，不久的未来。那是 2009 年 6 月。

冈村博士认真聆听着专家小组关于日本福岛第一核电站如何防御严重自然灾害的报告。他是一位知名的地震学家，其意见和警告应该得到小组的重视，至少那是他所希望的。冈村有一些新的重要情况要分享给大家。

那是日本原子能安全保安院召开某次会议时的情景，会议的目的是探讨日本 17 家核电厂各自的具体安全需求。福岛县的核反应堆园区位于福岛市之外。福岛市是一座小小的海滨城市，人口约 30 万，位于东京以北 100 多英里处，靠着日本的东海岸。福岛第一核电站是东京电力公司（简称东电）名下的有六个反应堆的核电站。对东电来说，福岛在安全问题上重点防范的是地震。

地震对核电站来说，确实是一个真实且重大的威胁，理应采取特殊的应对措施。2007 年发生的越冲海洋地震的场景还历历在目，那是一场 6.6 级的地震，从日本西部的新潟，一直到东京都有震感。东电运营的另一座核电站——柏崎刈羽核电站，也是世界上最大的核电园区。那里的一座变压器厂房内发生了火灾，导致放射性气体泄漏，一座乏燃料池中的水流进了大海，该厂最终关闭了两年。东电不希望这一幕重演，政府也不希望。

当人人都将关注点聚焦于不久前的那次事故时，福岛小组聚焦于地震地质上的做法也就不难理解了。专家试图评估福岛是否存在着类似的弱点，抵抗力有多少。冈村博士参加的那场会议规模较大，专家组在会上介绍发现成果，在那之前，他们已经进行了 22 次会谈，一次也没有将海啸纳入议程。原子能安全保安院会提前为专家组确定讨论的内容，它认为福岛地区不太可能发生海啸，无须过虑。冈村后来说："哪怕是针对一场极其罕见的自然灾害，核电厂的运营商也需要采取预防措施。即使概率只有一点点，东电也应该采取行动。"[1] 但那个 7 人小组并没有纳入任何海啸专家。

为福岛制定安全指南时，专家组使用的数据来自该地区记载的最严重的地震。那是 1938 年的一场里氏 7.9 级的大地震。那场地震引发了一场小海啸，福岛的核反应堆离大海很近，因此，东电认为，福岛需要修筑防波堤，以防止类似的海啸再次发生。于是，他们在地面上修建了一道高约 19 英尺的墙，完全可以阻止一场类似于 1938 年的能淹没核反应堆的海啸。

冈村博士个子不高，轻声细语，我们下了一番功夫才说服他开口讲讲自己的事儿。他是一位令人敬重的专家，也是日本活跃断层和地震研究中心的主任，但作为科学家，他的名气并不大。冈村就是一名很多日本人口中的工薪族，他有一份体面的工作，兢兢业业，不太起眼，也毫无怨言，然后一级又一级，缓慢升职。但是在 2009 年 6 月的那一天，这位安静的小个子有一些重要的话要讲，他过后还后悔，认为自己的声音应该再响亮一些。冈村回忆道，他意识到福岛地区面临着重大的海啸威胁，“事实上，那时我觉得是时候”[2] 大声说出来了。

当面对专家小组发言时，冈村开门见山，直言 1938 年的地震不算大，不足以作为制定福岛安全指南的根据。“我觉得，大家都清楚这一点，”他说，“但我想证实的是，1938 年的那场地震正是贞观大地震的发生地，你也可以叫它贞观海啸。”冈村接着说道，发生在公元 869 年的贞观大地震比 1938 年的那场地震“严重得多”。“我想知道的是，为什么完全没有人提到？”他试着让自己的语气在这个时刻保持尊重和镇静，事实证明，那是一个关键的时刻。

东电的代表西村宫（Isao Nishimura）回应说，贞观地震“破坏力不大”，但是冈村坚持称，它的破坏力很强，强到足以摧毁一座城堡。他犹豫了一下，补充道：“那么，我想，各位并没有证据来支持破坏力不大的说法。”[3] 冈村说，他尤其担心贞观海啸，因为它已经影响到大内陆区，再来一场类似的海啸，福岛地区肯定会受到威胁。他告诉西村：“这个信息每个人都能查到，但是在座各位完全没有提，这是我无法理解的。”[4]

跟查理 · 艾伦、艾弗 · 范 · 希尔登一样，冈村也许更为直白，他质问当局：“为什么你们在忽视无可争辩的数据？”让他担忧、令他发出警告的最重要原因就是那些数据。（显然，数据是一个重要的话题。）

但是，在那一天，日本政府和东电都坚持认为，地震才是威胁，是唯一需要重点关注的威胁。由于这样的系列会议都有事先设定好的特定目标，那天讨论的特定目标就是仅专注于地震威胁，海啸在讨论中不占一席之地，也没有人提议再找时间解决海啸威胁。并且，东电一位执行官不屑一顾，他指出，公元 869 年的那场地震只是“历史”。为什么要费力地从发生在那么久之前的二手故事中推断信息呢？那个故事又没有得到今天精密的测量和数据的支持，再说，离我们更近的 1938 年地震就可以很好地被用来获取信息。

会议继续进行，开始探讨别的话题。东电的官员说，他们会试着了解更多情况。等下次会议时，冈村失望地发现，福岛安全报告已获通过，869 年的那场地震被轻描淡写地说成破坏力不强。当话筒转到冈村那儿时，他再次强调了自己担心的问题，却再次被敷衍了。“我还以为东电明白了这里面的风险，因为他们上次说，会看看的。”冈村向专家组恳求道。为什么没有进行调查呢？他真的感到很疑惑。869 年的那场“历史”地震及其引发的海啸没能被当作福岛第一核电站更新版的安全指南的参考。

流沙里的真相

跟前面研究过的其他卡珊德拉一样，启发冈村的同样是那些别人选择不理会或者忽视掉的无可动摇的事实和数据。他所在的机构——活跃断层和地震研究中心能够从 869 年的地震中得出新数据，而这些数据其他人从来没有研究过。虽然他的警告在那些关系重大的会议上被忽视了，但是这位卡珊德拉运用这些过去的地质记录来推测未来，并献身于科学研究。

869 年的那场地震及海啸，日本历史上称为“贞观地震”，被记载在 901 年编写的日本史书《日本三代实录》中。史书里写着，在一场“大地震”过后的陆奥国，“人们呼天喊地，遍地躺倒，无法站立”。地震时，“天上有些奇特的光”。人们丧命于山体滑坡，或被倒塌的房屋压死，建筑、大门、墙体全都被摧毁。“接着大海咆哮如雷，海面突然向上升起，巨浪滔天，席卷大地。”

1 200 年前的描述现在读来依然让人不寒而栗：海浪“肆掠，宛如恶魔，顷刻之间已淹没市中心。巨浪从海滩往外绵延了数千码[①]，我们搞不明白它破坏的面积到底有多大。田地、公路都沉入海中”。大约有 1 000 人没有逃出来，全都溺亡了。

冈村的批评者站在现代的角度，对这个叙述嗤之以鼻，说那只是一则故事罢了。由于发生在很久以前，这个故事感觉就像是一个传说。而且，他们似乎还说，我们不能将传说作为科学的依据，传说不是可靠的科学，数据也不能采用。

这样的反应，我们称之为“科学缄默”，即在缺乏完善和完整的数据时，不愿做出科学判断。在这个例子中，科学缄默与可得性偏差共同起着作用。可得性偏差是指当一个人过多受到已知信息的影响时，经常会犯的一种认知错误，比如范·希尔登博士和“卡特里娜”飓风的那个案例。福岛专家组的确知道 869 年的那场海啸，但时间久远，专家组对它没有任何情感联结，所以便没有将贞观地震的破坏力和影响纳入计算之中。可得性偏差也是导致原子能安全保安院的专家组快速决定不用考虑贞观地震的原因之一。然而，我们接下来还要探讨，更多的原因在于目光短视，那或许引发了监管者执意的“无知”。

冈村所在研究所的科学家知道，869 年的海啸不仅是神话传说。鄂霍次克板块与太平洋俯冲带的边界会引发地震和其他地壳运动，这个地方，严格来说，并不太平，极易发生大地震，这些大地震大多会引发海啸。活跃断层和地震研究中心最近刚刚对贞观地震之后遗留的砂沉积物进行了详细的调查。

在这项调查之前，贞观地震的破坏程度不为人知。人们对于那次

---

① 1 码 = 0.914 4 米。——编者注

地震以及地震引发的海啸的了解大都来自历史记载，而非地质档案。冈村的研究所是分析那次海啸过后的沉积物、绘制洪水区地图的第一批机构。冈村和同事们通过自己的研究，得出结论：那次海啸在仙台平原造成了大面积洪涝，至少方圆 2.5 英里的内陆都被淹没了。根据当年的沉积物以及后来的分析，贞观地震之后遭淹没的地区与 2011 年袭击福岛第一核电站的海啸所淹没的地区基本吻合。

冈村的团队模拟了海边发生 8.4 级地震的情况，发现海浪如果高于 20 英尺就会冲击福岛海岸。2007 年，研究中心已经将大部分信息分享出去，日本地震调查所将其发表于一项调查中。2009 年，另一项研究发现，海浪的高度可能会更高，达到 30 英尺。

对冈村来说，从事这些开创性的工作是令人激动万分的，他急于分享自己的研究发现，不仅因为他们可以揭开贞观地震引发的海啸以及更早的海啸的面目，更是因为他们可以借此预知未来的威胁。冈村告诉我们，他的“目的是要警告”海岸线附近的居民。对冈村而言，真相现在已经显露，清晰地刻在日本各个山脊与山麓的砂沉积物上。[5] 但是，正如研究路易斯安那州海岸的科学家发现的那样，走在新型分析的前沿或许也意味着，听众还没有准备好听你的那一番言论。

这一真相就像定时闹钟一样发出响声。像冈村这样经验丰富的地震学家都知道，构造板块释放地震的频率似乎有固定的时间表，研究所分析的沉积物表明，这种地震往往每隔 800—1 100 年会发生一次。他计算了一下，2 011 – 869 = 1 142。这些数据确定了一点：类似的大地震和海啸即将发生的可能性很高，它早就该来了。

等它真来的时候，大多数日本人都感到意外。2011 年 3 月 11 日的下午 2 点 46 分，一场 9 级大地震晃动了日本大地。这场地震后来被称为“东日本大地震”，发生在日本本州仙台以东 80 英里、海下约 18 英里处，引发了 3~5 分钟的剧烈震荡，从太平洋洋底引发一系列的海啸波，以每小时 435 英里的速度冲击日本海岸，其力量之大，千年罕见。

洪水高耸成墙，夹带着大量的碎片，咆哮着穿过海滨小镇、学校、购物中心、度假中心、体育场，冲入内陆 6 英里处，淹没数百平方英里的沿海地区。在海啸袭来之前，仙台居民只提前 8~10 分钟得到了警告。为了抵抗像 1938 年的海啸，当地修建了 100 多个避难所。悲剧之余，也颇具讽刺意味的是，许多人都逃进了那些避难所，但那些避难所也被海浪吞没了，很多人都被海啸袭击，溺水而死。

这是自从现代文明社会（约 1900 年）开始记载以来，地球所经历的第四大地震，也是日本有史以来经历的最强地震。1 000 英里以外的人们都报告有震感。这次地震将本州岛整体东移约 8 英尺，长达 250 英里的海岸线垂直下沉 2 英尺，这又加剧了海啸的影响力，使其快速冲向内陆地区。数十万座建筑要么坍塌，要么损毁。在仙台，洪水几秒之内就摧毁了房屋。19 000 多人丧生。

然而冈村博士并没有感到太大的意外。地震时，他身在位于日本茨城县的筑波市（离福岛 100 多英里）。这位曾经呼吁人们多加考虑海啸风险的人，"无法理解"为什么那么多人都忽视他的警告，他本人也无力阻止自己预见的恐怖情况的发生。他因无力说服他人而产生的恐惧感比以往任何时候都强烈，因为他早已知道接下来会发生何种事情。

抓挠睡龙的尾巴

"曼哈顿计划"[①] 期间，美国的核科学家第一次将原子理论付诸实践。在新墨西哥州炎热的沙漠地区，科学家仅穿着工作裤和 T 恤衫，赤手工作。他们用各种各样的材料填充钚半球，即坑槽，以期发现将钚的辐射

① 曼哈顿计划，指"二战"期间，美国陆军部于 1942 年开始实施的制造原子弹的计划。——译者注

反射回去的最佳方式。将辐射反射回坑槽，是制造核链式反应和最终实现原子爆炸的第一步。

科学家徒手将由金属砖和薄薄的铍半球构成的反射体放在坑槽附近，然后用平头螺丝刀调整反射体和钚之间的距离。往外发射的中子会被反射到坑槽里，那时，科学家就可以用盖革计数器测量爆裂的链式反应，从而更好地理解坑槽何时会到达临界状态，以及产生核爆炸的具体条件到底是什么。

研究人员称这样的试验是“抓挠睡龙的尾巴”，因为它的危险性非同一般。[6] 在一年的时间内，这条睡龙醒了两次，每一次都释放出大量致命的中子辐射，释放出“超临界”的能量。第一次时，一位科学家将一块砖掉在了坑槽上。被苦苦折磨了三周之后，他离开了人世。第二次时，一位科学家手中的螺丝刀意外滑落之后，中子反射壳啪的一声击中了坑槽，9 天之后，他也逝世了。这个坑槽便被叫作“恶魔核心”[7]。

在两种情况中，当大量猛增的中子和伽马辐射引发了空气电离时，“恶魔核心”的缝隙闪烁着一种不祥的蓝光。总的来看，这两起事故中，共有 10 人因辐射而死（有些几乎是即刻死亡，有些则是在多年之后死于辐射引发的癌症）。

核反应堆的工作原理与之类似，只是用铀元素代替钚，让放射性物质释放出能量波，但其操作方式与那些拿螺丝刀徒手试验的年轻科学家的相比，更为可控，也更加安全。现代大多核反应堆的铀燃料棒四周放着控制棒，这些控制棒由各种金属构成，而这些金属可以吸收中子、精确控制其放射线。整个机组被放置在连续循环的水池之中，水不断地将热量转移，冷却燃料棒。移动控制棒和循环冷却池水的能力十分必要，为的是防止燃料棒过热，熔化其自身构成物——铀。那种现象就是众所周知的核反应堆的堆芯熔毁。

核电站断电之后有何后果

优秀的科学家在新墨西哥州的那个沙漠研制出的炸弹，于1945年将放射性死亡带到了日本，日本人民现在仍对此有着强烈的文化记忆。当日本首相菅直人（Naoto Kan）将2011年的地震、海啸和随后的核灾难称为“二战”结束以来“日本所面临的最棘手、最艰难的危机”时，他唤起的就是那段记忆。核袭击过去60多年后，无论是首相，还是民众，都不可能忘掉那些原子弹。冈村预测的事情已经发生了，日本人民又遭受了一场核灾难。这次，却是由自己一手造成的。

地震时，福岛第一核电站的反应堆机组按照既定程序进行应对。地震监测仪器探测到地震之后，吸收中子的控制棒便立即从反应堆堆芯内弹出，阻止核裂变继续。安全系统严格按照预期中的情况运转着，但是，地震在海上引发了一场海啸，海啸向西移，扑向日本海岸，朝着福岛呼啸而来。海啸撞击到海滩之后，继续往内陆冲出，漫过了核电厂19英尺高的混凝土防波堤，造成防波堤几处裂开，就像一辆卡车撞碎一块玻璃。有一股海浪，预计将近50英尺高，速度比一架降落的喷气式客机还要快，在地震发生一小时之后，便涌进了核电厂。8分钟之后，更汹涌的海浪扑来，淹没了这个地方。海啸带来的数百万吨海水吞没了核电厂低洼处的厂房。

巨浪很快淹没了路面，冲进了6座厂房，那里有核电厂的涡轮机和6座核反应堆。海水到来之前，核电厂的电源已经被切断了。地震已损坏了电塔，破坏了线路。福岛核电站传统的备用发电机（应急柴油发电机）自动启动，持续为反应堆提供电力，确保水能继续循环，让燃料棒有时间冷却，但是，之后，海浪淹没了大多的应急柴油发电机，只有一台幸免。核电厂这时几乎没有电力供应了，无法控制反应堆，也没有电力可以启动将厂房里的洪水抽出的水泵。6座大型反应堆厂房内一片黑暗，仅有电池供电的应急灯闪烁着微弱的光。

控制棒已经在最初的地震之后、电力故障之前移动到位，成功结束了反应堆里的核裂变，但仍然需要抽送一些冷却液，否则的话，铀燃料将继续散发大量“衰变热”，反应堆中的水会被煮沸。水被煮沸之后，会形成蒸汽，蒸汽会在管道内和核芯周围的保护壳内堆积，造成巨大的压力。这种压力最终会导致安全壳破裂甚至爆炸，散发危险的放射性气体和微粒，它们将会进入厂房里，也会进入邻近的城镇，掠过沙滩进入海洋，甚至顺着风向飘入大气层。

核电站就像一座设计、建造高度复杂的大教堂，人类被认为掌握了一种类似太阳的强大的能量。核电站的外表洁白如刚刚飘落的雪，日日光泽熠熠。核电厂的管理团队穿着医生的白大褂、训练有素，是一批薪资丰厚的专业人士。他们遵守着严格的条款，杜绝任何偏差，天天如此。

福岛的工作人员看到海啸后的情景震惊了。东电工作人员试着寻找方法来发电，让冷却反应堆必需的泵开始运转，但一个小时接着一个小时过去，他们的努力依然无果。当一辆发电车终于被调过来时，他们松了一大口气，但事实是，发电机的插头与核电厂的插头不匹配，所以一点用处也没起到。1 号反应堆的备用冷凝器失效了，安全壳内的压力上升，最终超过了安全线。尽管与那些可靠的条款相悖，但是核电厂的管理层知道，他们需要有意排放些放射性蒸汽，降低压力，否则，大规模的钢筋混凝土安全壳面临着爆炸的风险。

情况继续恶化。从 1 号反应堆堆芯泄露的氢气与外部氧气混合，在周六下午 3 点 36 分引发爆炸。厂房爆炸的画面被沿海岸飞行的直升机的摄像头捕捉到，在东京乃至世界各地的电视屏幕上播放着，就像好莱坞灾难大片。当公众难以置信地看着这些画面时，放射性微粒已经往上蹿、卷入风中，随风吹向东京。

接下来的几天内，东电的技术人员有意从反应堆中排出蒸汽，并且试图通过消防水带直接将海水注入过热的核芯，以期起到冷却的作用，但是麻烦持续着。周一，第二次爆炸炸毁了3号反应堆所在的厂房。东电高管早已忧心忡忡，日本政府和许多日本普通民众也普遍开始恐慌。

很快，4号反应堆的旧铀储存池也出现了问题。使用过的铀棒仍然会散发热量，便被储存在贮水池中，人们定期用泵往里抽冷水。而在4号反应堆的贮水池那边，抽水的泵没电了。旧铀棒周围的液体开始升温，有可能会完全被煮干、蒸发。如果真是那样，铀棒会开始融化、着火，并往空气中释放大量的放射性物质。周二早上，这样的事情真的发生了。实际上，4号反应堆的乏燃料池中，旧铀棒上面的锆涂层起火了。于是，摄像头又捕捉到了一个氢气爆炸的电视画面：安全壳被炸毁，造成了此次灾难中最严重的放射物泄漏。

日本政府下令疏散福岛第一核电站方圆20公里的人，美国政府则建议美国公民撤退到至少50英里之外。一时，谣言四起，有人说，“放射云”很快就要抵达美国西海岸了。

与此同时，核电厂的工作人员继续拼命想办法冷却反应堆。周三，军用直升机试着将海水倒进3号反应堆的乏燃料池，但不得不无功而返，因为辐射的浓度高得太危险了，让飞行员和机组人员暴露在不可接受的风险之中。当晚，军用消防车抵达，开始往核芯喷水。核园区一再爆炸的画面像咒语一样困扰着日本人民和全世界的人民。他们那时已经知道，这是自1986年切尔诺贝利事故以来最严重的核事故，甚至这次更为严重。

接下来的几周内，放射性水被发现泄漏到了大海里。工作人员紧急行动，试图阻止泄漏。对于核电的恐惧和疑虑在全世界蔓延。数周以来，东电的几百名员工继续努力，想要恢复核电站的定期冷却系统。震后 4 天，700 多名“非必要”工人已经撤离了，留下的 50 人因为勇气而得到赞誉，媒体称他们为“福岛 50 勇士”。其实，不仅仅是这 50 人，之后来自日本各地、包括消防员和军人在内的许多人都加入了他们的行列。

在一个人民十分推崇坚忍、决心的国度里，这些工作人员被视为英雄。年长的工人勇敢地留了下来，催促较年轻的员工赶紧回家，他们知道自己冒着辐射中毒的风险。到 3 月 23 日，超过 1 000 人在核电厂工作着。日本首相菅直人称赞“福岛 50 勇士”，说他们“尽全力帮着忙，丝毫不考虑那些危险”。东电有两名员工死于地震造成的伤势，6 名员工受到了高于一般限度的核辐射。

福岛事故发生两年之后，联合国原子辐射效应科学委员会的一项调查结果显示，那次辐射暴露“没有造成任何直接的健康影响”。然而，另一些研究表明，多达 33 000 人最终将死于福岛核辐射引发的癌症。世界银行说，那次地震和海啸是有史以来代价最为高昂的自然灾害，经济损失约为 2 350 亿美元。那场灾难造成 1 900 多人丧生，大多是溺亡或被洪水猛击而亡。

大范围的公众陷入了恐惧，作为应对，日本首相下令进行一项“暂时”的安全检查，关闭了所有的核电站，重启核电站的计划都遭遇了公众抵制。在这个曾经依赖核电提供 30% 的能量需求的国家，这次灾难过后整整两年的时间，没有一家核电站运行。今天，日本 50 座核反应堆中，也只有一座继续运转着。其他国家则从日本的灾难中学到了教训，最引人注目的是德国，德国承诺将在 2022 年前逐步淘汰核项目。

福岛第一核电站周边的大部分地区至今仍然矗立着一座座放射性鬼城，那里是一片荒凉的不毛之地。围绕着核电站，清理和去污工作仍在继续，进展十分缓慢，如此巨大的工程是需要辛勤苦干的。截至 2016 年 3 月，约 171 000 名海啸难民尚未返回家园，许多人将永远无法重返家园。[8] 福岛第一核电站的全面退役工作预计将耗时 40 年。

如果采取防御措施的话，其成本将只占损失的 1/2 000

斯坦福大学 2013 年的一项研究得出结论，福岛第一核电站的灾难是完全可以被削弱或是一并防止的，只要事先改善下列三项关键措施中的任何一项：核电站的海拔，防波堤的高度，核电厂备用发电机的位置。就算核电站处于当时的位置和海拔，增加防波堤的高度就可以防止海啸引发的洪水溢入。或者，将核电站修建在海拔更高的地点，会阻止海啸毁坏备用发电机等关键设备。就算只是将备用发电机放在海拔更高的地方，或是使其具备防水功能，或是不把它们安装在地下室里，也有可能力挽狂澜、扭转乾坤，完全避免这场危机。冈村在 2009 年就建议实施这三项措施。

"在细微之处节约并不划算。"历史很好地证明了这一点。东电决定将核电站建在海拔较低的地面，认为那样可以节省些建筑成本。1967 年，东电从核电站附近的天然海滨中开辟出一块 80 英尺高的地方，以方便运输设备。虽然可能让修建更容易，也更便宜，但是那也意味着核反应堆的厂房不再位于原先地形的高度——超过海平面 100 英尺，而是只超过海平面 30 英尺，这些核反应堆恰好位于海啸冲击的路径上。1967 年，东电将短期的成本节约放在安全隐忧之前，之后的几年，这种逻辑错位似乎越来越严重。

更高的防波堤在别的地方确实发挥了作用。位于女川的一家核电厂，离震中更近，也遭到了类似高度的海啸的袭击，损失却相对较小。女川有一道 46 英尺高的防波堤，看来足以抵挡 42 英尺高的海啸了。而福岛第一核电站高于地面 19 英尺（海拔 35 英尺）的防波堤失败了。

在这场恐怖灾难中，最令人恼怒的或许是，听从冈村的警告而需要采取的那些预防措施是多么微小，相较之下成本也小得多。虽然没有严谨的研究，但是采取有效的措施，改善备用发电机，进行防水处理，增加防波堤的高度，可能只会花费东电约 5 000 万美元。而光是核灾难本身就让日本损失至少 1 000 亿美元（更何况，还造成了很多会在将来暴发的癌症，并且估计有 1 600 人死于大撤离造成的压力），考虑到这些，可以看出因无视冈村、拒绝安全费用支出的代价是听取建议所需成本的 2 000 多倍。换言之，只需要一次性投入损失的 0.05% 的资金，东电就有可能完全避免这场核反应堆灾难。

女川核电厂修筑的高 46 英尺的防波堤保障了自身安全，这要感谢平井矢野（Yanosuke Hirai）。平井因为公共服务做出的贡献而在 1961 年获得日本荣誉勋章，他是一位极其有责任感和安全意识的土木工程师。然而与卡珊德拉以及冈村不同的是，平井的意见得到了采纳。他坚持将自己负责的核电厂建造成最高标准的，要比一般行业规范更高。平井将安全视为自己职责中的一个重要组成部分。他于 1986 年逝世，享年 84 岁，但是他的那种责任感，以及对于危险的自然灾害的敬畏感，依然在他百年之后挽救着众多生命。

1968 年，平井加入建造一家东北电力（他退休前一直是东北电力的副总裁）工厂的计划委员会。他告诉董事会，这家工厂应该建在海拔近 50 英尺的高度之上，还要再修筑一道 49 英尺的防波堤，以起到保护作用。而最初的设计方案只要求防波堤的高度为 10 英尺。虽然其他人称 39 英尺足够用了，但平井坚持自己的立场。最终选择的高度为 46 英尺。

当东日本大地震袭击女川时，那道防波堤完好无损，抵挡住了海啸冲击。平井跟冈村一样，在做决定时，时刻记着 869 年的那场“历史上”的贞观地震和海啸。孩提时代的他曾拜访过一家惨遭那场海啸侵袭的神社，相关记忆一直印在脑海中。数千人的生命被挽救，数十亿美元的损失被避免，这也许得归功于他的那次拜访。

当东日本大地震和福岛第一核电站的反应堆堆芯熔毁的余波尚在持续时，有人曝光，不仅有先见之明的冈村的警告被忽视了，其他潜在的卡珊德拉发出的警告（其数量之多令人震惊，其时间也可被追溯到几十年前）都通通被弃置不顾。

其中有一位预言家的准确度最接近冈村，他就是石桥克彦（Katsuhiko Ishibashi）。石桥是一位地震学家，在 1997 年发表的一篇令人毛骨悚然却极富预见性的论文中，他提出“核地震灾难”一词。那时，他已经眼睁睁地见证过自己之前的灾难预言成为现实。石桥在 1994 年出版的《一位地震学家的警告》（*A Seismologist Warns*）一书中，批评日本的建筑规范不严格，他认为，这将日本的各个城市置于危险境地。此书出版不足半年之时，神户的一场地震造成了数千人丧生，《一位地震学家的警告》一跃成为畅销书。

石桥克彦从小就对地震有种恐惧感。童年的他睡觉时会把一支手电筒放在身边，以便地震时可以迅速逃生。1964 年，一场 7.5 级的地震震动了他在东京的公寓，当时他正在读大学，广播报道那场地震时说日本缺乏地震专家，石桥记了下来，他下定决心要成为一名地震专家。

石桥第一次担忧核电站在严重的地震中会有何遭遇是在 1995 年，当时一场 6.9 级的地震摧毁了高速公路的一些路段，造成 5 000 多人死亡。他在《国际先驱论坛报》（*International Herald-Tribune*）撰写了一篇文章，这篇文章后来被证明是富有远见的。他预言，一场大地震可能会切断反应堆的外来电源，一场海啸接着漫过防波堤，淹没应急柴油发电机，使反应堆冷却系统瘫痪，最终导致堆芯熔毁。[9] 这种情况看起来眼熟吧，那是因为，2011 年福岛第一核电站发生的正是这种情况。

专家驳斥了石桥的文章。班目春树（Haruki Madarame）当时在东京大学工程学院任教，后来担任日本核安全委员会委员长一职（福岛灾难发生时，他仍是委员长），他给静冈市立法机关写了一封信，称石桥是核工程界的“无名小卒”。2011 年 3 月 12 日，班目沦为日本人民的笑柄，遭到日本民众的反感，因为有报道称，他告诉日本首相菅直人，福岛第一核电站的 1 号反应堆不会爆炸，但仅仅几个小时过后，那里就发生了氢气大爆炸。

其他的警告也被忽视了，其中就包括东电在 2000 年进行的一次内部调查。那次调查承认，海啸波可能会高于 50 英尺，超过福岛第一核电站 19 英尺的防波堤，有人接着建议应该立即采取措施，更好地预防海水淹没，显然这些措施从未被实施。

东电总部自始至终坚持认为，那样的风险不太现实。他们将警告的 50 英尺的数据从 2000 年的报告中抹去了，说当时“无法证实”那种情况“在技术上是有效的”。福岛灾难过后，一份东电报告称，“当内部在审议超过 50 英尺的海啸袭击的试算结果时，东电决定不对外公布这种风险”，原因是“风险信息”的沟通存在困难。有人担心，“公布不确定风险的相关信息”会在周边社区“引起焦虑，导致产能利用率下滑”。[10]

简而言之，东电的逻辑就是：如果我们坦白说出风险，当地人可能会抗议，拒绝购买我们的供电，借此将我们轰出他们的城市。下文还会谈到，这样的思维理念也是日本能源机构和政府高官普遍忽视海啸风险的一大因素。

为什么众多卡珊德拉长久以来都被忽视

冈村发出的警告就是直接针对福岛的，但没有受到重视，这让他痛苦不堪。“我认为，东电本来可以减少伤亡，多挽救一些生命的，”他悲叹道，“但是它没有及时行动。我感到非常抱歉，这是一种耻辱。”[11]

2012 年福岛核事故独立调查委员会指出，这次事故中人为过失的程度如此之高，傲慢的态度如此之深，缺乏准备的程度如此触目惊心，鉴于此，委员会认为这场灾难是“人为制造的”。不可避免，我们要问：“为什么？”为了理解答案，我们首先需要更加了解日本核工业的大历史和大背景。

日本最初选择核电前景的原因是日本的地质状况，但它冒着巨大的危险利用核电的原因也是基于日本的地质状况。日本地下的化石燃料储量极少，历史上，日本大部分的能源是进口的。靠着核电，日本能够削减对外支出。

福岛事故之前，核能为日本提供了30%的能源，日本政府还打算将这一比例再提高10%。然而，日本位于环太平洋火山带，那是一个十分活跃的地震区，因此日本很容易发生地震。事实上，世界上90%的大地震和绝大多数的火山爆发都发生在环太平洋火山带。全世界约10%的活火山位于日本本土，日本每年发生1 500多次地震。

鉴于地质条件不稳定，日本的核电站面临着高于平均水平的风险，但由于能源资源有限，日本愿意承担这些风险。日本必须依赖核电，这给日本政府和日本核工业提供了一个理由，不仅让它们可以对抗日本民众因原子弹轰炸广岛和长崎而产生的强烈反核电站情绪，而且让它们低估甚至忽视了针对核电站安全隐患的警告。

这种合理化的理由也可以用来解释，为什么冈村博士和其他人的先知警告被忽略了，为什么福岛悲剧演变成了代价如此惨重的“卡珊德拉事件”。我们推断出四大原因：东电以及日本政府愿意承受异常高的风险；日本政府打造的核安全神话；监管俘获，即电力公司和核监管机构之间的勾结；在前面所有的案例中都有的第一次综合征。

首先，东电在建设和运营核设施方面的风险容忍度显然非常高。灾难过后，东电数十年来隐瞒安全风险的“大规模努力”被暴露于众。真相逐渐明晰，虽然核电站的事故是由自然原因引起的，但是人为疏忽和怠慢也扮演了重大角色，为这起核悲剧的发生创造了条件。

福岛核事故独立调查委员会指责东电和政府机构都未能制定所需的安全规格。委员会指出："与核电打交道的任何人和任何组织的无知和傲慢，都是不可原谅的。"几十年来，东电否认可能的安全隐忧，通过淡化或隐瞒信息来节省成本、规避麻烦，向公众隐瞒类似的事情。东日本大地震发生之前，有 14 起诉讼指控东电为了省钱而忽视或隐瞒风险，但是所有的判决都未能带来任何改变。通常，日本的核电公司很少甚至从未因违反安全规定而受到惩处；监管部门长久以来都是睁一只眼闭一只眼。

东电实际上从未回复过任何卡珊德拉的警告。正如冈村在一份尖锐但依然有所保留的陈述中所讲的，福岛灾难"一部分是自然现象，但是之前确实已经有过各种各样的警告。像我这样的专家的意见也不一定会得到重视"[12]。

东电后来承认，由于担心可能遭到诉讼或抗议，所以没有制定安全规格。这一动机引出了许多警告遭到忽略的第二大原因：东电（以及日本政府）努力维护核工业的正面公共舆论。考虑到 1945 年美方对广岛和长崎的轰炸造成了数十万人丧生，给日本国民造成了巨大的创伤，那样的正面形象更是得之不易。

核工业开始之初，日本的领导人深深受到了美国和平利用核能的"原子能为和平服务"倡议的影响，他们希望将第一家核电厂建在广岛。日本领导层给出的原因是，如果广岛拥抱核能，那么日本其他地方很难再去反对核能。这个设想虽没被实施，但最终，日本对于推进技术和减少依赖外来能源的欲望战胜了民众对核能的抵触情绪。

早期的日本领导人打造了一种日本首相野田佳彦（Noda Yoshihi）称之为"安全神话"的理念，让日本人相信核技术是无懈可击的。为了保证这则神话永不破灭，日本政府和电力公司秘而不宣，自己思考着所有危险情景。

安全神话也使东电等公司与核监管部门之间的广泛勾结成为可能，这就得出了它们忽视警告的第三大原因：监管俘获。福岛核事故独立调查委员会在6个月的调查之后得出了一份报告，详细描述了东电和它的监管机构日本原子能安全保安院如何串通勾结，让东电的核电站不做任何改变就可以符合新的安全准则。报告称这种合谋是“监管俘获”的产物，基本就相当于让狐狸来看守鸡舍。由于公用事业公司、核监管部门和政府其他部门的职责和角色缺乏明晰的规定，再加上它们之间的沟通不畅，进一步加剧了该问题。

物理学家艾默里·洛文斯（Amory Lovins）简洁地解释称，日本“官僚政治制度僵化，人们不愿向上级报告坏消息，要保留面子，策略方案的推广不力，迫切需要维护核能的公众接受度，政府的政治能力脆弱，再加上，东电的管理文化中等级制度严格”[13]，都对灾难的发生起到了一定的作用，而不是简单地因为，冈村发出警告的时间点不对，或是他没有强烈要求与日本原子能安全保安院人员面谈，让其考虑海啸风险。（东电称，东日本大地震发生时，它其实正在对此做进一步的调查。）虽然地震本身是由两个岩石层板块之间积聚了1 142年的压力引起的，但实际造成的人道主义危机和环境灾难是官僚机构之间经年累月的隐瞒和勾结造成的。

东电和监管机构拒绝对任何警告做出回应的第四大原因仍然还是可得性偏差，或更具体一点，是第一次综合征。869年的贞观地震和海啸似乎太过遥远，甚至不被纳入考虑范围。如果日本能有更多的人意识到，那件发生在1 000多年前的事情有着巨大的破坏力，或者如果活跃断层和地震研究中心的最新研究得到了更广泛的公众关注，那么人们可能会接受这一观点，这样的事情确实在以前发生过，或许还会再次发生。

可得性偏差蒙蔽了监管机构人员的双眼，让他们不再考虑历史记载，而且日本流传甚广的核安全神话使得他们不再深入研究风险，再加上串通合谋的监管俘获，各个条件叠加在一起，一场“完美风暴”就这样形成了，任何卡珊德拉都不可能阻挡。冈村和石桥等人的专业知识也无力对抗信仰核电安全的文化、隐瞒众多风险的官僚主义安排。其实，现在我们也难以想象如何才能改变环境，为冈村的警告得到重视而创造条件。多年来，监管俘获以及东电对于公共接受度的优先考虑，已经阻碍了安全准则的进程。

福岛灾难之后，日本的核工业迅速失去了支持。核工业及其监管机构对于核电在这个地震活跃地区面临的危险的事实已经隐瞒了数十年之久，一下子产生了适得其反的后果。几个月后，75% 受访的日本人都表示反对核能，80% 多的人说不信任政府和东电发布的事故相关信息。修建大大小小的核电厂已经花去了数万亿日元，现在它们处于休眠状态，短时间内也不太可能被重新启用。日本将再次依赖进口的化石燃料发电。

东电的官员和其他相关官僚机构的领导层将不得不永远接受一个事实，那就是他们忽视了冈村幸信——那位有礼貌但坚持不懈的、曾经试图改变历史的男人。冈村将永远受到一个想法的困扰：如果自己能多做点事情，如果自己能更加大声地直言不讳，事情的结局或许会不同。他反思道：“现在，我后悔自己没有更强烈地强调这件事，没有逼迫他们研究这件事。”[14]

福岛的灾难本来是场自然灾难，却恶化成一场损失为 1 000 亿美元的核悲剧。如果那位名叫冈村幸信、性格安静的科学家发出的警告得到了重视，那么这场灾难是可以避免的。

第 6 章
会计师：麦道夫的“庞氏骗局”

第一课：不要低估他人的贪婪。

——弗兰克·洛佩斯（Frank Lopez），《疤面煞星》（*Scarface*，1983 年）

0.38 英寸口径的短管左轮手枪，就是杰克·鲁比（Jack Ruby）打死李·哈维·奥斯瓦尔德（Lee Harvey Oswald）① 用的那种枪。它是一种老式的手枪、一种古董，是 20 世纪 40 年代戴着软呢帽的流氓用的枪，但是，这种枪很可靠，命中率也高。在进行近距离伏击时，下手必须迅速，一两枪之内就要能了结，用这样的手枪正合适不过。不管怎样，上面的情形是哈里·马科波洛斯（Harry Markopolos）设想自己会面临的——如果有人要跟踪他的话。[1] 他检查了一下左轮手枪的旋转弹膛，

① 李·哈维·奥斯瓦尔德被认为是美国肯尼迪总统遇刺案的主凶。——译者注

“啪”的一声将其合上，接着把枪放回枪套中。他要开工了。

哈里·马科波洛斯是一位注册财务顾问，在波士顿一家大型投资公司担任投资组合经理。正常情况下，干他这一行的人不用惧怕会被职业杀手盯上，但是他发现自己惹上的事情一点儿也不正常。他正领着一小组财务专业人士，秘密调查伯尼·麦道夫①。他们知道，麦道夫正在提供一种秘密的、仅限富人的资产管理服务，其客户构成复杂——从棕榈滩的富家小姐，到欧洲的皇室成员，再到俄罗斯的流氓歹徒。然而马科波洛斯还知道，麦道夫只不过是一个虚伪的骗子。

2008 年，麦道夫被捕，并向联邦调查局供认其罪行。他垮台之后，一夜之间 650 亿美元蒸发。成千上万的投资者被彻底掏空了，他们损失了自己的养老存款，被迫卖掉房子，一夜之间从有保障坠入绝望的境地。有三人，甚至更多人，因此死于非命。

当时还是 2002 年，哈里·马科波洛斯拼命试着说服美国证券交易委员会逮捕麦道夫。两年来，他一直试图让监管机构有所行动，之后，他又继续尝试了 6 年多，给证券交易委员会寄去大量的信件，会见其官员，给他们看数据证明，但都没能起作用。

与此同时，麦道夫精心策划的骗局越来越大。投资者已经将超过 120 亿美元的资产委托给他，他在为他们赚取巨额回报，至少表面上是这样的，有的投资者获取的利润高达数亿甚至数十亿美元。而马科波洛斯十分确定，有些投资者为了保持这样的收益会不惜杀人。

骗子与卡珊德拉

对哈里·马科波洛斯而言，故事开始于 1999 年。那时，伯尼·麦道

---

① 伯尼·麦道夫即伯纳德·麦道夫。——编者注

夫和其客户已经在赚钱了，大笔大笔地赚钱。麦道夫拥有一栋位于曼哈顿的、价值 700 万美元的两层豪华公寓，三座海滨别墅，分别位于棕榈滩、法国蓝色海岸和蒙托克，还有两艘华丽的游艇。他的夫人喜欢到蒙特卡洛购物。他本人被任命为纳斯达克证券交易所的主席。对一个来自皇后区、父母的小经纪公司被证券交易委员会关闭的小子来说，混成这样已经很不错了。

麦道夫娶了高中时代的恋人露丝为妻，用当救生员赚到的 5 000 美元于 1960 年开办了自己的经纪公司，露丝管财务报表。到 1999 年，他成了华尔街的巨头、大经纪商、买卖股票的中间代理人，负责在买家和卖家之间牵线，然后每股赚取几分钱的差价。20 世纪 90 年代初，他的公司打理着纽约证券交易所每日 10% 的交易。

伯纳德·麦道夫的投资证券公司还负责为一些特定的私人客户进行投资。这件事只有圈里人才知道，属于严格意义上的口碑传播，类似于只在亲朋好友之间分享的小贴士。棕榈滩乡村俱乐部（入会费为 35 万美元）也许有 1/3 的会员都在麦道夫那里投资。他在棕榈滩的主要支线——想让麦道夫帮你开账户时你得找的那个人，名叫罗伯特·贾菲（Robert Jaffe），是他一位老朋友兼老客户的女婿。人们在他那儿给自己的孙子孙女开了账户，教会、慈善机构和基金会从捐赠者那里知道了麦道夫，出于感激也在他那儿投资。他的客户名单上渐渐多了些知名人士，像史蒂文·斯皮尔伯格（Steven Spielberg）、参议员弗兰克·劳腾伯格（Frank Lautenberg），《纽约每日新闻》（*New York Daily News*）的东家莫特·祖克曼（Mort Zuckerman），还有欧莱雅集团继承人、曾经的法国女首富利莉亚娜·贝当古（Liliane Bettencourt）。

哈里·马科波洛斯坐在位于波士顿金融区一座写字楼第 23 层的办公桌前，他是兰帕特投资管理公司的一位投资组合经理。马科波洛斯不高不壮，但做事认真，非常自信，内心充满了力量，棕色的头发偏分在两侧，显得有些桀骜不驯。当专注于某件事情时，他的注意力就像是一个嗡嗡作响的电锯。而此时此刻，他正专注于一页数字上。

马科波洛斯喜欢数字，也参得透数字。他可以通过一页退税数据，读懂其背后的故事。他也有一颗倔强的是非之心，不喜欢退缩屈服。他读的是天主教学校，说自己盘根问底的提问能力是耶稣会士教导的。21岁时，他曾被任命为陆军预备役的军官，担当步枪排排长。陆军预备役教会了他主动出击，相信直觉。他的父亲有一段时间开着一家酒吧，后来开了几家阿瑟·特雷彻炸鱼薯条店。马科波洛斯正是在炸鱼薯条店里，第一次破获骗局——有位雇员偷了好几箱冷冻炸鱼条。之后，马科波洛斯进入金融界，最终从事复杂的金融衍生品工作。“数字不会撒谎。”他一再这样告诉我们。

在兰帕特公司，马科波洛斯和尼尔·凯洛（Neil Chelo）在同一间办公室工作，那是他在培训着的做定量分析的一位年轻分析师。他们的两张办公桌拼在一起，两人面对面坐着。马科波洛斯这会儿正在跟弗兰克·凯西（Frank Casey）聊着，凯西有着一种本领，能将兰帕特公司复杂的金融产品给客户解释清楚。马科波洛斯有一位朋友在麦迪逊大街的一家对冲基金顾问公司——Access International 工作，他从这位朋友那里听说，公司把大量的钱投给了一位经理人，这位经理人每年给客户12% 甚至更多的回报，每月的净收益都在 1%~2%，从不间断，月月如此。有了那样高的可靠性和安全性，那位经理人无疑成了公司的最爱，这家对冲基金公司实际上所做的不过是汇集客户的钱后再转交给他打理，然后，它就闲在一旁，收收客户的酬金就行了。它实质上就是一家支线基金公司，但是按照这种方式赚得盆满钵满。

兰帕特公司想多了解一下这家令人惊叹的对冲基金，便派弗兰克·凯西去见一下它的管理者——一位温文尔雅的法国金融家，名叫勒内–蒂埃里·德拉维莱切特（René-Thierry de la Villehuchet）。凯西带回了惊喜的消息，德拉维莱切特分享了自己的秘密：那位神秘的奇才就是伯尼·麦道夫。人人都知道麦道夫的公司是一家经纪自营商，但是从来没有任何人听说他在吸收私人投资，然后像对冲基金一般打理那些钱。马科波洛斯听了听麦道夫按理应该使用的策略，看了看数据，跟凯西说："这根本说不通呀，这肯定是庞氏骗局。"[2]

"很明显呀！"当我们在波士顿见到马科波洛斯时，他这样告诉我们，"花上5分钟"就能看出麦道夫在投资回报上弄虚作假。[3]按理说麦道夫使用的策略不可能带来那样高的回报。

弗兰克·凯西从德拉维莱切特那里知道了有关麦道夫资产管理业务的几件事，其中之一就是，麦道夫宣传自己采取名为"可转换价差套利"的投资策略。听着有些复杂，大多投资者都没有能力去深究它到底是什么东西，但这项策略也不是什么高深莫测的事情。麦道夫买入一批蓝筹股，然后用看跌期权和看涨期权来对冲仓位，这实质上就是一种金融保险方案，用来防止损失。这是一个安全的策略，但并不会带来巨额收益。马科波洛斯在处理类似产品上经验丰富，他知道这些产品根本不可能持续产生麦道夫声称的那种高收益。

马科波洛斯开始搜集尽可能多的麦道夫业绩记录，拿到了7年多内的月度数据，惊讶地发现麦道夫在7年多内仅有3个月是报跌的。

"就拿棒球来打个比方，"马科波洛斯在波士顿金融区的朗廷酒店边吃午餐边跟我们说，"如果伯尼·麦道夫是大联盟棒球选手，那么他的打击率会是0.964，因为他96.4%的时候都报涨。他很少三击不中而出局，因为他从未连续数月报跌。到这儿，你们应该看出蹊跷来了吧。"马科波洛斯讲话很快，从不停顿，也毫不犹豫，好像他对自己所说的话很自信，不想浪费太多时间来解释。"暴露问题的不一定是那些回报，而是它没有什么风险，收益还那么稳定、连续。"即使麦道夫煞费苦心地经营着对冲期权交易，他的策略也是基于买卖股票的，而有些月份这些股票是下跌的，麦道夫的投资组合不可能一直是有赚头的，他提供给客户的又不是“投资产品的圣杯”——那根本是不可能的。[4]

再者，就是麦道夫保持隐秘这件事。如果你经营着业内最为成功的一项对冲基金，那你为什么不大打广告继而开始大量赚钱呢？麦道夫却让客户和支线基金承诺为他保密。

如果是一个小运作，那么金融界无人注意到或许还可以理解，但它并不是，它是一个大规模的运作。事实上，马科波洛斯很快就开始怀疑，麦道夫的资产管理业务很有可能是全世界最大的对冲基金。马科波洛斯及其团队将自己知道的、麦道夫作为理财经理人的基金核算了一下，估计麦道夫打理着 30 亿 ~60 亿美元。那可是 1999 年，当时全球最大的对冲基金才管理着约 20 亿美元资金。

那样的规模发出了一个大大的、醒目的危险信号。如此巨大的交易操作会在市场上留下“足迹”，在这里或那里留下巨大的“脚印”。如果麦道夫打理着高达 60 亿美元的资产，那么他对冲组合基金时所需的看跌期权和看涨期权数量将会是惊人的。然而，没有迹象表明有这样一位大玩家在时时盯着期权市场，大手大脚地投着巨款，这笔巨款至少相当于世界上第二大对冲基金资产的 3 倍。实际上，麦道夫需要买卖的期权数量将远远超过全球可用的期权总数。

无论麦道夫怎么操作，他用的都不可能是可转换价差套利策略。然而还有另外一种解释，很简单，也跟事实对得上。伯尼·麦道夫采用的策略是这样的：谨慎地宣传自己的巨额回报，以源源不断地吸引新投资者，然后用那些新流入的一笔又一笔数百万的资金，来支付已有客户的收益。这个策略可不需要什么天才，不用没日没夜地盯着市场，因为根本就不需要做什么交易。只需要不断地吸收新的资金，用它支付想要取现的客户，剩下的钱就塞进自己的腰包。

这个策略有一个名称，叫“庞氏骗局”，它得名于意大利裔美国人查尔斯·蓬齐（Charles Ponzi）。1920年，蓬齐在波士顿干着类似的非法勾当，时间不长就欺诈了一长串的新投资者。“庞氏骗局”不牵涉任何交易和投资，纯粹是个幌子。马科波洛斯认为伯尼·麦道夫在做的就是一场“庞氏骗局”。

卡珊德拉时刻

在兰帕特投资管理公司，马科波洛斯、凯西、凯洛都对这场骗局“着了迷”。不幸的是，上司对揭露麦道夫成功的真相并不感兴趣，他们只想效仿他的成功，便让马科波洛斯想出一个策略，能产生同样神奇的稳定的高收益回报，即一个从不损失的策略。马科波洛斯知道那不可能，但是上司听不进去。大约半年后，他就厌烦了。“我去找证券交易委员会，主要是为了自己，”他在2010年的《金融诈骗拍案惊奇》（*No One Was Listening*）一书中这样写道，“我想摆脱那种必须开发出一种不可能开发出来的产品的压力。”[5]

2000年春，马科波洛斯连着几周都工作到很晚，他在准备一份8页的报告，提醒证券交易委员会麦道夫正在进行着一场规模巨大的虚假投资骗局。他知道自己的想法是正确的，但是跟许多卡珊德拉一样，他很谨慎地将自己的推理判断拿给别人仔细检查。他请尼尔·凯洛核对一下数字运算，又同其他同事商量合议，还把报告拿给自己的导师——一位名叫丹·迪巴尔托洛梅奥（Dan DiBartolomeo）的定量学“绝地大师”，马科波洛斯认为他是“一位超级聪明的数学家，他的聪明程度，尼尔和我永远都赶不上”。

2000年5月，马科波洛斯精神饱满地迈进证券交易委员会波士顿办事处的一间小会议室，他会见的是证券交易委员会新英格兰区域执法总监格兰特·沃德（Grant Ward）。“我向他们双手奉上案子，还把它包得跟份礼物似的。”他回忆道。然而当他做介绍时，他看到沃德目光呆滞。“很快我就清楚，向他问好之后，我说的那些话，他一个字也没听懂。”[6]

兰特·沃德是位律师，尽管马科波洛斯小心翼翼，省略了所有复杂的数学运算，沃德还是不太理解对冲基金策略和期权交易，所以无法理解那些介绍。更糟的是，他似乎一点儿也不想学学相关知识。波士顿办事处决定不受理投诉，更没有把投诉提交给麦道夫所属的证券交易委员会纽约办事处。马科波洛斯的感受不仅仅是失望，更多的是震惊与错愕。

马科波洛斯和自己在兰帕特公司的小团队继续着非正式调查，抽出正经工作之外的时间，他们的上司也不知道他们正在做的事会震撼整个金融界。

2001 年初，他们为团队招募了第四名成员：迈克尔·奥克兰特（Michael Ocrant），一位经验丰富的金融记者，是金融专业杂志《管理账户报告》（*Managed Accounts Reports*）及旗下的《MAR 对冲》（*MARHedge*）的主编。凯西和奥克兰特搜集信息，了解到越来越多的投资者和基金经理人将钱交给麦道夫打理。马科波洛斯和凯洛汇编这些数据，然后分析处理。当他们将各种信息拼凑成串时，那头隐藏着的“大鲸鱼”越来越清晰，水下藏着的是一头真正的恶魔。

这件事非同小可，不能轻易放过，再者，似乎没有其他人有所行动，马科波洛斯觉得还是得再试试。于是，2001 年 3 月，他正式将第二份警告提交给证券交易委员会波士顿办事处。这次，他的报告多了 3 页，添加了更多的证据，又加了一年的稳定得不可思议的收益记录单，还进一步分析出，麦道夫从投资者那里汇集的巨款现在可能已经超过 120 亿美元。

证券交易委员会又一次没有任何反应。几年之后，马科波洛斯发现波士顿办事处其实将他的投诉提交给了纽约办事处，纽约那里的区域执法总监助理仅仅在他认真研究的警告报告上花了一天的时间。那位助理发现，麦道夫并没有注册成为投资顾问，因此，严格按照定义来说，他就不可能是一名贪腐的投资顾问。“复审了投诉之后，”她得出结论，“我认为我们不应该再深究这件事情了。”[7]

伯纳德·麦道夫投资证券公司位于口红大厦，那是一幢矗立在曼哈顿市中心第三大道上的狭长椭圆形花岗岩建筑，玻璃的外表闪闪发亮，通体褐红。大厦第19层全都是麦道夫生意的公开一面，即经纪人公司，那里至少有50个交易者的计算机工作站。公司的规模比麦道夫1960年刚刚成立时要大得多了，但依然是个家族企业。麦道夫的两个儿子马克·麦道夫（Mark Madoff）和安德鲁·麦道夫（Andrew Madoff）负责管理这些经纪人。伯尼自己有一间大大的落地窗办公室，他的弟弟彼得，也是负责交易的高级经理，有一间稍小的办公室。沿着一个螺旋式楼梯下到第18层，便是露丝的办公室以及监察部门，彼得的女儿夏娜在那里担任内部法律顾问。

再下一层，来到第17层，就是“魔法之地”了，交易员被禁止进入。这里条件普通，甚至又暗又脏，但这就是麦道夫提供欺诈投资服务的发源地了。一台老旧的计算机大量炮制月度对账单，然后账单被寄给投资者。弗兰克·迪帕斯卡利（Frank DiPascali），一名大学辍学者，从1975年便开始在麦道夫手下工作。他在这一层负责看管10名只接受过浅显文职培训的工作人员。

在棕榈滩，罗伯特·贾菲的工作地点在碎浪酒店的高尔夫球场和海滨餐桌上。他的生意被费菲德·格林尼治集团抢走了，那是一家由沃尔特·M. 诺埃尔（Walter M. Noel）创立的投资公司。诺埃尔大都在康涅狄格州的格林尼治操作投资生意，他是乡村俱乐部的一员，天天混在这个富人的社交圈。通过家族的关系，格林尼治集团开拓海外市场，加入了韦斯切斯特（Westchester）和格林尼治的白人盎格鲁－撒克逊式的聚会，最终成为麦道夫在美国国内最大的支线基金。截至 2001 年，它已经将约 33 亿美元交给了麦道夫。[8] 麦道夫还掌握着一条古老的家族关系，负责开发曼哈顿的犹太富人客户。J. 埃兹拉 · 默金（J. Ezra Merkin）是借贷巨头通用汽车金融服务公司 GMAC 的主席，还是第五大道犹太教集会会长。作为曼哈顿上东区犹太人社区最受人信任的支柱，默金被称为“华尔街最聪明的人之一”，可他也把客户的钱委托给了麦道夫。[9]

2001 年 4 月，马科波洛斯团队的一位成员直接走进了这头“怪兽”的老窝。迈克尔 · 奥克兰特去了口红大厦，带着马科波洛斯掌握的所有信息，采访了伯尼 · 麦道夫。对于每一个可疑的异常问题，麦道夫都轻松应答。奥克兰特之后在自己工作的杂志《MAR 对冲》发表了一篇文章。他没有直接指责，而是梳理了一下马科波洛斯发现的危险信号：不太可能的固定回报，交易无迹可寻。最后，奥克兰特反问，麦道夫图的是什么？他不收取任何费用，满足于只收取作为经纪人应得的每股 4 美分的佣金。与此同时，他的支线基金，除了负责向麦道夫输送新的资金以外，什么都不用做，还收取 1% 或 2% 的管理费，将 20% 的总利润装入口袋。这样的情况，如果属实的话，那么麦道夫就是华尔街最无私的人了。

6 天后，类似的报道出现在了金融杂志《巴伦周刊》（*Barron's*）上，它的读者群要比《MAR 对冲》大得多。作者埃琳 · 阿维德兰（Erin Arvedlund）继续探讨麦道夫不合常理的、将所有的利润都留给支线基金和投资者的策略，又插入了一些数据，推算他每年要放弃 2 400 亿美元。马科波洛斯和他在兰帕特公司的两位同事十分激动，想着这下证券交易委员会肯定会进行调查的。证券交易委员会却无动于衷。即使在兰帕特公司，也无人倾听。马科波洛斯的上司只在乎能否找到一种产品，可以跟麦道夫的媲美，也分一杯羹。

马科波洛斯最终为兰帕特公司开发出一种新的金融产品，他本人并无感，但是兰帕特与德拉维莱切特的对冲基金公司合作，热切地推出了那款产品。为了帮助德拉维莱切特将产品卖给富有的欧洲客户，马科波洛斯等人去了趟欧洲。[10] 他们拜访了 14 家对冲基金和私人银行，发现它们因将钱交给伯尼·麦道夫打理而自豪——所有的 14 家机构都以为麦道夫只新收了它们一家的钱。麦道夫悄悄地吸收大量的新客户，瞒着不让其余的投资者知道，这些迹象透漏了一个讯息：这是一场庞氏骗局。

马科波洛斯的欧洲之行也让他得以窥探一个更加凶险的秘密：许多向麦道夫投资数百亿美元的基金都是离岸基金。“离岸支线基金中最好的人就是骗税的人了，接下来的构成就急转直下了，甚至是有组织的犯罪分子，”他坐在有着水晶饰品的朗廷酒店，用着发出“叮当”之声的文明餐具，向我们解释道，“所以，我意识到，伯尼行骗的对象包括一帮俄罗斯人和贩毒集团。”这意味着，眼前这位想要砸掉麦道夫印钞机的男人，突然之间面对着比自己想象中还危险得多的敌人。就在那个时候，马科波洛斯开始随身带着那把 0.38 英寸口径的史密斯威森公司的短管左轮手枪。

“绝不放弃”

2003 年，马科波洛斯夫妇的家里迎来了一对双胞胎。弗兰克·凯西已于 2001 年离开了兰帕特，尼尔·凯洛也于 2003 年 10 月走了，迈克·奥克兰特也在同年离开了新闻业，似乎人人都罢手去做别的事情了。第二年，马科波洛斯也不例外。他拿定主意，金融业是一个肮脏的行业，充斥着欺骗、违反道德的边缘行为，甚至还有赤裸裸的诈骗行为。虽然早已经意识到了这些，但是追踪麦道夫的事情是压倒他的最后一根稻草。马科波洛斯想成为一个“好人”，于是，2004 年 8 月，他转了行，成了一位职业的诈骗调查员。

他首次接触证券交易委员会已是 4 年以后了，那时他已经脱离了投资圈，他带领的“反麦道夫小组”队员也分散了。“但是我们的调查从未停止，也从未懈怠。”[11] 他们继续追踪研究麦道夫，提出质疑，搜集数据。“我是军人出身，我唯一可以保证的一点就是，军人从不放弃。”

2005 年 6 月，他们具有警惕性的做法得到了回报：他们第一次发现，一些迹象表明麦道夫遇到了麻烦。他正尝试从银行贷款，但是遭到了几家银行的拒绝。这些银行突然认为，麦道夫是一个糟糕的投资选择，这意味着它们嗅到了一些问题。显然，麦道夫的新投资者涌入的速度不够快，经济大趋势在放缓，麦道夫已经开始感到吃力。

感觉到麦道夫即将崩溃，马科波洛斯第三次与证券交易委员会交涉，那是 2005 年秋天。他又撰写了一份报告。处于新的管理之下的证券交易委员会波士顿办事处帮他联系上了证券交易委员会纽约办事处，后者对于麦道夫位于曼哈顿的运营享有管辖权。11 月，马科波洛斯向纽约办事处的一位负责人梅甘 · 张（Meaghan Cheung）提交了一份 21 页的报告。他在 2000 年的第一份报告中列出的 6 项危险信号现在已经激增到 30 项。他推算，麦道夫的庞大骗局到现在已经获取了 200 亿 ~ 500 亿美元的资金。麦道夫 12% 的年平均回报率的操作已经持续了 14 年半，这期间仅有 7 个月是报亏的。马科波洛斯报告的名字是“世界上最大的对冲基金是一场骗局”。他希望，证券交易委员会这次不要再错失警告。

整整一年，证券交易委员会毫无动静。终于，在 2006 年 1 月，纽约官员展开了一项调查。马科波洛斯提议向他们阐述自己的发现，或是协助他们进行调查，却遭到了拒绝。他为梅甘 · 张以及调查组拟定了一份银行和投资专业人士的名单，好让他们进行咨询，但是梅甘 · 张从未看过那份名单一眼。他每次给她打电话，主动提供帮助或是询问案子的情况时，都能感受到她的不屑一顾与傲慢自大。最终，他放弃打电话了。他的结论是，证券交易委员会的工作人员根本不愿意相信伯尼 · 麦道夫可能是一个诈骗犯。“如果他是骗子的话，那就动摇了这些人的一些根本信仰。伯尼·麦道夫可是最好的内行，而我是那位惹人嫌的外行，一位来自波士顿、无人听说过的数据分析傻瓜。”[12]

梅甘·张的团队拜访了口红大厦，找麦道夫谈了话，他们发现他形迹可疑，在某几处都对他们撒了谎，但是他们并没有揭穿他。调查人员认定他违反了证券交易委员会的一些规定，但是认为“那些违规并不严重，不足以采取强制措施”。最终，他们在报告里写道：“工作人员没有发现欺诈证据。”[13]相反，他们得出结论，麦道夫的违规在于他做着投资顾问的工作，却没有注册投资顾问。于是，麦道夫注册了投资顾问，仅此而已，之后便结案。

2007年6月，马科波洛斯向证券交易委员会提交了第四份报告。（“希望难移。”[14]他后来这般自我嘲解道。）这份报告是更新版的，向梅甘·张提供了他最新的研究成果，还向她建议，麦道夫似乎越来越绝望，挣扎着吸收新的资金。“当麦道夫最终真的崩溃时，”他警告道，恐慌的投资者，不管在麦道夫那儿有没有投资，都会争先恐后、互相踩踏着涌向出口，“场面会相当惊人，并导致对冲基金的大规模抛售”。[15]

马科波洛斯最新的警告，沦为跟以前的警告一样的下场，丝毫没有起作用。那时，时间已经所剩无几。2008年，金融危机来袭，投资者开始纾困。那年秋天，投资者60亿美元的赎回要求让麦道夫招架不住了，他没有那么多钱。

麦道夫压力很大，也无计可施，有时只能坐在办公室发呆，周围人开始注意到他的异常。12月10日，马克和安迪①走进父亲的办公室，问他到底怎么了。他说，不能在那里说，因为他“没把握自己会不会精神崩溃”。他们三人一起离开办公室，到了麦道夫的顶层豪华公寓。他

---

① 安迪即伯纳德·麦道夫次子安德鲁·麦道夫。——编者注

们站在厨房，露丝也在场。“这一切都是一个弥天大谎”，他告诉他们，对冲基金的操作“基本上是一个巨大的庞氏骗局”。他准备好自首了。[16] 马克和安迪离开后，便打给了在一家纽约顶尖律所就职的一位朋友，那位朋友向证券交易委员会和联邦检察官报了案。

第二天，早晨 8 点左右，伯尼 · 麦道夫在自家公寓应声开门，他穿着睡衣和浴袍，敲门的是两位美国联邦调查局的探员。“我们来这儿，看看你有没有无罪解释。”带头的探员问道。“没有无罪解释。”麦道夫回答道，随后坦白交代了。[17] 探员逮捕了他，开车将他带到纽约南区的检察官办公室，在那里，联邦检察官指控他犯有证券欺诈。

650 亿美元的灾难

消息不胫而走，瞬间传开。棕榈滩可能是全球麦道夫的投资者最为集中的地方，那里的人手机铃声响个不停，一张张特意晒成棕褐色的脸孔全都变得惨白。[18] 在费菲德 · 格林尼治集团的纽约办公室，当麦道夫被捕的消息通过彭博社传播开来时，销售员们抬头看着，面露惧色；费菲德 · 格林尼治及其投资者就在那一刻损失了 70 亿美元。埃兹拉 · 默金，那位华尔街的“拉比”（有智慧的人），把客户的 24 亿美元交给麦道夫打理，从中赚取了 4.7 亿美元的手续费。叶史瓦大学的损失超过 1 亿美元，埃利 · 威塞尔人文基金会损失了 1 500 万美元，那是基金会的所有资产，威塞尔夫妇也损失了数百万美元。[19] 当最终尘埃落定时，麦道夫庞氏骗局的崩溃给 13 500 名受害者造成了惨重的财产损失。

受到冲击的不仅仅是一些个人，当慈善家和基金会受到影响时，他们资助的医院、博物馆、慈善机构也在劫难逃。由于支线基金网的庞大，麦道夫布下的是第一个真正意义上的全球庞氏骗局，受害者来自拉丁美洲、中国、日本、韩国、新加坡、迪拜，欧洲更是日内瓦和巴黎所称的“麦道夫案”的重灾区。在麦道夫和众多欧洲客户之间充当中间人的是Access International公司，它损失了约14亿美元，其中5 500万美元是德拉维莱切特的私人资产。这位不折不扣的君子，对于自己把众多朋友和同事引向灾难的做法羞愧难当，12月22日，他走进自己的办公室，给妻子、哥哥、生意合伙人留下了遗言，之后吞下安眠药，拿着一把美工刀割腕自杀了。

2009年，伯纳德·麦道夫对于11项证券和投资欺诈、盗窃、作伪证、洗钱等指控供认不讳。他坚称自己全权负责那些欺诈行为，拒绝与调查他的家人或员工是否参与欺诈的检察官合作。麦道夫被判处150年监禁，在一家联邦监狱服刑。

麦道夫的两子——马克和安迪，从未遭到刑事起诉，伯尼大概会松一口气吧，但是好景不长。在他被捕两年后，他的大儿子马克在位于纽约的寓所自缢身亡。2014年9月，安迪死于细胞淋巴瘤，享年48岁。

今天的伯尼·麦道夫生活在北卡罗来纳州的巴特纳一家中等戒备的监狱里，他的牢房只有80平方英尺①。两个儿子均已离世，妻子露丝也不再探望他，失去亲人据说对他的打击最为沉重。麦道夫似乎对受害者并没有什么悔意。“我从不认为自己是一个坏人，”他在2014年对一位记者说道，“我犯了一个可怕的大错，我很抱歉。”[20]狱友因他的操作规模巨大而敬畏他，一直向他咨询投资建议。

“充耳不闻，视而不见，沉默不言”

为什么这么多人都把钱交给麦道夫打理？心理作用可能会战胜理性决策，不难看出有下列几项因素：人们推测把钱投给一位知名的华尔街

① 1平方英尺≈7.4平方米。——编者注

内行人肯定很保险；（有意设置的）只有小圈子内部人士和朋友的朋友才能加入的方法，会给人一种信任感，这种专属权也有着诱惑力；人性的正常欲望驱使他们相信自己找到了一位可以保证收益的理财奇才。

然而，拿什么来解释证券交易委员会非同寻常的举动——在发现麦道夫有几处疑点之后，又对其敞开方便之门，并对于一位信息全面又锲而不舍的卡珊德拉一再发出的明确且令人信服的警告不予理会呢？“负责监管这一行业的政府机构对此充耳不闻，视而不见，沉默不言。”[21] 当一切尘埃落定时，马科波洛斯这样写道。

证券交易委员会失败的一部分原因是系统性缺陷。与人们想象的不同，证券交易委员会并不是一家追踪金融犯罪的“联邦调查局”，也没有配备训练有素、积极上进，有权进入公司并将它翻个底朝天的探员。实际上，证券交易委员会的调查权力非常有限，相对来说，尤其是与它所监管的行业相比，它的规模不大，而且经费不足。

在一个人人都有丰厚报酬的行业，证券交易委员会的工作人员却领取着低微的政府薪水。自然，最聪明、顶级的应征人员通常青睐那些行业内部的职位。因此，证券交易委员会也和其他许多政府监管机构一样，饱受着同样的旋转门问题：人们先在那里工作一小段时间，然后转到另一方，到自己曾经监管过的公司工作。在追踪麦道夫的那些年，马科波洛斯慢慢相信，证券交易委员会被“要监控的私有行业俘获了”[22]。正如我们在前一章所看到的，同样的监管俘获也在福岛灾难前蒙蔽了监管者的双眼。

但是，马科波洛斯相信，腐败并不是他的警告没有得到重视的原因，他反而相信证券交易委员会这个机构只是充斥着系统性失灵和无能，就从工作人员说起，他们就是无法相信，那样一位知名的财产经纪人竟也会经营一场巨大的庞氏骗局。“光是规模，就让伯尼散发着令人爱戴的光芒，”马科波洛斯向我们指出，“《华尔街日报》（*The Wall Street*

Journal）和证券交易委员会的所有人，还有那些受害者，他们都认为麦道夫生意那么大，那么多大银行都在推销他的产品，那么他肯定是合法经营，因为它们肯定已经验查过他了。”

对于证券交易委员会严重失手的具体原因，我们其实了解很多了，那是因为在麦道夫坦白一切、证券交易委员会的失灵被曝光于众后，证券交易委员会的总监察长开展了一项调查，并于2009年9月公布了一份长达477页的报告。警告和失灵的循环上演显示出了一系列的行为误判，总结出警告是如何被白白浪费的。

其中最大的一个问题，我们称之为“复杂失配”（complexity mismatch）。正如马科波洛斯所解释的，证券交易委员会雇用的员工种类出错了：其员工绝大多数是律师，而非金融专业人士，也没有接受熟悉复杂的金融策略、期权、衍生品的相关培训。调查人员并非是那些头发灰白、见多识广、深谙业务的行业资深人士，相反，主要是一群年轻的律师，而他们对于金融行业最大的热情就是终有一天能在那里获取一份金融类工作。

并且，证券交易委员会的律师寻找的是法律证据——可以用于正式诉讼的文件，但马科波洛斯交给他们的是数据证据。他常常把“数学即真理，金融是扯淡”挂在嘴边，他也知道麦道夫的账面不可能是真的，对学习金融和会计的人来说，那就是足够的证据了，可以说明麦道夫的操作缺了什么东西。但是，他的倾吐对象——证券交易委员会的那帮人根本无法理解那些数字运算，最多只将其看作间接证据。

证券交易委员会工作人员在监察复杂的金融行业时表现出了愚笨与无能，但让事情更加复杂的是他们对于“满意解”（satisficing）解决方案的迅速默许。第9章会详细探讨“满意解”的解决方案。简言之，“满意解”出现在一位决策者去解决一个问题，但并没有最终解决实际问题时。例如，总监察长的报告中阐述了证券交易委员会纽约办事处在

2001 年 3 月时没有就马科波洛斯的第二份投诉进行调查的原因：因为麦道夫不是一位注册在案的资产经理人，证券交易委员会便就此决定，认为声称麦道夫是一位犯有欺诈罪的资产经理人是没有法律依据的。“满意解”的解决方案常常只是一种门面粉饰，掩盖真正的问题，让决策者倾向于解决那些问题不太大的其他事情。

在哈里·马科波洛斯于 2005 年秋提交了第三份报告后，证券交易委员会监察长的报告注明，其投诉被一个小组调查。不幸的是，负责调查那些投诉的小组对于调查一项庞氏骗局毫无准备。他们甚至不了解期权交易的基本要素，也不知道对冲基金的正常运行方式。首席调查官西蒙娜·徐（Simona Suh）是一位年轻的律师，进入证券交易委员会工作还不足两年。由于缺乏专业知识，调查小组实际上只能依赖麦道夫的公司提供的生意运作详细数据进行调查。总监察长 2009 年的那份报告明确写着：“执法人员的调查计划主要就是，将麦道夫提供给调查人员的（他一手伪造的）文件和信息与麦道夫寄给投资者的（也是由他一手伪造的）文件进行对比。”[23] 这就好比在调查一起谋杀案时，直接要求嫌疑人说是不是他自己干的。

调查人员出了些问题。尽管他们“几乎马上就逮到麦道夫在撒谎，歪曲事实”，但是他们也没有步步紧逼或是深入挖掘，证券交易委员会在内部总结时坦承。“当麦道夫的证言里对一些重大问题闪烁其词或是难圆其说时，他们仅仅接受了他貌似合理的解释”。[24] 受询时，西蒙娜·徐也说不好为什么他们会那么愿意相信麦道夫的话。她在 2009 年告诉总监察长，麦道夫根本“不像一个典型的‘庞氏骗局’的作案人”[25]。证券交易委员会无法将所有的调查结果串起来，便选择了一种“满意解”的调查方式，这样一来，就可以说自己作为了，但其实根本就是无所作为。

当西蒙娜·徐选择相信麦道夫所说的话时，马科波洛斯却发现自己的信息遭到了截然不同的对待。实际上，让他的警告变得更为复杂的一个因素，跟前面探讨过的众多例子一样，那就是卡珊德拉本身惹人嫌的性格。证券交易委员会拒绝接受马科波洛斯2005年关于麦道夫的警告时，其性格是一个重要的因素。纽约办事处的负责人梅甘·张“马上就对马科波洛斯表现出厌恶，甚至拒绝翻开他提交的‘几卷厚厚的关于麦道夫的文件’”，证券交易委员会在2009年的调查报告中如实写道。张的同事回忆说，她被冒犯的原因是，马科波洛斯还以为证券交易委员会调查人员需要他的协助才能理解那个案子，她与他的关系变成“对立”的了。[26]

马科波洛斯表明，他自身的不善沟通也是一部分原因。“我在用一种错误的方式与律师沟通。”他在波士顿这样告诉我们，说自己应该再把报告简化一些。我们陶醉在与他相处的时间里时，可以明显感觉到他是一位极其自信甚至有几分强硬的理想主义者，对于交朋友或结盟不感兴趣。他说证券交易委员会是“一帮笨蛋”，还说“他们麻木不仁，对于光和热都没有反应，更不用说违法的证据了”[27]。马科波洛斯谈起与证券交易委员会一位律师的会面，说那位律师看起来很想要跳到桌子这头，一把勒住他。即使是坚定不移的调查官也会难以与这种强势性格的人站在一条战线上，更别提让他们去相信那些对自己接受的培训来说过于复杂的事情，再说这些事情是金融史上最为邪恶、最超出合理预期的。证券交易委员会的工作人员犯了人类判断时会犯的一种根本性错误，那就是审视“送信人”，而不是更为重要的信息。他们不喜欢马科波洛斯那种不太恭敬的风格，从而忽略了他发出的有效且紧迫的警告。

一线光明

麦道夫被捕一周之后，候任总统巴拉克·奥巴马在宣布任命玛丽·夏皮罗（Mary Schapiro）为证券交易委员会新一届主席时，谈到了这起诈骗案。2008 年，证券市场崩溃，与此同时，败露的麦道夫 650 亿美元诈骗案表明，缺失有效的金融监管会付出多么惨重的代价。很快，马科波洛斯就被邀请到国会作证。

“我的目的就是要让那天成为证券交易委员会历史上最黑暗的一天，”马科波洛斯随后这样写道，“因为逼它改善的唯一方法就是先让它坠入谷底。”[28] 无疑，他抨击了证券交易委员会的要害，指责证券交易委员会无能、无胆，主张证券交易委员会进行大规模的人事调动。一个月后，他就在华盛顿的证券交易委员会总部见到了新任主席，“我给她看了看举报和执法的数据对比，”他向我们解释道，“这是最基本的常识，‘你看，在发现诈骗行为方面，举报要比执法有效 23 倍多’。主席随后说，‘我们需要一套举报机制’。因此，在那之后，证券交易委员会很快就有了一个举报机制，这要感谢她的努力和领导。”

那么，证券交易委员会现在好多了吗？“一天比一天好。”马科波洛斯脱口而出。新任主席采纳并实施了他的诸多建议。证券交易委员会设置了一步到位的意见热线，简化了开展调查的程序，接手的案子之多也创了纪录。它调查了华尔街一些大型的金融公司，例如，高盛集团因诈骗被处罚了 5 亿美元，罚款金额之高，打破了纪录。马科波洛斯认为，最为重要的还是那个新的举报机制“吹哨者计划”。在麦道夫引发的那场灾难之前，“没有求助的机制”，但现在，机制有了，也在发挥着作用。“它现在处理的案子之大，是之前从未见过的，得到的信息之详细，也是之前没有见过的，”马科波洛斯告诉我们，“它每周都有送上门的大案子。”

麦道夫的案子让马科波洛斯成了明星。麦道夫被捕一周之后，《华尔街日报》刊登了他在 8 年之内连续发出警告却徒劳无果的报道，其他报纸也迅速跟进。他上了节目《60 分钟》，作为一个私家诈骗调查员，其生意开始变好。2012 年，他第一次领到了证券交易委员会颁发的“吹哨者计划”大奖。他告诉我们，他正在调查无数起诈骗大案，未来很有可能因从证券交易委员会那里领取的奖金而发一笔小财。

麦道夫的案子中，马科波洛斯发出的警告遭到了断然拒绝，这给他上了一节宝贵的沟通课。“我接手的案子往往很大，涉案金额数以亿计，往往是全球、跨越国界的骗局，性质极其复杂，所以我必须简化用语，方便政府理解这些案子，同时使得不同的对象能够听懂。我知道，以后遇到的美国联邦检察官办公室或是证券交易委员会的律师可能没有金融背景知识，那么我就不得不把东西做成图画书的形式，多给他们打些比喻，”他解释道，“但是我也不得不讨那些法务、会计师的欢心，他们工作时大多用的是另一侧大脑，也得给他们一些可以全情投入研究的东西。这样一来，我就必须从不同的维度来呈现一个案子，以满足处理案子的不同对象。这些事情，在处理麦道夫的案子时，我还不知道，所以，我也只能怪我自己。”

也许，马科波洛斯的一些性格特质的确是他没有得到认真对待的部分原因，但是他遭遇的冷遇，再一次说明了一种人为偏见，我们必须认识到这种偏见会蒙蔽我们的双眼而使我们看不清楚事实真相。社会必须依靠哈里·马科波洛斯这般的人才能看得更远，才能获得警告，但是，作为一位卡珊德拉，马科波洛斯也必须依靠社会的信任。那么，我们大家是否真的已经学到了这些必备经验，可以确保类似的灾难永远不再发生？

第 7 章
督察员：矿难

采矿是一个危险的行业。没有办法让一个矿井绝对安全——这句话一直被矿主用来为不必要的人员伤亡做辩解，也是常被矿工用来为死亡做准备的。

——托妮·奥戴尔（Tawni O'Dell）

复活节当天，矿井关闭了。在西弗吉尼亚州南部，满是陡峭山丘和幽静山谷的小镇上，紫荆和连翘鲜艳地盛开着，标志着漫长冬季的结束。那天，矿工和家人上教堂时，着装都稍显隆重。复活节和周日赶在一起，十分特别，但对 29 名矿工来说，那将是他们人生最后一次参加了。

周一一大早，返回到上大布兰奇（Upper Big Branch）煤矿的工人就发现，空气流动十分异常。矿工总是关注着空气流通，关注着通风换气。数小时过后，一场大爆炸的火球吞噬了数英里长的巷道，并以每秒1 000英尺的速度往前燃烧，烧焦了矿井，造成矿工死亡。乔·马科维亚克（Joe Mackowiak）早就担心会发生这样的灾难，也曾试图阻止。

本章，我们将探讨联邦政府试图将警告体制化的又一例子。美国情报界通过设立一位负责发出警告的国家情报官，来试图将其体制化，类似地，美国政府也努力设置一套官僚体系来预测和防止矿难，但两者的成功之处都只停留在预测上，而非防止上。马科维亚克就是联邦政府为建造一套卡珊德拉体系而努力的一个关键体现。为什么他预测到了矿难的发生，煤矿公司却没有呢？为什么他遭到了忽视？那些大可能接触到规避灾难所需的资源和权力的政府官员已经预测到灾难后果了，然而悲剧依然发生了，为什么呢？

西弗吉尼亚州的上大布兰奇煤矿到底发生了什么，还得从2010年的那个复活节周末之前开始说起。那儿的体系和那场矿难只是从侧面反映了美国采矿业持续了多个世纪的整体情况。

一个国家的繁荣与苦难

1742年，一位名叫约翰·彼得·萨林（John Peter Salling）的探险家第一次记载了一种物质，这种物质不可阻挡地塑造了西弗吉尼亚州之后几个世纪的经济、政治、文化，那就是煤炭。内战过后，煤炭的需求量爆炸式增长，因为煤炭为发展中的美国快速现代化和工业化提供了能源，西弗吉尼亚州开始坚定地发展采煤业。在19世纪中后叶，采煤公司由小到大，由地方企业发展成为大的行业参与者，在权力、影响力、规模以及复杂性上都实现了快速增长。[1]

随着开采煤炭的努力深入地表下面，危险也与之俱增。大多矿工都是十几岁的男孩子，他们在地底下工作，几乎没有安全措施，也没有工作标准规范，他们在下面的照明就靠安全帽上的明火油灯。失火、塌方，以及点燃易燃的甲烷气体或煤尘所引发的爆炸，仅仅是他们面临的众多致命危险中的一小部分。做矿工这份脏活、苦活，挑战大，危险系数高。[2]

采矿业长久以来被认为是最为危险的职业之一，直至今天，依然如此。那么，按照这个逻辑，政府或许应该尝试建立一套体系，找出采矿作业中发现的日益危险的信号，以便警告迫在眉睫的灾难，减少灾难的严重性。但是，煤炭公司在 19 世纪末已经在政治上颇具影响力，他们反对那些可能影响煤炭产量和利润的监管措施。于是，20 世纪的头 10 年中，联邦政府实际上对采矿业几乎没有监管，全靠私营领域主动承担责任，去采纳和实施确保采矿安全的最佳措施。毫不意外，这样的安排不能保护行业里最弱势的群体——那些煤炭工人。

在世纪之交，煤炭开采业的死亡率步步攀升，然后稳定在每年每 1 万名矿工中约有 34 人（今天约为 1.4 人）死亡。1907 年年初，就迎来了一场不祥的爆炸。仅在 1 月份美国就发生了 4 次煤矿爆炸，地点从科罗拉多州到西弗吉尼亚州。这一个月，两场矿难夺取了近百名西弗吉尼亚州人的性命。以这样的方式开年真是可怕之极，人们都希望这一年最糟糕的已经过去了。[3]

谁知，后来还有了“血腥十二月”，692 名矿工在 5 次矿难中丧生。1907 年的死亡人数已经远远超过平均水平，但“血腥十二月”又将全年的死亡人数增加到 3 242 人，这是当时美国历史上矿难死亡人数最多的一年。最大的一场悲剧发生在西弗吉尼亚州的孟农加煤矿，362 人在一次大爆炸中丧生，起因很可能是火星或明火引燃了甲烷或积聚的煤尘。这场矿难至今仍然是美国历史上最为严重的矿难。

“血腥十二月”里的死亡人数，以及接下来数月里的其他矿难造成的死亡人数，引发公众关注，公众强烈要求联邦政府在为采矿业制定安全标准方面发挥更大的作用。在那之前，对于那些试图为矿业安全建立有意义的联邦监管的所有努力都被煤炭公司压制下去了，煤炭公司也遏制了州级层面的大部分努力。尤其是在经济发展依赖煤炭的那些州，比如西弗吉尼亚州，安全法规薄弱，基本得不到执行。尽管如此，1907年12月之后，煤炭公司知道，联邦政府肯定会采取某种行动，只是时间早晚的问题。

煤炭公司没有正面阻止监管，相反，它们联合起来游说国会，削弱其正在审议的法案的力度。J. 达维特·麦卡蒂尔（J. Davitt McAteer）曾在比尔·克林顿总统任下担任劳工部主管矿业安全和健康的助理部长，也是一位矿业安全专家。他曾对孟农加矿难进行了出色的调查性记录，在记录中以及后来在我们的采访中，他阐述矿业人员如何说服国会：矿业人员说那次爆炸的起因仍未知，因此国会不能“尚未对症就急着下药”[4]。他们最终成功说服国会放弃制定安全标准，只是开展一个研究采矿技术、健康及安全的项目。[5]

1910年，国会通过了相关法律，成立美国矿业局。矿业局的宗旨是在包括矿业在内的重工业中改善“健康、安全、经济和效率”。矿业局开始集中精力解决造成绝大多数矿难的问题：易燃的甲烷和煤尘，危险的爆炸物，附近的电气和照明系统，自此联邦政府开始了长达一个世纪的努力，发现和减轻采矿危险。这些努力就是系统地设立一个体制化的卡珊德拉，以便发出危险警告，预防未来的灾难。

随后的几年中，矿业局公布了其研究成果，并与矿业经营者密切合作。这一早期的立法使采矿安全得到了改善，使死亡率降低了1/6左右，但是矿业局无权强迫矿业经营者采取最佳措施，也无权检查矿井是否存在危险情况。矿业经营者强烈反对它享有那种监管权力。一些危险的情况，比如粗劣的电源线，危险的煤尘堆积，仍处处可见。既然矿业局无权检查或执法，矿业经营者便觉得没有必要执行严格的安全标准。将矿业局当作采矿业的卡珊德拉是行不通的。

到 20 世纪 30 年代末，美国煤矿的死亡率已经下降到每 1 万名矿工中有 21 人左右死亡，比 20 世纪初减少了约 1/3。虽然减少的原因可以归功于矿业局的研究努力，以及一些采矿公司主动采取安全标准，但是矿难仍然普遍存在。[6]

1940 年，美国中部地区发生了一系列重大的矿井爆炸，造成 276 人丧生，这是自 1928 年以来，一年中矿难造成的人员伤亡人数最多的一次。[7]这些事故让全国人民感到震惊，跟 1907 年“血腥十二月”一样，基层民众呼吁政府更好地监管煤矿业，赋予矿业局更多的执法权。作为回应，国会通过了 1941 年的《联邦煤矿检查与调查法案》。这是联邦法律首次授予矿业局独立的权力，使其有权进入矿井巡查危险情况。

如果矿主和经营者不把矿井开放给检查人员巡查，那么立法机构会拿轻罪起诉来震慑他们，以罚款和监禁来处罚他们，尽管如此，矿业局依然无权强迫矿业经营者遵守某条具体的矿业安全和健康法律法规。[8]检查中发现的缺陷的补救措施只是被当作一种建议，而非强制性的命令。并且，这些公司依然是一股强大的政治力量，地方上更甚，他们经常运用自己的影响力恐吓检查人员或是削弱法规的执行力度。

如此一来，不出所料，矿井条件在随后的几年中并没有显著改善，死亡率也没有降低。1947 年，伊利诺伊州森特勒利亚 5 号矿井的一场火灾造成了 111 名矿工惨死，公众震惊不已，直接参与矿井运作的人却很少震惊。联邦官员和州官员、矿场经营者，当然还有矿工们都非常清楚那里的危险情况。早在那场灾难发生的几年前，检察官就记录下了许多危险因素，包括煤尘过多，巷道顶板条件恶劣，一氧化碳含量过高以及裸露在外的电线。当地矿工绝望地请求政府干预，他们甚至给伊利诺伊州州长写了一封信，乞求他“救救我们”[9]。仅一年之后，他们最担心的事情还是发生了。在立法机关后来的一次听证会上，负责该矿的一位检查人员表示，他惧怕煤矿公司的权力和影响力，觉得自己会因在该矿积极执行煤矿法规而遭到开除。

然而，就在4年后，即1951年，仅50英里以外的东方2号矿井在圣诞节前4天发生了爆炸，119人不幸遇难。跟森特勒利亚的情况一样，检查人员也早在爆炸的数周和数月之前发现了危险和缺陷，包括通风不良、甲烷和危险的煤尘状况。尽管得出的报告认为该矿“极其危险”，但是他们没有权力强迫矿业经营者解决那些问题。

在森特勒利亚和奥连特矿井的矿难发生之后，公众又开始要求政府采取行动。1952年7月16日，哈里·杜鲁门总统签署了《联邦煤矿安全法案》。新法规让联邦政府在监管矿业安全和健康上迈出了切实可行的第一步，赋予了矿业局预防灾难的实际权力。虽然矿业局不能就某些特定的缺陷进行罚款，但如果它怀疑某个矿场存在发生事故的危险，那么矿业局有权命令它关闭，并且可以对不守规定的经营者进行罚款。该法案还做出了诸如矿井需保持通风和减少煤尘的一些具体要求，削弱了灾难性爆炸的两个最有力的诱因。[10]美国煤矿的死亡率至此才开始长期持续下降。

尽管如此，死亡阴霾仍然困扰着美国矿业。随后几年，类似的灾难轮番上演。矿难刺激政府制定新法规，加强和扩大了卡珊德拉体制化的范围，但是除了矿工的伤亡以外，矿业公司反对立法的态度和政府的瘫痪似乎依然无所畏惧地持续着。

1968年11月20日，西弗吉尼亚州法明顿市固本煤炭集团公司的9号矿井发生大爆炸，距离第一次震惊公众的1907年孟农加矿难的发生地仅有5英里。这次矿难的救援不力，救援人员未能赶在随后的9起爆炸将矿井吞噬之前，找到被困地下的78名矿工——矿工全部罹难。爆炸连带着震动了数英里西弗吉尼亚州周围的群山，公众再一次被震惊，要求政府作为，立法者中也多了很多坚定的卡珊德拉。[11]

1969 年出台了《联邦煤矿健康与安全法》，简称《煤矿法》，是迄今为止美国历史上最为严厉的矿业监管法规。当时刚从法学院毕业的达维特·麦卡蒂尔也参与了这项立法工作。当我们问他那个法规有多重要时，他简单地回答说："那是矿业安全的一场革命。"

《煤矿法》第一次真正赋予了联邦政府保护矿工的执法权力。法案为美国的煤矿业制定了新的健康和安全标准，政府将对违规行为进行严厉处罚，并要求联邦检查人员每年进行 4 次地下矿井检查。但是，最为重要的也许是，煤炭企业长期以来未能重视的一点被写进了法律，那就是"煤矿行业的首要任务和关注点必须是其最宝贵的资源，也就是矿工的健康和安全"。两年之内，煤炭行业的年死亡人数下降到每万名矿工中有 10 人以下死亡。自此以后，该比例一直保持在这之下。[12]

煤矿工人一直都知道死亡的风险，但其他类型的矿工也遭受了毁灭性的灾难。1972 年 5 月 2 日，将近正午的时候，爱达荷州凯洛格市的阳光矿场的矿工发现了烟雾，后来的调查发现烟雾可能是由废料和木材的自燃引起的。矿井通风系统的进气口附近发生了大规模的爆炸，浓烟和一氧化碳迅速灌满了矿井。仅仅几个小时之内，就造成了 91 名矿工丧生，他们中的许多人在升降梯的操作员被浓烟熏死之后被困在深井之下无法逃离。[13]

阳光矿场是一座银矿，并没有采煤业最危险的物质，如甲烷和煤尘。这场灾难为采矿业敲响了警钟，应该建立一套涵盖整个采矿业的一致的安全标准。

1977 年，《联邦矿山安全与健康法》出台，将美国政府执行矿业健康和安全法规的职责纳入了劳工部下属新成立的美国矿山安全与健康监察局。这一调整消除了潜在的利益冲突，矿业局只需负责矿业安全和效率的研究事宜，并且，所有的矿业法规，不管是煤矿还是其他类型的矿场，都被纳入了同一法律之下。《联邦矿山安全与健康法》今天仍然是联邦现行检查和执法制度的基础。

21世纪初，由于稳步推进的安全标准和改善的矿井条件，美国当时的矿工年死亡率处于史上最低，每万名矿工中死亡人数不到4人。但遗憾的是，矿业安全和健康标准的每一步进展都是在矿难之后才取得的，因为公众的关注才会激励国会通过更为严格的法律和法规。[14]

最近一次，2006年，《矿山改进与新应急反应法》出台（该法也是在悲剧发生之后才被通过的，西弗吉尼亚州的萨戈煤矿发生甲烷爆炸事故，12名矿工窒息而死），该法规定改进应急方案、程序和通信设备，并加大对矿场危险状况的处罚力度。至此，美国联邦政府在矿业监管和基础设施上长达数十年的努力已经在提高安全性方面取得了巨大进展。2007年，就数据统计来看，煤矿业已经不再是全美最危险的行业，农业、林业、渔业的危险性都超过了煤矿业。[15]但是，尽管《矿山改进与新应急反应法》给予了政府更多监管权力，对于矿业安全和健康监管的执法力度也日益增强，问题也没有得到完全解决。尽管该体系已被证实是有效的，但并不是人人都尊重卡珊德拉发出的警告，那样的后果将是灾难性的。

“如果最基本的安全措施都到位……”

西弗吉尼亚州其实敏锐地意识到了采矿作业带来的危险。自20世纪初以来，煤炭开采在这里造成的死亡人数比其他任何州都多，2 617人丧生，占美国总遇难人数的1/5还多。2010年4月5日，西弗吉尼亚州又发生了一起悲剧，是美国40年来所遭受的最为严重的矿难。

下午3点20分，一场威力巨大的爆炸吞噬了梅西能源公司下属珀夫蒙斯煤业公司经营的煤矿矿区。这次爆炸波及了西弗吉尼亚州罗利县地下深约1 000英尺、长约2.5英里的巷道，威力巨大，造成坑口附近的岩石、碎片、人员从入口处被炸出。浓烟和尘土从坑口处咆哮而出，目击者描述称，爆炸的声音巨大到如喷气式发动机。29 名矿工在井下作业，无一人生还。[16]

为了搞清楚当天发生的事情，有必要仔细研究一下上大布兰奇煤矿采取的采煤方法，即长壁采煤法。煤通常产生于地壳之内的条纹带内，是一层史前有机物质，在热和压力下压缩数百万年之后变成了岩石。主要由甲烷构成的天然气也是经过相同的过程形成的，被困在煤炭的内部和周围。通常，煤炭沉积离地面很近，可以直接开采。但是，在某些情况下，煤层深藏在地下深处，随着技术的进步，利用地下采矿便可以获取越来越深的煤炭沉积了。[17]

挖掘这些埋藏煤层的最有效的方法之一就是长壁采煤法。首先，矿工利用各种机械设备和技术向目标采区——想要开采的煤层段挖掘。其次，使用一种叫作连续采煤机的机器沿着采区边缘进行纵横切割，挖出巷道，最终采区由切割而来的一个个巷道打通了，露出“工作面”和采煤的“长壁面”。

采煤需要动用一台大型的电动切割机，它沿着工作面向前推进的同时切掉厚度为一码的煤层，推进的速度大约就是人们在人行道上悠闲散步的速度。采煤机沿着整个工作面朝着同一个方向推进，通常是完成数百码之后，再掉头，反向切割长壁面。一系列液压支架用来支撑割煤机上方的矿井顶板，当采煤机切割工作面时，这些支架也随之推进，采过的地方顶板塌陷成堆，就是常说的采空区。与此同时，一系列输送机会将新采的煤运出矿井并输送到地面。[18]

这个过程使空气中和煤矿表面充满了大量的煤尘。矿业局在 20 世纪早期进行的研究发现，煤尘本身就十分危险，即使没有像甲烷这样的爆炸性气体，也会引发大规模的煤矿爆炸，这与当时煤炭公司的想法大不相同。最危险的煤矿爆炸发生的一个条件就是，初始点火形成的气压波搅动附近的煤尘，这种效应可以产生一种粉尘爆炸的扩散云，可能扩散至数百码甚至数千码之远。但是，矿业局发现，在煤矿中，将不可燃的岩石粉尘和煤尘混合在一起，会使煤尘产生惰性，不再威胁矿工的安全。鉴于煤尘爆炸引发的一长串灾难历史，联邦政府在 1952 年要求，煤矿的表面必须保持着至少 65% 的惰性岩石粉尘。

煤、围岩和采空区常常释放出甲烷。虽然甲烷本身没有毒性，但当其在空气中浓度过高时，会使人窒息而亡。地下矿井中的甲烷更加危险，因为在空气中浓度超过 5% 时，甲烷具有剧烈的可燃性。当采煤机的钻头与工作面上的软煤和含铁的岩石碎块接触时，可能产生火花。磨损了的、维护不善的钻头会留下“过热痕条”，即钝化的金属钻头和岩石之间摩擦而产生的极高温、接近融化的金属痕迹。这两种情况都会点燃甲烷，在通风不良的地方会引起爆炸。因此，采煤机需配备喷水器，以压制任何潜在的点火源，同时它还有一种附加功能，就是将空气中任何可能混入的甲烷循环出去，远离钻头。[19]

此外，矿井需要在整个工作区域和工作面上保持一定的空气流通，这是为了通风，并排出采矿作业时释放出的任何有毒或有害气体，防止在矿井内形成危险的甲烷聚集。必须将通风方案提交给美国矿山安全与健康监察局的检查人员并获得他们的批准，这些检察员定期检查矿井，确保其遵守联邦法规的各项条款。

上大布兰奇煤矿 4 月 5 日发生的灾难是由于上述种种危险因素的不幸叠加，那是一场意外，但也是完全可以避免的。美国矿山安全与健康监察局的官方事故报告称：“上大布兰奇煤矿的悲剧起源于甲烷着火，后来演变成一次小型甲烷爆炸，爆炸又引发了一场大规模的煤尘爆炸。如果防止这三次意外的最基本的安全措施都到位，上大布兰奇煤矿就不会发生人员伤亡事故。”[20]

尽管联邦政府花了一个世纪的时间，努力为采矿业建立和实施一种制度化的卡珊德拉体系，但是当各种状况凑在一起时，仍然发生了上大布兰奇矿难。因为上大布兰奇煤矿的运营商梅西能源故意无视法规并忽视安全标准，这些状况在几个月甚至几年内缓缓浮出水面。遗憾的是，因为美国政府和梅西能源之间正在进行的诉讼，我们无法采访到马科维亚克。但是，根据他在事故调查中的证词，加上其他广泛的研究，我们认为，仍然有可能将这场事故定义为“卡珊德拉事件”，并以此进行讨论。

2008 年，马科维亚克晋升为美国矿山安全与健康监察局第四区负责通风事务的主管，第四区总部设在芒特霍普，处于西弗吉尼亚州的南部。他和手下 6 名工程师的职责就是，确保第四区 245 个运营的地下煤矿采用的通风方案都符合联邦政府关于矿井排放空气的方式和质量的法规。除了在纸上批准这些方案，他和检查员还每年对每个地下煤矿进行至少 4 次的全面检查。对于那些容易释放大量甲烷的煤矿，比如上大布兰奇煤矿，由于爆炸的危险系数较高，矿场会定期接受现场检查。鉴于第四区的矿井数量众多，马科维亚克和手下的工程师一直都忙得不可开交。[21]

马科维亚克长期以来一直在美国矿山安全与健康监察局做矿业安全工作，他集中研究采矿业的时间更是长久。像西弗吉尼亚州的许多人一样，马科维亚克的整个职业生涯都致力于研究煤炭。大学二年级时，他就开始为 A. T. 梅西煤业有限公司工作。那时，他为公司做的是工程工作，后来公司改名为梅西能源，梅西能源的子公司珀夫蒙斯煤业于 1994 年购买并开始运营上大布兰奇煤矿。大学毕业之后，马科维亚克先在梅西能源工作了几年，后于 2000 年 9 月加入美国矿山安全与健康监察局，2004 年调任至芒特霍普。他持有采矿工程学士学位及矿业安全硕士学位，并拥有众多联邦及州级设立的与采矿工程、作业和检查相关的专业证书及资质。

从成为第四区通风主管的那一刻起，马科维亚克就认为上大布兰奇煤矿是一大隐忧。那里的矿井通风方案最多算是勉强合格：设计糟糕，无法跟上矿井的内部性质的变化。达维特·麦卡蒂尔向我们解释说："矿井一直在不断变化着，每24小时就会更新一次，这意味着风险也在不断地自我更新。"随着每天工作区的开采，随着新工作区的形成、旧工作区的关闭，矿井的内部维度和布局也在发生着变化。每一天都会出现一种新的状况，昨天不存在的危险可能一夜之间就出现了。在大型、复杂的矿井中，这些不断发生的变化可能影响矿井的通风状况，如果方案的设计没有经过深思熟虑，那么空气流动就会放缓甚至会逆流。上大布兰奇煤矿当时的情况就是这样。

2009年全年，由于检查人员不断报告上大布兰奇煤矿有新的违规行为，马科维亚克越来越担忧。那些不是轻微、挑刺儿的小问题，而是连最基本的要求都没有达到的大问题：矿井工作区流通的空气不足，或是空气流动的方向不对。他将自己的通风系统专家频繁地派往现场，有时甚至亲自过去，希望能够密切地关注那些状况，看看梅西能源是否履行职责、解决好他的团队所发现的问题。

2009年9月，马科维亚克亲自对上大布兰奇煤矿进行了检查，希望能在矿工开始开发新的长壁工作面之前，亲眼看看那里的通风条件。当他往矿井深处走时，风吹在了他的脸上，但是根据通风方案，风应该从背后吹过来才对。空气流动的方向不对可能意味着，肮脏、危险的空气会在发烫、冒着火花的长壁采煤机周边停留，或者有毒气体一直在矿井内来回循环。无论哪一种情况，后果都十分危险。

马科维亚克下令疏散矿工，关闭矿井4天，直到梅西能源搞清楚如何恢复空气流通。这不是一起孤立事件。在向爆炸后的事故调查委员会作证时，马科维亚克说道，梅西能源提交的无数通风方案都因设计不佳、信息不全被他拒绝了，他的检查人员无数次带回的传票都提及它没有遵守最基本的通风安全规程。在那一年，美国矿山安全与健康监察局对上大布兰奇煤矿进行检查的次数比辖区内其他 244 家地下煤矿的都要多，主要就是因为马科维亚克担心这家煤矿面临着一场蓄势待发的灾难。

上大布兰奇煤矿被发现的问题不仅仅是通风，那里安全违规行为盛行，状况十分危险。尤其是煤尘，它是一种处处存在的危险因素。除尘措施不当，意味着矿井中几乎一直存在着危险可燃的煤尘。事故发生后，由达维特·麦卡蒂尔带领的西弗吉尼亚州州长的独立调查小组发现，“灾难发生前的 15 个月里，除了一个月例外，其他的每个月上大布兰奇煤矿都收到联邦或州检查官开出的岩石粉尘问题传票……矿山安全与健康监察局开出的 40 份传票中，将近一半被归类为‘重大和实质性’问题”[22]。上大布兰奇煤矿被查出的违规行为中，超过 10% 的被认为是“无正当理由的违规”，而全国的平均值是 2%。[23]

2010 年 3 月，对于空气流通不畅和流动方向不对的报告，马科维亚克变得十分警惕，于是他破天荒地派遣 5 名工作人员到矿场去测量矿井不同区域在同一时间的空气流通情况。他私下里怀疑，公司的主管知道正在进行检查，为了糊弄过去，便令矿工将矿场其他区的空气引流过来。毫不奇怪，检查人员发现了一些问题：矿井内部某些区域的空气流动方向不对。他们再次下令关闭矿场，直到经营者能够纠正这一问题为止。

一周后，又有一名通风检查员发现上大布兰奇煤矿的空气流通不畅。对报告感到震惊和担忧的马科维亚克拨通了前同事比尔·罗斯（Bill Ross）的电话，请他帮忙解决问题。罗斯曾在梅西能源工作过，当时他正负责另一个矿场，但是罗斯的上司拒绝调动他的职位，马科维亚克只好直接联系了梅西能源的一位高管。2010 年 3 月 16 日，他给梅西能源的副总裁兼首席运营官克里斯·阿德金斯（Chris Adkins）发了一封电子邮件，请求将罗斯调到上大布兰奇煤矿，他解释了那里目前的通风问题需要额外的帮助。他一直没有收到回复。[24]

仅仅两周之后，2010 年 4 月 4 日，那是复活节也是一个周日，上大布兰奇煤矿暂时关闭。第二天早上，上白天班的矿工回来上班时，发现矿井里工作面附近的空气燥热且流动性差。通风问题对矿工来说并不是什么新鲜事，但他们不知道，这一次可不同以往。

周末的时候，甲烷已经从地面泄露，堆积在工作面的远端的支架后面，但是由于机械故障，采煤机在之前班次工作时都处于关闭状态，所以看不出有什么问题。换班之后，矿工像往常一样开始了长壁作业。矿工被迫以自身安全为代价，不断生产，许多采煤机的喷水装置都无法使用，钻头也已经磨损和变钝了。

当采煤机走近远端时，一道热气点燃了一团甲烷，引发燃气失火，燃烧了一分多钟。当矿工切断采煤机的电源并开始撤离时，大火又引燃了一团混有足够甲烷的空气，发生了一场爆炸。那场爆炸造成了压力波，压力波搅动并引燃了邻近的煤尘，产生了一个火球，火球以每秒 1 000 英尺的速度往外蔓延，烧焦了数英里的地下隧道。结果，29 名矿工丧生，10 人死于爆炸，19 人死于一氧化碳中毒。[25]

体制性失灵

美国联邦政府一个世纪以来的矿业监管史都是由矿工的鲜血书写而成的。政府的目的是设立一位制度性的卡珊德拉，但是这依然没能防止灾难的发生。怎么会这样呢？为什么这样明确的警告会被忽略？这是否表示发出制度性的警告是毫无希望的？我们相信，答案并不是毫无希望。美国的矿难从 20 世纪头 10 年的 143 起下降到 21 世纪头 10 年的 5 起，而与此同时，每年的煤炭开采量翻了一番，达到 10 亿多吨。联邦监管在让采矿业更加安全、大幅度减少灾难性事故发生的频率方面发挥了关键作用。

卡珊德拉体制成功的原因之一就是美国矿业局发起的研究工作。如其他的例子中所看到的，卡珊德拉准确预见能力背后的根本原因就是他们对科学、原理和动态的理解。艾弗·范·希尔登博士用计算机模型演示了飓风对新奥尔良市的影响，查理·艾伦熟知军事历史知识，因此他们才能准确预测即将发生的事情。美国矿业局研究采矿安全知识，为采煤业制定一整套连贯、可靠的预警指标奠定了基础。

随着时间的推移，这一制度也使那些防灾的负责人的警告得到重视。到 20 世纪下半叶，联邦官员有权执行采矿健康和安全规定，进行罚款、关闭矿井，甚至进行刑事起诉。2007 年的《矿山改进与新应急反应法》赋予美国矿山安全与健康监察局一些权力，对玩忽职守的矿井经营者开出“公然违法”的传票，并额外对每例处以 22 万美元的罚款，迫使最顽固的公司去解决安全问题。自从该法通过以来，美国矿山安全与健康监察局行使了 100 多次这项权力，开出了总计近 2 000 万美元的罚单。但是这项权力从未被用在上大布兰奇煤矿上，即使该煤矿安全声誉差，检查员一直担忧经营者没有充分解决那些危险问题。

正如我们所看到的，煤炭行业自诞生以来，对联邦监管的抵触就一直存在着。矿业公司坚持认为，它们可以自我监管，而且作为技术专家，它们也是使矿山更加安全、规范的最佳人选。几十年来，可怕的一起起事故以及数以千计的、不必要的矿工伤亡证明了那一断言不符合事实，也由此促进了安全标准的改进和监管的严格，使美国矿业局和美国矿山安全与健康监察局真正享有了执法权。虽然推进缓慢，但是这些都意义重大。

然而，有些公司继续偏离历史的轨迹，摒弃安全考虑，试图在竞争激烈的、年度利润为数十亿美元的这一行业中实现利润最大化。梅西能源是最严重的一位违规者。“梅西能源的运营方式是在任何时候都挑战安全底线。”达维特·麦卡蒂尔直截了当地告诉我们。作为一位检查员，“如果去梅西矿场，去之前你就清楚，那些人肯定会报复，向你投诉一些报道，他们还会去你上司那儿投诉”。

美国矿山安全与健康监察局因为上大布兰奇煤矿忙得不可开交，因为其不仅矿井的设计不佳，而且，事实上珀夫蒙斯煤业和梅西能源的领导层奉行的原则是认为煤炭产量和利润优先于矿工的安全。检测到甲烷浓度升高时用来关闭采矿系统的安全机制也存在缺陷，他们还培训保安人员，让其看到矿山安全与健康监察局官员前来突击检查时，提前打电话给矿工报信；声称要报复那些报告安全隐忧的矿工；他们不是去纠正违规行为，而是就违规行为提出异议和诉讼。上大布兰奇煤矿的官方事故调查报告发现，梅西能源创造了一种文化——“生产高于一切”。

矿难发生之后，梅西能源公司首席执行官唐·布兰肯希普（Don Blankenship）被控违反联邦矿业安全和健康标准。两个月以来，陪审员都在听取公司领导、矿工和检查员的证词，他们表明了布兰肯希普和其他官员如何走捷径，如何借生产名义对安全问题视而不见。一份抄给布兰肯希普的备忘录在审判中被作为证据出示，梅西能源雇用了一位矿山安全与健康监察局前官员，来帮助解决通风和安全问题，那位前官员说，他发现梅西的经营理念是“没被发现就照常生产，被发现之后再补救”[26]。

布兰肯希普被判有罪，因违反了联邦矿业安全标准，他被判处一年监禁，罚款 25 万美元。梅西能源的其他高管和主管也都被判有罪，罪行类似，大多是有意规避安全标准和程序，逃避矿山安全与健康监察局的检查，销毁文件和记录，但是对这些人的罚款和监禁也永远无法挽回在上大布兰奇煤矿遇难的 29 名矿工的生命。梅西能源不只玩忽职守，它还积极破坏了旨在发出警告和防止灾难的卡珊德拉系统。[27]

因此，在审视卡珊德拉的警告为什么没有得到理会时，我们首先注意到上大布兰奇矿难是一个极端例子，说明了体制性的问题。其他卡珊德拉的警告被忽略的原因是他们预测的灾难以前从未发生过，比如美国政府不愿意加固新奥尔良的抗飓风基础设施，再如美国情报界无法相信萨达姆·侯赛因会入侵科威特，但在本章的例子中，整个体制不仅是不愿意相信警告，而是完全拒绝相信警告。我们或许可以将之称为体制性失灵的极端案例。体制性失灵的话，卡珊德拉就将面临最具挑战性的一个障碍，因为无论证据再多，都不会获得任何有效的回应。

毫无疑问，事故的责任和矿工的死亡是梅西能源的故意渎职造成的，其高管和领导层以生产和利润的名义来规避安全问题，但是如果遇到体制性的失灵，卡珊德拉也有一些特定的工具可以运用。这些工具从来没有被充分使用过，甚至没有被充分考虑过。

事后，矿山安全与健康监察局在对上大布兰奇煤矿的检查和执法行动进行内部调查后发现，检查员和官员整体上忠实地执行健康和安全法规。跟福岛核灾难不同，这不是一起监管俘获的例子。但是，矿山安全与健康监察局的报告说，缺乏经验、经费削减和人员短缺，至少是造成其未能对上大布兰奇煤矿进行更加积极的监管的部分原因。报告还发现，一些检查被遗漏了，并且一些最令人不安的检查报告，比如那些本来应该被认定为“公然违法”的检查报告，从未得到矿山安全与健康监察局的上级的审视。[28]

卡珊德拉的警告被忽略的原因还包括警告系统的执法机制从未得到充分利用。制度上的问题不仅表现在警告的对象身上，而且表现在发出警告的人身上。经验丰富的人要是多一些，就可能更加严格地审视梅西能源，也能对其进行更严厉的处罚，这也许能带来一些改变，从而避免 4 月 5 日的那场爆炸。但从根本上说，决策者要认识到卡珊德拉的远见并确保听到警告的配套体系和工具都已经到位。马科维亚克知道，上大布兰奇煤矿的通风问题十分严重，他绕过体系，直接联系公司管理者，但是他和主管都没有充分认识到最坏的情况可能迫在眉睫。

虽然矿山安全与健康监察局可能没有使用所有的可用工具管控梅西能源，但造成29名矿工死亡的上大布兰奇煤矿爆炸事故，是一个明显的警告被忽视、卡珊德拉被轻视的案例。整体来看，整个体系实现了1969年《煤矿法》的意图，即“煤矿行业的首要任务和关注点必须是其最宝贵的资源，也就是矿工的健康和安全”。在许多情况下，它按照设计初衷运行着，标记警告，并规定纠正措施。然而制度性违规是一个难以克服的障碍。上大布兰奇矿难的种子已经埋了数周、数月之久。正如达维特·麦卡蒂尔所解释的那样，“通风问题、水喷雾、岩石粉尘、煤尘，上大布兰奇煤矿所有的失灵问题不是在4月5日一天之内出现的。一切都已经崩溃了，早晚会出事”。

第 8 章

市场分析师：2008 年经济大衰退

土地终归是土地，比华尔街骗子手中的股票和债券要安全些。

——尤金·奥尼尔（Eugene O’Neill），《长夜漫漫路迢迢》

（*Long Day’s Journey into Night*）

2007 年 8 月，梅雷迪思·安·惠特尼（Meredith Ann Whitney）在花旗集团纽约总部为金融分析师举办的一场鸡尾酒招待会上，无意中听到了一句评论，受到启发的她做了一些事情，动摇了全球金融市场。

惠特尼在一家小投资公司当初级助理，因为华尔街由男性主导，她告诉我们，所以当时她是“屋子里仅有的小妞”。然而那并没有吓倒她，“那也不是说，我就不能给一场交谈增加点价值了”[1]。

主办活动的是花旗集团首席财务官加里·克里滕登（Gary Crittenden）。当时，华尔街正处于动荡期，对冲基金坍塌，按揭市场崩溃，货币市场基金之类的信托投资问题重重，之前还安全的贝尔斯登投资银行也出了问题。分析师在跟克里滕登聊天时，一位华尔街排名最高的分析师说，他已经放弃分析花旗集团了，因为那太难了。听到这儿，惠特尼告诉我们："我往回退了几步。"为什么分析世界上最大的银行要比分析其他所有的金融机构都难？并且，任何一位有责任感的分析师，怎么会有意不去分析呢？"那是你的工作，你怎么可以放弃呢？"她反问。

"我想，他或许分析不了，但是我能分析，"她说道，"有点儿像着了魔、发了疯，虽然这么说不太恰当。我想证明的是，任何公司都可以拿来分析。你怎么能点名花旗集团——一个那么令人尊崇的机构，说你无法理解它呢？不能因为你无法理解，它就是一个禁区。"

9 月中旬，惠特尼开始着手审查花旗集团的资产负债表，并为自己的发现感到震惊。尽管花旗集团存在些问题已经是众所周知的了，但是问题的严重程度远远超过任何人所承认的，惠特尼意识到，问题太过严重，可能会动摇全球经济。

她说："我只是用最基本、最简单的方法来分析花旗集团。"她还补充道，随着发现越来越多的财务问题的证据，"我深入了好几步"，发现这家银行"进行了数十亿美元的收购，却没有筹集资金，在数学上，那是不可持续的，并且，所有的数据都很容易被找到"。

2007 年 10 月 31 日，惠特尼敲响了华尔街史上最大的一次警钟。虽然只是一家中层研究机构的一名年轻分析师做出了一份报告，但是惠特尼呼吁大家卖掉花旗的股份，这撼动了全球经济的基础。她将花旗的等级下调，说它"运营不善"，那相当于呼吁大家抛售股票。她的这一动作直接对经济造成的强大影响超过了任何书面语或口头呼吁的影响。

惠特尼发出的这个警告非同小可：一个集信任与稳定于一身的精神支柱、世界上最大的银行，其实很脆弱；整个银行体系也很薄弱。她在报告中称，花旗面临的资金不足已到了危险的地步，需向投资者支付的股息大于它的利润，她称那些股息不得不被削减，那样的话，花旗就会破产。

她在报告中指出："我们的论点很简单。我们认为，短期内，花旗集团需要筹集 300 多亿美元的资本，要么通过出售资产，要么通过减少红利，要么通过筹集资本，要么这三者结合。我们相信，那将会使它的股价大幅下跌。"花旗的股票即刻崩溃，几天之后，花旗集团的首席执行官查克·普林斯（Chuck Prince）被迫辞职。这一事件的影响远远超出了花旗集团，也远远超出了华尔街。

2007 年 11 月 27 日，彭博社指出，那份报告"对股市的冲击力就像是一列货运火车撞上了一堵砖头墙"。随后摩根士丹利和瑞士信贷集团分析师也下调了等级，花旗集团的股票暴跌了 7%。消息一出，大盘随之下跌，标准普尔 500 股市指数下跌近 2.5%。接下来的周末，花旗董事会召开紧急会议，三天之后，普林斯辞职。

惠特尼预言和警告的这场灾难源于银行家根深蒂固的思维和行动缺陷。"这位女士并不是说华尔街的银行家很腐败。"迈克尔·刘易斯（Michael Lewis）在《大空头》（*Big Short*）一书中这样写道。《大空头》是关于 2007—2008 年金融危机的一本书，后来被改编成了同名电影。"她说的是，他们在犯蠢。那帮人的工作就是分配资金，但显然他们不知道如何管理自己的资金。"显然，不是惠特尼引发了美国金融体系的崩溃，但当多米诺骨牌开始站不稳时，她是第一个推倒多米诺骨牌的人。

在刘易斯看来，惠特尼是一位不知从哪儿冒出来的圣人。他写道："哪一天，什么导致了股市内部发生了什么，这些永远都是搞不清楚的事，但是有一点是十分清楚的，那就是，在 10 月 31 日，梅雷迪思·惠特尼引发了金融股市的崩溃。那天交易结束之前，一位基本上从来没有人听说过的、一位很容易就被当成无名小卒打发了的女士，让花旗股价下跌了8%，美国股市蒸发了3 900亿美元。”有些统计称，花旗股价暴跌导致其在一天内损失了170亿美元的市值。于是，惠特尼就这样开启了一段冒险旅程，从一位不知名公司的初级分析师一跃成为“让华尔街崩溃的女人”，《财富》(*Fortune*)杂志在2008年8月那样描述她。

在惠特尼看来，这个警告似乎很简单，但在她之前，没有人能够连点成线，理解其中的关联。或许，对付一个已经四面楚歌的巨人，还是太艰难或太冒险了。又或许，没有人能够放心地用惊人的数学来预测未来花旗和整个金融界受到的影响，而不用顾虑有没有人相信。

即使惠特尼对花旗的预测仅在几个小时之内就成真了，有些分析师、共同基金经理和传统保守的股票买家也不认同她的评估。历史上，大型银行一直是最稳定、最安全，也是最“无聊”的一种投资。惠特尼的反对者众多，美盛集团的看涨明星比尔·米勒(Bill Miller)认为她反应过度。类似的观点已有数年之久，尽管许多大型银行和保险公司都倒闭了。米勒坚持认为，未来5年，金融股将是一个坚实的投资，因为它们卖得如此之低，并且，他预期，银行最终会赚钱、摆脱困境。相反，惠特尼预测，金融业就算到了2009年也还没有触底。花旗集团和其他大银行的稳步下滑证明她是对的。

惠特尼看到了什么

千禧年之后的头5年，是令美国经济和世界经济振奋的日子。尽管1999—2001年间互联网泡沫破灭了，股市似乎依然强劲。世界各地的人都在购买房产，达到了创纪录的速度。华尔街以更为独特的金融工具为市场助力，声称几乎会有无风险回报。今天看来，2008年的崩盘似乎是不可避免的，但在当时，那震惊了华尔街几乎所有的选股专家。

华尔街处处都是靠着预言发财的预言家。

华尔街崩溃的主要（但不是唯一）原因在于不正当的抵押贷款行业以及大型银行购买了大量的欺诈产品。华尔街的投资银行家在抵押贷款卖家的协助和怂恿下，将数以千计的高风险、房屋所有人无力偿还的抵押贷款（业内将这种垃圾贷款称为“次级抵押贷款”）捆绑打包，投入房屋贷款池，可供购买。这些打包而成的危险抵押贷款被称为担保债务凭证，评级机构对其进行重新标记，确定其崩溃的风险小于各个组成部分崩溃的风险。[2]

尽管这种做法非常普遍，2004—2007 年间，就有超过 1.4 万亿美元的抵押贷款被打包成担保债务凭证，但是只有极少数人意识到，这些担保债务凭证就是放在世界上规模最大的企业即那些大型银行下面的定时炸弹。沃伦·巴菲特（Warren Buffett）称担保债务凭证和其他类似金融产品为“金融界的大规模杀伤性武器，携带着的危险，虽然现在看不见，但可能是致命的”[3]。

在 2007 年的第二季度，定时炸弹开始爆炸。随着担保债务凭证里的次级贷款的浮动利率上升，抵押品赎回权被广泛取消，抵押贷款市场崩溃，很快，银行业和保险业也崩溃了。

惠特尼早在 2005 年，就预见担保债务凭证是一场灾难，到 2007 年，她正确地推测到，花旗集团等银行在担保债务凭证和其他高风险产品上大规模的过度投资将导致其自身的崩溃，金融失败也会波及全球。事实上，次年，在美国经济自由落体的同时，雷曼兄弟等金融大亨也宣告破产，花旗集团大量投资的房地产市场也崩溃了。数年之后，这种影响仍在波及全球。

就做出预测来说，惠特尼不是一位专业的卡珊德拉。她的例子没有那么典型：她预见了那场灾难，并告知全世界，但是当人们听到她的声音时，金融崩溃可能已经是定局了。惠特尼的预测最初被一些人忽视甚至唾骂，可能是出于经济的原因，也可能因为传统保守的分析师、买家和货币市场经理人根本不想听到那些预测。那个女人算什么？

但惠特尼的预测并不是完全无人理睬，这点可以从她对证券市场的影响中得到证实。她的呼吁也并非史无前例的；一些分析师，甚至花旗集团的一位高级副总裁都曾在数周甚至数年之前就提出过这样的问题。但是，在她之前，没有人预测到最坏的情况，也没有人发出这样一个以事实为依据、具有煽动性的具体警告，那可能会带来可怕和深远的影响。

金融崩溃开始的几年后，在 2010 年 5 月 2 日，惠特尼还在预言着不断升级的厄运。她告诉《财富》杂志："我觉得自己正处在历史上最严重的金融危机的中心。"她最初的警告大胆而准确，《财富》杂志这样写道，"从纽约到伦敦的人都目瞪口呆"。之后，她又有先见之明地预测美国银行、雷曼兄弟和瑞士联合银行的损失会更大。

《财富》杂志指出，到 2009 年 8 月，惠特尼的大部分同行都在隧道的尽头寻找一丝光明，但她的立场是这条隧道正在坍塌。在她看来，继续跟进的银行股票投资者将受到重创，因为银行面临的信贷损失比迄今为止所报告的还要严重。她还预测，经济即将陷入"20 世纪 80 年代初期式的"的大衰退，这将会使在房地产市场繁荣期间过度扩张和过度杠杆化的个人和机构损失严重。

随着金融危机愈演愈烈，惠特尼的话已不仅仅是预言了，还变成了催化剂。AG 资产管理公司基金经理格斯·斯卡科（Gus Scacco）告诉《财富》杂志："现在的情形是，不管梅雷迪思说些什么、写些什么，都会引起股价波动。"

还有其他的一些人也是 2008 年经济大衰退的预言者，但他们不是英雄。一群狡猾的对冲基金经理看穿了捆绑式抵押贷款总归会失败，便图谋从中获利。约翰·保尔森（John Paulson）、迈克尔·巴里（Michael

Burry）和史蒂夫·艾斯曼（Steve Eisman）等已经成为投资界的传奇人物，他们对当时被认为是完全不合理的投资交易十分有信心，并赚得了数十亿美元。但他们与惠特尼不同的地方在于，他们完全是为了牟取私利，试图从市场崩溃中获得经济收益。他们之所以能对房地产市场下注，正是因为没有人相信房地产市场就要崩溃了。惠特尼并没有试图从市场崩溃中获取经济利益，至少从表面上看，她没有。作为一位金融分析师，如果她的预言被证明是准确的，那么她将获益匪浅，但她当时的主要目的是警告客户、普通投资者，如养老金和共同基金的投资者。从这个意义来讲，她表现得就像一位典型的卡珊德拉。

卡珊德拉不是静态不变的。在此后的几年里，惠特尼的批评者一再指出，一个预言者在一件事情上说对了，并不代表她的话都很可信。称得上卡珊德拉，只能说明一个人上一次的预测是正确的。因此，除了要搞明白一个人是否正确预测了未来之外，还有一个问题，那就是要搞明白何时或是否要信赖一位已经得到证明的卡珊德拉的再一次预言。

在金融界，“卡珊德拉”一词通常用来形容能够预测股票市场涨跌的人，尽管神话中的女主角实际上是个悲剧人物，但是该词通常被用在正面描述中。经常被忽略的事实是，卡珊德拉会受到嘲讽或是不被信任。

当然，我们只有事后才能正确地看出谁是卡珊德拉，因为在事情发生的时候，很难判断一个人是真正的预言家，还是在杞人忧天的“四眼天鸡”。民间故事中的“四眼天鸡”认为世界末日就要来了，经常感叹说：“天要塌了！”2007 年以来，惠特尼一直被贴上这两种标签。

CNBC（美国全国广播公司财经频道）的杰夫·考克斯（Jeff Cox）在 2011 年 2 月 11 日指出，当后来惠特尼夸大了即将发生的市政债券危机时，一位观察员称她为“四眼天鸡”，并指责她“含沙射影、过分断言和炒作”，还有的人说她“散布假消息”。与之截然不同的是，2013

年 6 月 12 日，《纽约观察家》（*New York Observer*）在头版头条刊登了一则报道，名为《华尔街卡珊德拉回归了：穿着阿玛尼、戴着珍珠的梅雷迪思·惠特尼重拳回击》。

现在，大多数观察家都承认，惠特尼在 2007 年对花旗和其他大银行的看法是正确的，但也批评她错误地预测了 2011 年的二次衰退。这就提出了一个问题：一个人有没有可能在一件事情上是卡珊德拉而在另一件事情上是“四眼天鸡”呢？

“踩着红色漆皮高跟鞋”“格莱美”式的数据驱动怀疑论者

在下一章中，我们将尝试确定一系列用来区分卡珊德拉的性格特征。我们相信，个人的行为模式中有一些突出的例子和线索。惠特尼跟我们探讨的其他卡珊德拉一样，专注于数据，不断质疑自己的分析，以及拥有最为重要的怀疑精神。

惠特尼是一个怀疑论者，喜欢从一堆胡说八道中了解事实。就像许多卡珊德拉的例子一样，这些事实是任何人都可以拿到的数字。正如她所说的那样，“我们见识过那么多肮脏的管理，我从来不依靠管理去获取真相，我依靠的是数字”[4]。

梅雷迪思告诉我们，她认为很多分析师的怀疑精神都不够，会被花言巧语迷惑。一个常见的错误是，我们认为，“以一种让别人不明白的方式说话的人很懂得自己的领域，但实际上，以一种让别人明白的方式说话的人才真正懂得自己的领域”。

我们也开始看到一种规律：卡珊德拉私下可能会让人不快，或许有些古怪或好斗。就这方面来看，惠特尼跟大多数卡珊德拉都不一样。

尽管曾经持有悲观的观点，伶牙俐齿，但现在的惠特尼很有魅力、很吸引人，也上镜，这也许是她的批评者驳斥她的原因之一。惠特尼是一位年轻漂亮的女人，“穿着阿玛尼，戴着珍珠”穿梭在一个由男人主宰的领域。她没有工商管理硕士学位，没有经过正式的财务分析培训（当埃迪第一次见到她时，她还在布朗大学念历史专业）。更何况，她还嫁给了一个身高 6 英尺 6 英寸的前职业摔跤手。他的舞台形象就是一位金融家，华尔街的交易钟声敲响了，就预示着他要上台了。

《纽约》（*New York*）杂志上的一份档案指出，惠特尼“就像一位高低组合大赢家，一方面，她聪明勤奋，出身于常春藤（布朗大学）；另一方面，她就像一位格莱美派对女孩，嫁给了一位美国职业摔跤手”。许多人怀疑和抵制她也不是无线索可寻的。偏见迫使批评者把注意力集中在惠特尼的过分自信、爱出风头的风格以及她的性别上，而忽视了她提供的信息以及根本性和明确的数据。

“我不是一位年老的白种男人，这让我很醒目。”惠特尼“穿着紧身的天鹅绒外套，踩着红色漆皮高跟鞋”，带着一位记者参观她的办公室，“做出大动作的手势”，“夹杂着呼吸声”谈论着自己如何邀请到美国运通公司首席执行官肯 · 切诺特（Ken Chenault）来这里做活动，自己如何计划举办沙龙。文章称，她一度转过身来，说道：“一切都在我的掌控之中，对吗？”

作为一名年轻的分析师，惠特尼很喜欢自己局外人的角色。“就整体来看，卖方股票分析师以不愿批评自己负责的公司而闻名。”[5]但是，惠特尼对同事所做的工作持怀疑态度，对自己负责的公司更是持怀疑态度。

惠特尼已经对安然、普天信、美联信、第一资本等股票做出了卖出评级，而她的买入评级也同样令人惊讶。2006 年，当高盛集团的股价为 130 美元时，她建议股民买入，之后高盛股价飙升至 200 美元。惠特尼的前同事史蒂夫 · 艾斯曼（从 2008 年的大崩溃中牟取暴利的他也经常把惠特尼的研究作为指导）说："与许多卖方分析师不同，梅雷迪思愿意质疑公司所说的话。"[6] 惠特尼不是金融分析师的"老男孩俱乐部"成员，并且从一开始就提出质疑，这让她用一种金融业从未有过的方式进行提问和总结。

当惠特尼开始发表可能危害金融巨头的莽撞声明时，金融界的许多人并不看好这个怀疑论者兼"格莱美派对女孩"。从许多方面来看，如果她错了的话，对许多人来说是非常有用的。然而那时她已经占据了舞台中心。专栏作家托马斯·弗里德曼（Thomas Friedman）后来在《纽约时报》（*The New York Times*）上发问："梅雷迪思·惠特尼是谁？"他说，当他刚把她名字的前四个字母输入谷歌搜索时，她的全名就自动跳出来了。

梅雷迪思·安·惠特尼，1969 年出生于新泽西州的萨米特，1987 年毕业于弗吉尼亚州的马德拉中学，毕业之后又在劳伦斯维尔中学读了一年，后于 1992 年以优秀毕业生的身份毕业于布朗大学，获得历史学士学位。她写道："读历史就是在学习故事，什么故事导致了重大事件，接下来又发生了什么故事，原因何在。我喜欢故事。我的大脑本能地将生命中的各个点连接起来，将各个信息拼接成故事，来解释事情是如何发生的，预测接下来会发生什么事情。"[7] 这种爱分析的性格推动了她的事业，突出代表就是为花旗评级。

大学毕业后，在 1993 年，惠特尼加入了奥本海默公司，两年后，转入了公司的金融专业团队。她的第一份工作是负责她口中所说的"金融界中一个较为不完善的区块——次级抵押贷款银行，以及像次级贷款机构、房屋贷款机构和信用卡贷款机构这样的公司"。这些公司中的大多数人不知道他们朝不保夕，她在《合众国的命运》（*Fate of the States*）一书中写道："市场准入与偿还能力有关。在 20 世纪 90 年代后期，投资者开始失去信心。"许多贷款机构随后崩溃。她将那些投身于不完善的金融区块的人描述成“拥有大量黄金珠宝，做着次级贷款的、皮肤晒成褐色的人”。但是，惠特尼也指出，10 年后，包括花旗集团在内的大银行也在做同样的事情，“我知道，这件事的结局不会好，很大程度上是因为我曾经经历过一次”。

虽然惠特尼在为花旗评级之前，并不是特别著名的分析师，但《福布斯》(*Forbes*) 杂志 2007 年将惠特尼列为资本市场排名第二的选股者，仅次于桑德勒 · 奥尼尔投资银行的合伙人杰弗里 · 哈特 (Jeffery Harte)。特别到后期时，哈特对花旗采取的是更为温和的态度。

惠特尼将花旗集团评级下调前的那个 1 月，CNBC 报道称，尽管利润下滑，但是花旗集团前一年创下了 896 亿美元的破纪录收入。当时还是首席执行官的普林斯正面临着提高花旗的盈亏底线的压力，一些分析师说，现在是把他换下来的时候了。在《美国午间财经》(*Power Lunch*) 的采访中，《华尔街日报》的哈特和艾伦 · 默里 (Alan Murray) 告诉 CNBC，普林斯继承了从丑闻到合规的各种问题，但是哈特认为，普林斯有一个很好的战略计划，近期不会离开。文章指出，“投资者关注银行股的几个方面：资本市场、企业风险敞口、国际风险敞口和提高效益的机会”，并且哈特认为，“花旗集团符合所有这些标准”。2007 年 8 月，哈特还告诉《巴伦周刊》，花旗集团可能会出现“过去几年未能出现的”赢利增长，并表示其新任首席财务官正在做出正确的决定。他说，花旗一直在削减支出，并更加面向国际。

花旗集团破产的种种危险可能影响了一些分析师的看涨立场，但总体而言，惠特尼在 2007 年 11 月告诉英国的《泰晤士报》(*Times*)，大家似乎普遍不情愿打破现状。她说：“人们害怕消极情绪，特别是当一家公司拥有如此广泛的控股权时。”

全球最大的公司亏损2 200亿美元，即其市值的98.5%

花旗集团不仅是美国最大的银行，而且就其总资产来看，它也是全球规模最大的上市公司和银行。它拥有357 000名员工，是全球最大的金融服务网络，遍布全球140个国家，在全球拥有约16 000个办事处。该公司诞生于1998年10月历史上最大的并购案——由花旗银行与金融巨头旅行者集团合并而来。

从2006年6月开始，花旗集团高级副总裁理查德·M.鲍恩三世（Richard M. Bowen III），也是花旗消费者贷款业务的主承销商，他曾警告董事会，说抵押贷款业务带来的极端风险可能导致巨额亏损。贷款小组每年购买和出售价值900亿美元的住房抵押贷款，鲍恩说，当他第一次敲响警钟时，这些贷款中有60%是有缺陷的。花旗集团不良抵押贷款的数量在2007年增加，最终超过了总量的80%。许多贷款不仅是有缺陷的，而且还涉及欺诈。有报道称，鲍恩通过每周的报道和其他交流方式试图唤醒董事会。

在惠特尼将花旗评级下调之前，花旗集团在2007年4月宣布重组，以削减成本提振其表现不佳的股票，那将需要削减17 000个工作岗位。然而，尽管证券和中介公司贝尔斯登在2007年夏天遇到了严重的麻烦，花旗集团仍没有将贝尔斯登的担保债务凭证纳入风险评估之中，只提到自己在那家银行持有的业务份额很小（不足0.01%）。2007年10月15日，在惠特尼下调评级前两周多的时间里，彭博社报道称，花旗集团因固定收益损失，导致净利润在第三季度下降了57%，同时还宣布，到年底，抵押贷款拖欠率将上升，消费者贷款将恶化。据彭博社报道，当花旗集团首席财务官克里滕登在一次电话会议上表示，借款人在“加速”违约，花旗集团在两个月内经历了史上幅度最大的股价下跌。

普林斯曾见过2007年花旗股价下跌17%的情景，他当时就反驳说，公司大部分业务的势头“依然强劲”，但是彭博社指出，自 2003 年以来，花旗集团股价基本没有变化，而美国第二大资产银行美国银行跳涨了 29%。

尽管花旗集团陷入困境，但惠特尼的竞争对手杰弗里·哈特反应谨慎。他告诉彭博社：“它确实遇到了很多麻烦，从一定程度上来说，它在过去的几年里一直在跟自己过不去。”但他补充说，普林斯“正采取着正确的策略，最近的问题更像是执行力问题了”。花旗集团发表一份声明称，其净利润已从一年前的 55.1 亿美元下滑至 23.8 亿美元，即从每股 1.1 美元下跌到每股 47 美分。

情况明显正在恶化，但到那时，仍没有人预测到花旗集团和其他大银行可能存在着大问题，更没有人看到这些大银行可能损害世界经济。彭博社指出，花旗集团公布其收入显著下滑、第三季度减值 65 亿美元之后，惠特尼开始撰写报告，并在 2007 年 10 月 31 日（当美联储召开会议警告经济增长放缓时）公布了那份报告。

“惠特尼认为，鉴于目前的经济状况，银行没有办法通过有机增长来提高资本比率，”报告解释说，“她认为，削减股息或出售资产是快速筹集现金的唯一方式。”她还表示：“在 6—18 个月内，花旗将变得面目全非。花旗正岌岌可危，我不会轻易用这个词语，但是花旗真的遇到资金大问题了。”

次级抵押贷款市场已经崩溃，但那时，雷曼兄弟的破产和金融体系的最终瘫痪依然难以想象，花旗集团可能破产的想法似乎也是荒谬的。德意志银行分析师迈克尔·梅奥（Michael Mayo）曾在惠特尼评级两周之前敦促投资者抛售花旗集团的股票。但是，一系列因素——如不容争辩的数据整理能力，对银行问题的严重程度和后果的预测能力，自信，以及精通媒体之道，使得惠特尼成为《纽约》杂志所称的那种金融界最著名同时也是最可怕的人物。

惠特尼发出警告后的几天内，在 2007 年 11 月 3 日，鲍恩给花旗集团的主席和花旗集团的首席财务官、总审计师、首席风险管理官发送了电子邮件，重申风险和潜在损失，要求对其业务单位进行外部调查。随后的调查显示，消费者贷款业务遭受了内部控制的破坏，但是鲍恩后来表示，尽管将这些信息瞒着股东的行为违犯了《萨班斯－奥克斯利法案》，但是他的主张仍被忽略了。普林斯签署了一份证明，证明花旗遵守了上述法案，花旗集团最终也剥夺了鲍恩的大部分职责，并通知他，他不用再亲临公司了。

据彭博社报道，花旗拒绝对惠特尼的分析发表评论，并坚持认为，可以在 2008 年年中之前重建资本比率，而不用削减股息或大规模出售资产。“不是人人都同意惠特尼对花旗的评级，”文章报道称，“宾夕法尼亚大学沃顿商学院的金融教授杰里米·西格尔（Jeremy Siegel）表示，目前尚不清楚花旗是不是必须削减股息。他指出，花旗在 20 世纪 90 年代初，没有那么做也安然度过了一场金融危机。”其他的一些评价更为严厉。正如《纽约》杂志的一份简介所说：“虽然银行业像惠特尼所预测的那样正在崩溃，但金融界依然处处都有着惠特尼的批评者。”《华尔街日报》的戴维·韦德纳（David Weidner）在 2009 年 4 月写道：“那不只是一个女人的表演，她得到了媒体的大力帮助。”

甚至在惠特尼的预言成真之后，对她的批评依然存在。她对伦敦的《泰晤士报》说：“客户对我提的建议不满意，而且我还收到过几次死亡威胁，但是，这是我职业生涯中最直截了当的一次建议，我很惊讶，同行分析师一直在抵制。明明是那么直截了当，那么无可争议的事儿。”她告诉《纽约》杂志，她对反应的强度感到震惊。她说：“我知道那将是一个大问题，但我不知道，那会导致市场崩溃。这在人群中引起了愤怒。他们生气、愤怒，然后鄙视，说‘噢，她懂什么呀，她算老几’。我就只能安慰自己，随他们怎么说吧。有人站出来说我的数学算错了吗？那才会打败我，那将比说我胖还要糟糕。”

她对我们说："反应非常恶劣，我真的很害怕，但不管怎么说，我做了正确的事情，因为给了评级建议就是给了评级建议。"

除了死亡威胁之外，她还收到许多辱骂她的电子邮件和电话。作为一种应对方式，她与在墨西哥健身疗养院比基尼新兵训练营遇到的一位名人培训师一起锻炼。在一次拳击比赛中，她高呼："我的评级是正确的，我对了！我对了！我对了！"[8]

就在新闻报道惠特尼的那阵子，她继续发出针对大银行的警告。彭博社援引她的话说，她对华尔街滥用权力的方式感到着迷，并将企业界的许多问题归因于人们的自负。她说："说起来，这里更多的是人的问题，90% 以上的时候，傲慢是造成管理失误的原因。"自从她发表报告以来，花旗集团损失了 500 亿美元。彭博社指出："她对花旗的股息和资本结构的预测是否会得到证实，还有待观察。但到目前为止，用一位资深投资银行家的话来说，就是'市场就在赌她的预测是对的'。"到那时，惠特尼已经"发出了今年日益严重的市场危机中的最为关键的担忧之声"。

虽然惠特尼的预测是正确且有力的，但是批评者可能还是阻止了她发出另一个严重的警告：贝尔斯登也将崩溃。《纽约》杂志指出，惠特尼"确信贝尔斯登公司在 2008 年 3 月向摩根大通紧急出售资产的前一周内，已经无力偿还债务了。然而，由于被大家对花旗集团报告的反应惊吓到了，她决定不对贝尔斯登发表任何意见"[9]。有关贝尔斯登崩溃的一本书的作者引用惠特尼的话说："不就它写任何东西，是一个有意识的选择。因为我觉得当时情况非常脆弱，我可能会遭遇大麻烦。"[10] 惠特尼告诉我们，经历了"因花旗评级带来的恶毒的冲击"之后，经历了"优秀客户敌视"之后，她变得越来越谨慎，不过她反对任何说她软化了对所负责公司的分析的说法。她说："我发布了一些非常强有力的或技术性很强的报告，但没有在哪些地方有所软化。"

即使是花旗集团那次，惠特尼告诉我们，她也很谨慎。“把报告打印出来之后，我有两周都在埋头研究。”她边看边等联邦储备银行的一份声明。

“我总是自我质疑，确保数据是正确的，再确保我对数据做了正确的分析。我在发表之前已经推翻了无数次，我做事情就是这样子，之后，我又找业内人士帮我核对……‘我疯了吗？我这样想没错吧？’”虽然，对她的批评有时令她不安，但是她说：“我并没有太在意，还有很多工作要做，我只是埋头继续。”

在某种程度上，对花旗集团进行评级之后，惠特尼才更像一位卡珊德拉，她反对那些认为最糟糕的已经过去了、银行可以应付眼下的危机的观点。在这方面来看，她被忽视的程度远远超过当初她预测花旗的问题时被忽视的程度。

在调查中，惠特尼也与其他的分析师进行了交谈，并向联邦存款保险公司介绍了情况。她说联邦存款保险公司是“唯一为次级贷款做好准备的组织”。她告诉联邦存款保险公司的代表，那些银行是在“裸奔”，杠杆率扭曲了，所有的银行都错了。她说：“美联银行错得最离谱。”惠特尼还找到了担保债务凭证失灵与错误评级之间的联系。她认为，评级不仅仅出错了，而且还是“伪造的”。

至2008年11月，尽管花旗集团已经收到了250亿美元纳税人资助的救助资金，但是依然没有偿还能力；花旗集团宣布裁减大约52 000个岗位，在这之前花旗已经完成了23 000人的裁员。花旗表示，在2010年之前它不太可能再次赢利。据2008年11月23日的《纽约时报》报道，这一消息公布之后，股价下跌使花旗市值降至60亿美元，两年前还是3 000亿美元的市值。最终，花旗裁员人数超过了10万，这家世界上最大的银行失去了98.5%的市值。

是否当了两回卡珊德拉

尽管给花旗集团的评级是准确无误的，但是之后惠特尼的预见未来之路并不平坦。拿她的推荐表现与同行业的同事相比，惠特尼的选股能力在 2007 年的 1 919 名股票分析师中排名第 1 205 位，在 2008 年上半年的 1 917 名中排名第 919 位。“虽说如此，但是只用推荐买卖的时机来评估惠特尼还是不得要领，”《财富》杂志的一篇报道指出，“惠特尼不仅仅是对整个银行业看跌，她很有意思的地方在于，她的论点无情，她援引论据时也不留情面。”她有一个更为无情的论点，那就是在房地产泡沫期间，银行和信用评级机构之间的混乱关系将会对银行的复苏能力产生长期影响。

惠特尼于 2 月离开了奥本海默，成立了自己的公司梅雷迪思·惠特尼咨询公司，为各个公司提供定制的金融机构股票研究，并分析该行业的运营环境。惠特尼开始营业的同一月份，花旗集团宣布，美国政府通过将投入花旗的 250 亿美元的紧急援助转换为普通股来获得该集团 36% 的股权，并将提供 450 亿美元的美国国债授信额度，以防止花旗破产。作为交换，花旗集团首席执行官的薪水定为每年 1 美元，员工的最高薪水限制在 50 万美元（现金支付），高于这一数额的任何报酬必须以限制性股票的形式支付，直到政府援助偿还完毕，雇员才能出售这种股票。美国政府还控制了花旗一半的董事会席位，如果花旗的业绩不佳，高级管理层就会按照政府命令被撤职。尽管采取了上述种种方式，当时定期在 CNBC 和彭博社做评论员的惠特尼依然认为，情况会一直恶化到 2008 年底。事实证明就是这样。

惠特尼此后并没有将对花旗集团的成功评级复制到别的地方，并且实际上，她后来因看跌存在违约风险的市政债券而遭到严厉抨击（她的大多数说法是不准确的）。她之后无力再做出同等重大的预言，这在金融领域的卡珊德拉之中是有先例可循的。“行业会检测那些来之不易的声誉。当时还是雷曼公司分析师的伊莱恩·加扎雷利（Elaine Garzarelli）曾预测了1987年的股市崩盘，并在一夜之间成为华尔街的明星。加扎雷利于1995年创办了自己的加扎雷利调查公司。如果你还没有听说过她，那是有原因的：她之后再也没有成功做出那样重大的预测。惠特尼所面临的压力就是：在处处都有专家意见的世界中，如何保持正确以及证明自身的价值。”[11]

对花旗和惠特尼来说，2010年是非常重要的一年。那年，鲍恩在金融危机调查委员会面前就花旗在抵押贷款危机中扮演的角色作证了，到那年年底，花旗已经全额偿还了紧急援助，美国政府还通过出售花旗股票额外获得了120亿美元的利润。与此同时，惠特尼对市政债券做出了有争议的预测，这使得批评者有了把柄，将她贬低为“四眼天鸡”。2010年12月19日，惠特尼在《60分钟》上接受采访时预测，将会有“重大的”市政债券违约事件，损失总计达“数千亿美元”，涉及美国的50~100个县、市、小镇，说这将是“未来12个月内需要担心的事情”。当那些违约没有出现时，她将自己的预测形容为“猜测”，并说她的一些预测被错误地引用了。

诋毁惠特尼的人越来越多，促使常年拥护她的迈克尔·刘易斯回应道：“许多攻击她的文章指责她做出了一个非常具体但是并没有实现的预测，即一年之内会有多达100次的违约行为……但是这并不是她所说的话，她的话被误传了，所以她所表达的信息可能会更容易受到攻击。”[12] 2011年2月11日，CNBC报道称：“自从她预测了市政债券，先是在CNBC，后来又在《60分钟》上，在那之后的几个月，惠特尼就像乡村集市上坐在深水炸弹上的一个小丑，就在那儿等着一位又一位分析师把硬球扔向公牛的眼睛，最后让她掉到水里。”尽管如此，一位高调的对冲基金经理人吉姆·查诺斯（Jim Chanos）仍替她说话，说她的预测“在一般意义上”是正确的。

一路走来，尽管后来惠特尼也曾看涨股市，但是人们继续揶揄她为恐怖流言散布者，总是与“空头”联系在一起，通常针对对冲基金，押注股票会跌。对此，她回应说：“真是荒谬！我为长期投资者赚了那么多钱，暗示我是别人的傀儡简直太无礼了。我不认为自己会一直预测股市是熊市，我也不需要熊市来保住饭碗。”

尽管如此，许多人把惠特尼描绘成仅有一技之长的人，卡珊德拉通常是这样的。《华尔街日报》的戴维·韦德纳等批评者甚至质疑将她描绘成预测花旗集团的卡珊德拉的做法。面对一些类似的批评声音，备受尊敬的分析师迪克·博夫（Dick Bove）对韦德纳说：“她的预测非常成功，尤其是对红利的预测。没有人有她那样的胆量。”

回想过往，惠特尼对我们说：“我用一种最直截了当、最简单的方式讲了一个故事，任何人都能讲这个故事，他们无法攻击事实，便对我进行人身攻击。”她说，她的目标是“赋予读者权力，赋予投资者权力，数字就摆在那里”。她和鲍恩发出的警告不太一样，“因为我的警告是与数字紧密相关的，他们的是定性的。正是出于这个原因，我的才更加有力，因此也无可辩驳。而他们是主观定性”。

当我们问如何确定一个分析师是卡珊德拉还是“四眼天鸡”时，惠特尼回答说：“‘四眼天鸡’无数遍地进行同一个预测，我预测了一件事，然后就转向其他的了。”当有人拿着以定性分析为根据的预测来找她时，她说：“那是一种挑衅。我愿意接受其他的意见。但我长这么大，一直觉得自己是人群中最幸运的那个，当然不是最聪明的那个，所以我想向所有人学习。”

当预测花旗集团时，惠特尼说：“我当时在一家小公司，也不是出于政治目的，做出那么大胆的预测之后，也不会受到什么处罚。”她说，她很清楚有些人认为她资格不够。“没人当面那么说我，但是，一直被人低估是一项多么棒的优势呀！”

她说：“当别人把你当成没脑子的人时，你会不太开心，但你也可以向他们证明你并非没脑子。”她又接着说道：“人们都很刻薄……让我烦恼。”但是惠特尼不能将注意力集中在所有对她的批评上，因为“那对我没有一丁点儿好处”。一个显而易见的问题是：为什么其他人没能预测？她说：“我一次又一次地问自己这个问题。”因为，在她看来，“任何人都能做到……但任何人都没那么做”。

2007 年夏季，惠特尼在花旗集团总部举行的鸡尾酒会上无意中听到了那句评论，那么我们不禁要问一个问题：那些看到花旗集团的问题十分严重或反对她的预测的人是共谋，还是懒惰的或消息不灵通的？惠特尼说：“或许上述原因都有，他们不是懒人；他们只是考虑问题的方式不对，他们是聪明人，只不过看错了。”

惠特尼再次强调，任何人都可以拿到那些数据。她告诉我们：“人们不想听我这么说，我怎么敢用这么自信的口气说呢？我自己没有编造什么东西，就是那些数字，我一直相信数字。我的预测一直都是建立在数据和数字之上的。”她的预测不是拉响恐怖警报，说天要塌了，而是在量化的数学基础之上正确地预见了一场迫在眉睫的灾难。

惠特尼使用的每一条数据都是公开的。“那本来不应该存在争议。那又不是我自己的想法，也不是我自己的数据。”只要具备了专业知识、怀疑精神、相对局外人的身份，你就可以发现那些数据对未来的金融世界来说意味着什么。在这种情况下，惠特尼是对的。

第 9 章
卡珊德拉系数

一个掌握真相的人抵得上大多数人。

——忏悔者圣·马克西姆斯（Saint Maximus）

前面几章讲的都是悲剧故事。令人痛苦的是，每一次，卡珊德拉都会拍着桌子警告我们灾难一定会发生。有权力做出回应的人往往更多地将精力放在反驳卡珊德拉上，而不是去挽救生命、节约资源。因此，一个个预言都变成了“卡珊德拉事件”：警告发出了，却被忽视了，接踵而至的当然就是灾难了。

今天，政府、财务顾问、投资者和未来学家正在运用多种系统和技巧来预见未来、探测灾难，然而，我们并不知道有任何人正在使用某种技巧来寻找可能的卡珊德拉，依照过去的卡珊德拉的品质和经历，对他们和他们发出的警告进行审查。我们认为，应该开发并应用这样的技巧。在本章中，我们将会就此提出可能的建议，在本书的其余章节中，我们将运用这些技巧来探讨今天可能展示未来“卡珊德拉事件”迹象的一些人和事。

我们将已经被预测的、今天没有得到足够重视的未来灾难的识别技巧称为卡珊德拉系数。这是我们从观察过去的“卡珊德拉事件”中得出的一系列简单问题，包括四个构成部分：（1）警告、威胁或风险；（2）决策者，或必须做出回应的受众；（3）预测者或潜在的卡珊德拉；（4）贬低或抗拒警告的批评者。

我们为四个构成部分中的每一个都列出了一些特征，这些特征频繁出现在过去的“卡珊德拉事件”中。例如，技术上来说，问题或风险是否复杂？受众或决策者，是否存在责任？预测者或潜在的卡珊德拉，是否是连环假先知？批评者是基于数据还是情感来反对的？

对于管理者和决策者使用的这些工具的精确性，我们持怀疑态度。对于本书其余章节将要讨论的未来“卡珊德拉事件”，我们给四个构成部分中的每一项都打一个分数（高、中、低、无），以此显示该构成部分与过去“卡珊德拉事件”特征的符合程度。分数是基于我们对特征多少和强弱的印象给出的，然后得出一个四列矩阵结果。如果某项预测在这个矩阵的每个构成部分中都得到高分，那么我们认为，需要仔细研究这个预测。

卡珊德拉系数的算法并不像看起来的那么复杂。我们预想，对社会科学专家和开发股票交易快速算法的人来说，卡珊德拉系数可能看起来过于简单幼稚。或许它本来就很简单。然而，与政府和企业高级决策者打交道的经验告诉我们，领导更喜欢自己就可以解码、理解和应用的东西。

我们的主张简单明了。过去的一些专家遭到了忽略，否则的话，可能就会阻止灾难或减少灾难的发生。许多类似的案例中，同样的一些因素反复地出现，我们可以将其列出来。如果再次看到这样的情况，不管是现在还是未来，你都会知道这个问题值得我们更加关注，更加勤勉、理性和公正地分析。卡珊德拉系数可以帮助识别和理解我们的偏见和反复妨碍我们理性思考的内在缺陷。

虽然这 24 个因素放在一起是为了确切地寻找卡珊德拉，但是它们中的许多因素还具有更广泛的适用性。“警告”下列的 6 个因素也可以帮助识别那些一般可能会被忽视、悬而未至的灾难。7 个“决策者”因素可以作为官僚机构有没有正确认识和回应的指标，揭示“批评者”不可信的 4 个因素可被用来评估他们。

下面让我们来看看这四个构成部分，以及每一个的特征。我们发现这些特征反复出现在“卡珊德拉事件”中。我们试图避免在本书中使用社会科学术语和不必要的复杂词汇，但下列表格中，术语密集出现，请大家稍稍忍耐（见表 9–1）。

表 9–1　卡珊德拉系数：构成与特征

警告	决策者	卡珊德拉	批评者
反应有效性	责任分散	经过验证的技术专家	科学沉默
第一次综合征	议程惯性	不讨喜的个性	个人或专业投资
错误共识	复杂性失配	数据驱动	非专业人士的反对
量级过重	意识形态的排斥反应	正交思维	“时机未到”的谬论
奇异古怪	个性怯懦	质疑者	
无形的明显	满意解	个人责任感	
	无力发现异常情况	高度焦虑	

警告

首先，演变成“卡珊德拉事件”的问题或风险反复表现出来的特征是什么？我们审视的问题中，没有哪一个展现出所有的这些特征，但是有一些已经展现出其中的许多特征。

* **反应有效性：**某个问题可以通过一些反应来预防或缓解吗？如果不能，如果结果是不可避免的，那么这个问题就不会演变成一场“卡珊德拉事件”。这个问题可能会导致一场灾难，但是就算根据预测者的建议采取行动，其结果也不会改变。被地球围着旋转的太阳有一天将耗尽燃料，最终膨胀到一定程度时，会吞噬地球。我们对此无能为力，也不能通过做任何事情来减轻后果（除非你建议，人类可以在另一颗恒星周围找到一颗行星）。就目的而言，那些不可避免的、太过遥远的、不值得今天做出任何有意义的反应的灾难，都不在我们的探讨之列。

* **第一次综合征：**在很多情况下，预测的事情“从未发生过”，至少在大众的文化记忆中没有发生过，因此人们不会认真对待这种威胁。据我们推测，行动的最大障碍莫过于第一次综合征，但第一次综合征依然是逻辑上最容易受到抨击的障碍。对重大警告持怀疑态度的人最先质疑的就是这点。他们隐晦地表达，发生的事情都是有先例可循的，尽管证据明显地说明了相反的事实。历史上，第一次发生的事情的例子比比皆是。事实上，高中历史教授的许多内容，都只是列出第一次发生的事情：飞机第一次起飞，人类第一次登上月球，美国第一次有了黑人总统，等等。

  社会心理学家使用术语“认知偏差”来描述我们的观点与现实之间的过滤器、盲区或限制。正如在前几章所看到的，与我们的讨论关系最大的一个认知偏差是可得性偏差，指的是依赖熟悉感或先前经验而产生的感知和思考过滤器。大多数预测的事情，如果是第一次发生的话，就会受到大众的可得性偏差的影响，或者说如果大众缺乏过去的相关经验，就无法将其与预测的事情联系起来。

日本鲜有人记得在福岛被淹的 1 000 多年前发生过一次高水位海啸，没有相关的纪念电影或民间传说。[1] 冈村幸信不得不辛苦找寻那次海啸的记载。卡珊德拉问的不是“以前发生过这样的事情吗？”而是“这样的事情会发生吗？有没有什么手段可以阻止它的发生？”[2] 如果警告的是历史记载从未有过的事情，或是大多数个人经验中从未发生过的事情，那么警告更容易被忽视。

* **错误共识：**当第一次被预测时，“卡珊德拉事件”并不像一团团不祥的乌云，或是在大草原盘旋着的、向你呼啸而来的巨大龙卷风。通常，它们需要被发现，需要专家来解释。大多数的相关专家最初可能并不认同看到新鲜事情发生的预言者，但是在不确定时，专家小组的权威性可能有欺骗性。医生、作家迈克尔·克赖顿（Michael Crichton）这样评论为科学界所承认的危险：

> 共识科学是一个非常有害的发展趋势，应该被打入冷宫……它声称事情已经得到解决，那是一种避免辩论的方式……我们应该清晰地认识到，科学工作与共识没有一丁点儿的关系。共识是政治上的事情，相反，科学只需要一位碰巧正确的研究者，这意味着他或她得到的结果可以通过参照现实世界来验证……历史上最伟大的科学家之所以伟大，正是因为他们打破了共识。[3]

在前面讨论过的“卡珊德拉事件”中，大多数“专家”都认为，问题并没有警告中说的那样糟糕：堤岸能挡住洪水，银行不会破产，一个阿拉伯国家不曾入侵其他阿拉伯国家……卡珊德拉是位局外人。历史上的决策者在专家的共识中找到了安慰，并且拒绝或者迫害了后来经常被证明是正确的局外人。

哥白尼和日心说，达尔文和进化论，詹姆斯·赫顿（James Hutton）和“深时”，科学史上充满了颠覆共识的发现，通常是由一个独立个体发现。如果由于新证据的出现，一个问题或者风险挑战了一个长期共识，那么尽管是少数人的观点，还是应该进一步去研究。

* **量级过重：**超大规模的事件或现象可能对决策者有两个负面影响。首先，问题的严重程度有时就会让管理者手足无措、“垮掉”。那个问题，那个预测的结果，有时候对我们来说太大了，我们的脑子转不过来，便放弃了，这叫作“鸵鸟效应”。

其次，决策者可能无法恰当地放大对预计会造成巨大死亡和损失的灾难的恐惧感或同情心，他们可能根本无法理解自己面临的威胁有多么巨大，这个概念被称为“程度忽视”，也许斯大林的一句格言最能体现出这个概念：“一个人的死亡是悲剧，而100万人的死亡只是一个统计数字。”

下文出现的埃利泽·尤德考斯基（Eliezer Yudkowsky），可能是一位未来的卡珊德拉，他写道：

> 人类的情绪产生于大脑的模拟。人类的大脑不能释放出足够的神经递质来感知比葬礼悲伤1 000倍的情绪。预期中的一个风险，造成的死亡人数从1 000万人上升到1亿人的话，我们阻止它的决心也不会坚定10倍。在纸上只是增

加了一个 0，我们眼力迟钝，它的影响非常小，实验中，人们通常必须跳过几个量级才能检测到差异。[4]

* **奇异古怪**：在接下来的章节中，我们将了解一些似乎更适合于科幻小说、好莱坞电影或电子游戏，而不适合在严肃的场合进行认真讨论的灾难预测。流星、机器人杀手和安德洛墨达菌株等小说中探索过的概念，因此显得有些古怪。本能地，我们很多人都觉得“正经人”不会浪费时间讨论这些东西，更不用说相信它们可能是真的了。结果，由于个人不愿意自己显得外行，我们经常很快反驳那些非常规的想法，尤其是如果这些想法之前只在大屏幕上被探索过。

* **无形的明显**：几个世纪以来，人们都看到了茶壶里的蒸汽，但是只有詹姆斯·瓦特（James Watt）意识到，这种日常现象是一种神奇的动力来源，可以推动蒸汽机和工业革命。理查德·法森（Richard Farson）指出：“最重要的发现、最伟大的艺术以及最好的管理决策来自人们换一个新鲜角度看待那些理所当然的、因为太明显而没有被注意到的东西。”[5]法森将之称为“无形的明显”。

  我们不仅因为事情的普遍性或者显而易见性而对它视而不见，而且还因为注意力都集中在其他事情而忽视了重要的信息。在 1999 年进行的一项心理学研究中，丹尼尔·西蒙斯（Daniel Simons）和克里斯托弗·查布里斯（Christopher Chabris）证明了他们所谓的“非注意盲视”。因为实验的参与者被告知要将精力集中在人们之间传递的球上，一半的参与者都没有注意到一个穿着大猩猩服装的人被直接引入实验中充当参与者，或者至少他们没有反应。“大猩猩”身上没有任何掩盖物，他很明显，但实际上，一半的参与者都没有看见他。后来，西蒙斯又试验了一次，参与者事先获悉可能会有一只“大猩猩”。这次，他们发现了他，却没有注意到其他被引进的陌生事物。西蒙斯总结道，即使人们意识到或被提醒，新奇或不寻常的事情可能会发生，但是如果分心的话，他们依然会看不到。如果正专注于伊拉克战争，那么你就可能不会注意到“卡特里娜”飓风的重要性。卡珊德拉看到了“大猩猩”。如果你看看的话，数据就明显地摆在那里，但是大多数人的注意力都集中在别处，那时就会发生“卡珊德拉事件”。

决策者或受众

决策者或受众是指那些如果相信警告的话便可以有所行动的人。在麦道夫欺诈案、福岛灾难、入侵科威特、“挑战者号”爆炸等事件中，只要决策者问问卡珊德拉“然后呢”，继续询问，不那么快就反驳她，那么灾难完全有可能被避免。我们会不会听取卡珊德拉的话，结果会是天壤之别，要么被灾难袭击，要么幸运地躲开了灾难，虽然那份幸运我们永远无从得知。

正如我们将要看到的，这些决定既不容易也不无成本，所以，我们需要为决策者提供有效的工具，尤其是可以识别他们做出了错误决策的工具。[6]

* **责任分散：**由谁负责探测、评估警告并决定行动，通常并不清晰。美国总统或一家公司的首席执行官可能是下令采取行动的人，但对于谁应该把问题报告给他们，并没有达成共识。问题属于谁？通常情况下，没人希望一个即将成为灾难的问题属于自己。这种不情愿心理产生了一种“旁观者效应”，问题的观察方

觉得自己没有责任去采取行动。[7] 并且，越来越多的复杂问题牵涉多种学科，谁应该承担责任更是搞不清楚。在复杂新问题或“接缝上的问题”上，谁负责处理，更可能含糊不清。当遇上第一次综合征时，这种现象尤其突出。一件事情第一次发生后，系统将会决定谁来处理以后的这类事情，但是如果这件事情以前从未发生过，那么谁应该负责评估那种多维度的警告呢？答案可能一时不太明显。

* **议程惯性**：大多数组织及其领导都有自己所奉行的议程，这些组织会受到“议程惯性”的影响，把精力集中在计划之内的问题上。[8] 意料之外的威胁是领导没有预料到的，不想真正去处理的，所以意料之外的事很难将预先设想的议程项目挤掉，获得一席之地。处理意外事件可能会减少领导用在“宠物石”上的资源，自然也会消耗他们最宝贵的东西，即时间。处理警告可能需要从较不具威胁性的项目上窃取资源，这样一来，往往就会造成体制性的不情愿。出于这些原因而拒绝处理问题的受众，往往就是导致“卡珊德拉事件”的决策者。

  与此相关的是，当负责监管某个行业的机构与这个行业的成功变得利益攸关时，监管部门就不去批评或正确地审查该行业，这时就会带来同样危险的现象。这种“监管俘获”在福岛灾难中显而易见。日本的监管机构更多的是向日本人民证明核电是安全的，不需要解决重大安全隐忧。

* **复杂性失配**：通常，一个灾难警告需要专家说明或阐释一些在决策者与受众中间可能不太常见的技术性问题。当危险第一次被预测时，卡珊德拉发出的警告可能是关于高度复杂的技术或理论

的，需要决策者去发现、转化和学习。

结果，一些决策者便对警告无所适从，部分是由于警告本身的复杂性，另外，也是因为决策者自身缺乏专业知识，凸显了他们自己能力的不足，从而不得不依赖那些专业人士，但是专业人士技能水平的高低，决策者也难以判断。

就麦道夫而言，当证券交易委员会考虑所谓的可转换价差套利的技术细节时，显得力不从心。可于事无补的是，哈里·马科波洛斯向证券交易委员会的律师说的也是统计术语。跟其他许多案例一样，这个例子中的决策者完全没有试着去理解复杂性的技术，从而忽视了卡珊德拉。

体系可能非常复杂，甚至专家也看不出体系内部隐藏着的灾难。复杂性失配对政府来说是一个迫在眉睫的威胁。有史以来，第一次，技术人员正在制造一些决策机器，而那些决策的依据连创造它们的技术人员也不能完全理解。科技的加速发展使科学家越来越难以破译风险了，更不用说官员了。许多新技术，如基因工程、人工智能、高频交易、深水钻井等，已经证明了政府监管机构的理解能力是有局限性的。

几十年来，数学家、系统工程师和社会科学家就复杂性理论写了大量的文章。然而，近年来，我们看到复杂性有一个特定的方面在现实世界中变得更加突出。我们正越来越多地操作或规划任何单个人都无法理解的系统、软件和网络，这时就需要一个团队——一个由许多不同人才组成的团队。但是，这个团队有时候规模太大，一间会议室，一座礼堂，甚至是一个体育场都容纳不下。

2014 年，黑客意识到，两年来，由于缺乏长度验证，OpenSSL 这个几乎无处不在的软件组件存在着一个漏洞。许多公司并不担心这个消息，因为它们并没有使用开源软件，使用的只是自己开发的专有代码。当“心血（Heartbleed）病毒”攻击它们的系统并利用 OpenSSL 漏洞窃取数据时，那些公司震惊了。经过考察，首席信息官认识到，代码编写者仅需直接借用 OpenSSL，将其整合到自己的软件中。如果一个问题如此复杂，没有人能够完全理解，那么发生“卡珊德拉事件”的可能性就会增加。

* **意识形态的排斥反应：**一些决策者拒绝了可以应对风险的唯一方法，原因是这些途径不符合他们的意识形态，例如政府或科学应该扮演什么角色。有时，意识形态是对一种宗教或一条教义的解释。为了避免或减轻灾难而采取的应对措施可能需要增加政府支出，组建一个新的或更大的政府机构，对某个行业或人们期望的自由加大法律或监管限制。如果相信风险，会不可避免地导致意识形态反感，那么一些决策者会完全拒绝这个警告。

* **个性怯懦：**领导者个人需要具备勇气，才能发现和评估某个警告，确定灾难即将到来，下令增加资源和中断正常生活以应对风险。领导者会衡量犯错、装傻、被公众奚落为杞人忧天的种种利弊，因为如果没有灾难的话，被嘲笑、前途被毁的不仅仅是技术专家和那些发出警告的人，相信他们警告的领导者受到的冲击可能更甚。如果高层的单个或集体领导人过于谨慎或缺乏创造力，那么就可能对卡珊德拉充耳不闻。[9]

* **满意解：**面临灾难预警的决策者往往会做出某种反应，虽然反应程度不够。决策者面临的一个风险就是，卡珊德拉说得对，但是

决策者无法从技术方面真正理解这个问题从而做出个人判断，这时，决策者往往会选择象征性的回应。[10]社会学家赫伯特·西蒙（Herbert Simon）在1947年创造了一个词，叫“满意解”，指搜索所有可用的补救措施，直到找到一个可以接受的替代方法来“解决”问题，但其实并没有解决。这种替代方法通常很容易，不需要投入大量的资源或妨碍正常生活。一个典型的“满意解”策略就是下令深入研究，但是，如果时间充足，并且情况分析确实是不完整的，或者没有经过充分测试的话，这种方法也无可厚非。尽管在某些情况下，防范可能是理性的反应，但是当需要做出回应的决策者做出的回应不能及时解决问题或改变结果时，“卡珊德拉事件”通常就会继续酝酿。

* **无力发现异常情况：**虽然对于第一次发生的事的警告尤甚，但一般来说，由于相关机构性质的原因，所有警告都可能无法传达给合适的决策者。无论是政府机构、大型企业还是专业科研机构，大型的组织往往很难识别一个问题的紧迫性，它们常常无法区分常规事件和突发事件之间的区别。那些应该迅速上报给更高级别的决策者的非常规信息，通常被系统按部就班地分配，顺次等待处理，因为这些系统的宗旨本来就不是确定某个警告是否紧急。

  我们在白宫战情室的前同事一周中有好几次在半夜遇到这一问题。有消息传来时，他们不得不问自己，这个消息是否重大到要叫醒总统？还是应该把消息放在队列中等主管第二天处理呢？战情室通常都能做出对的选择，但那是因为他们知道自己的一部分工作职责就是警告。

  国家气象局也发警告。它安装了寻找特定类别的极端天气条件的传感器，工作人员知道读数异常时应该参考哪种方案，从而使气象部门可以迅速采取行动来挽救生命。然而，对于有些问题，相关官僚机构并没有相关传感器，没有制定如何处理异常读数的规则，没有自动程序，没有传播警报的渠道。因此，在审视某个问题的性质时，我们需要问的是，是否真的有一套具有先验推导标准的系统来判断事件的异常已经达到了危险的级别。

我们在结论中会再讨论这一问题，但在这儿，值得注意的是，除非政府和私营部门的相关组织培育一种倾听警告的文化，授权和培训基层工作人员认识和测试哨兵情报，否则就不能成功找到卡珊德拉。

预言者或潜在的卡珊德拉

发出警告的人是四大部分中最重要的，或许也是最容易判断的一个部分，他们通常表现出特定的优点和缺点。

* **经过验证的技术专家**：我们所看到的卡珊德拉在自己的领域被当作合格的专家。他们不是独自一人在山上徘徊时看到了起火的灌木丛，也不是半夜被神灵唤醒，他们是一些经过认可的专家。当在自己的专业领域从事研究工作时，他们主动或被动地发现了一些令人不安的信息，这促使他们得出一种结论，其他人还没有得出这种结论，或是认为没有必要拉响警报。

  卡珊德拉看到了其他人看不到的东西，这就好比有远见的技术人士看到了别人还没有创造的东西。正规的教育或培训对他们来说可能是至关重要的。正如商业心理学教授托马斯·查莫罗–普雷姆兹克（Tomas Chamorro-Premuzic）指出的那样：“与大众的观点相反，大多数成功的创新者并不是辍学的天才，而是在自身领域训练有素的专家。没有专业知识，就很难区分重要和不重要的信息，区分噪声和信号。”[11] 同样的话语可以用在潜在的卡珊德拉身上。

通常卡珊德拉之前没有发出过可怕的警告，如果有的话，显然他们也会被证明是正确的。我们这里选择的卡珊德拉并不是那些发出众多警告且碰巧对了一个的那些人。

* **不讨喜的个性**：卡珊德拉会因别人没有看到他们看到的威胁而感到沮丧。因想要让别人理解自己的发现并做出反应而产生的责任感，以及普遍的极度焦虑，让他们有时可能显得有强迫症，甚至在社交中粗鲁无礼。虽然在“正确”的环境下，他们也可以个性迷人，但是许多拥有成为卡珊德拉式人物所必需的智力和个性的人，有时似乎很孤傲、居高临下，与社会格格不入，或是没心没肺。[12]

  许多卡珊德拉的情商（个人互动技能的情感系数）可能不高。这一性格特征可能会阻碍他们跟别人进行有效沟通，从而不能获得恰当的回应、让自己的警告受到正视。斯坦福大学社会学家李·罗斯（Lee Ross）的著作表明，大多数人无法将信息与发出信息的个人区分开来。

* **数据驱动**：卡珊德拉的警告不是基于灵感或是“分析家的判断”，他们的结论有着数据支撑。通常，他们是建立或发现数据的第一批人，但是通常没有证据。正是对数据的分析让他们抛弃了之前的共识。他们往往可以清晰地看待从数据中发现的问题，这是他们的独特之处。有的卡珊德拉几乎有着某种天才般的能力，可以在数据云中即刻识别规律。

* **正交思维：** 卡珊德拉往往是第一批考虑某个问题或事件的人，并通常也是获取引发警报的数据的人。由于其独特性，卡珊德拉从一个新的角度看待问题，将其他领域的数据和概念融合在一起，这个特点被称为正交思维。这样的人有成为第一的自信，但又不至于傲慢到影响对数据的细微差别的理解。

* **质疑者：** 大多数卡珊德拉往往不相信任何未经实证推导和反复测试的东西，他们也往往怀疑自己的最初成果，特别是涉及预测灾难时。这一特征不仅仅是出于对科学方法的信仰。相反，卡珊德拉挑战一切普遍观点，除非这些观点的证明让他们满意。他们是古希腊哲学家、陪同亚历山大大帝前往印度的爱里斯的皮洛士（Pyrrho）的哲学后裔。在印度，皮洛士向那些挑战一切的印度哲学家学习。皮洛士还影响了另一位希腊哲学家，这位哲学家教导说，所有的信仰和假设都应该被挑战，怀疑精神是有益的。这位哲学家就是塞克斯都·恩披里柯（Sextus Empiricus），让我们把他的名字永远与经验方法联系在一起：在数据、客观真实、可观察的事实被证实之前，请保持怀疑。

  许多卡珊德拉似乎相信阿尔伯特·爱因斯坦（Albert Einstein）的观点，即“对权威不假思索的尊重是真理的最大敌人”。如果把警告报告给那些权威人士之后遭到拒绝，而拒绝的理由在卡珊德拉看来是毫无根据的，那么发出警告的人就开始不再尊重这些决策者了——往往还是不加掩饰的不尊重。

* **个人责任感：** 当卡珊德拉发现数据显示有灾难迫在眉睫时，通常他们会通过自己最为熟悉的渠道向上报告。通常情况下，如果得到的反应很少或不足，他们也不会轻易转向另一个问题或项目。

他们觉得自己有责任去全面、清楚地解释自己的发现多么重要以及无所作为的后果将多么严重。卡珊德拉往往不明白别人为什么看不到那种显而易见的重要性。因此，他们通常被迫采取行动以吸引别人关注他们的问题。卡珊德拉是人群中第一个嗅到烟味的人，她对自己的判断充满信心，也有着强烈的个人责任感，这都使得她成为第一个拨打报警电话或拉响警报的人。

* **高度焦虑：**1977 年，梅尔·布鲁克斯（Mel Brooks）制作了一部名为《紧张大师》(*High Anxiety*）的喜剧电影，讲述了一位加州心理学家与一大群古怪滑稽的病人和同事的故事。然而，实际中的高度焦虑可能与预见灾难的能力有关。2012 年，纽约州立大学州南部医学中心的精神病专家杰里米·科普兰（Jeremy Coplan）发现，一般的焦虑症与高智力水平有关，并不一定涉及神经症或功能失调行为。[13] 以色列的萨齐·艾因－多尔博士也得出了类似的结论，认为焦虑程度较高的人往往能更早发现威胁并警告他人。[14] 该结论在以色列也许没有什么特别之处，毕竟以色列一直面临着恐怖主义威胁。但是加拿大的亚历山大·彭尼（Alexander Penney）教授在实验之后得出结论，认为尽管遭到一连串的次要问题的狂轰滥炸，焦虑程度较高的人也更擅长辨别和聚焦于某个大威胁。

批评者

除了分析上文探讨的问题、受众以及卡珊德拉的特征之外，研究一下卡珊德拉的批评者是哪些人、抱有哪些动机以及他们批评的本质是什么，也许很有用。

* **科学沉默**：有些问题，因无法得到高标准的科学证据的支撑而无法及时被处理。一些事态无法在实验室得到准确的模拟和复制。为了避免灾难，也许需要抛弃常规的做法，无须等待所有的证据都出现，而要根据不完善的信息和初期迹象采取行动。持否定态度的科学家和决策者或许会说，需要等等最终的结果，建议多加研究。然而，等待有时会被证明是致命的。当然，建立在不足根据之上的行动也可能会导致另一种灾难。当审议的问题或风险对象涉及这种妥协时，就需要采用创新的评估方法。[15]

当探讨专家和技术专业人士时，需要注意的一点是，一个人的知识越渊博，那么科学沉默以及计算“卡珊德拉系数”中的其他错误因素越有可能出现。卢克 · 米尔豪泽（Luke Muehlhauser）撰文探讨“经验效应”，认为“最为博学的人其实最容易产生这几种偏见，因为他们掌握的武器弹药更多，更能毙掉那些与自己的立场不一致的事实和论据”[16]。

* **个人或专业投资**：揭露某个风险，或解决风险的方法会对一些人造成影响，这些人可能会基于自我利益而非正当理由来批评卡珊德拉。典型的例子就是某个行业内部的人，会因警告者提议的解决方案增加了行业的运行成本（很容易联想到采掘业和全球变暖）而抨击这位警告者。某个行业的其他专家会出于本能消极地应对卡珊德拉发出的警告，因为新的调查会推翻他们先前制定或维护的东西。还有的专家仅仅是出于对另一些专家甚至外行人的嫉妒，要么嫉妒他们最先发现了问题，要么嫉妒他们得到了大量的关注。专业人士会认为卡珊德拉公开某个警告，引起通常较为闭塞的行业之外的更多受众的关注，只是为了“哗众取宠”。如果批评聚焦于此，而非资料的话，那么就有可能导致“卡珊德拉事件”。

* **非专业人士的反对**：有些观点，一经曝光，虽会得到专家的普遍接受，但仍然会遭到非专业人士的猛烈抨击。这些非专业人士中，许多是既得利益者，要么支持保持现状，要么反对采取防止或减轻灾难的措施。如果那些直言不讳的批评者并非该领域的专家，他们的论据也不是建立在相关的数据之上，那么就得注意了。同样，当批评者后来被证明是错误的时，我们总能从中发现，那些评判在理性上是前后矛盾的。有些评论家可能会令人信服，但是需要审视他们批评的主体，看看他们的论据是否一致。在判断一个警告是否具有正当性时，如果不同的批评者所持的论据是不同的，尤其是当他们的批评并没有以数据为支撑时，就要更加认真地对待该警告了。

* **"时机未到"的谬论**：有些人反对采取行动来阻止一场迫在眉睫、证据充分的灾难，但是他们还没有愚蠢到去嘲讽专家，或质疑他们的专业数据和分析。相反，这些人试图淡化事情的紧急程度，或是将决定推迟到某些定义模糊的将来。他们辩称，还有更为紧迫的问题需要解决，目前的资源有限，在采取行动之前，更多的应该是提供解决方案。这类反应充其量就是拖延时间，例如："也许吧，但是……"

重蹈覆辙

忽视卡珊德拉，跟忽视许多灾难本身一样，通常是由一连串的错误导致的。正如我们刚刚讨论的，在这些错误中可以看到，卡珊德拉遭到忽视的原因也是五花八门的。

历史告诉我们，决策者之所以对卡珊德拉做出了错误的决定，是由于心理策略在作祟，而我们人人都在下意识地运用着这种心理策略。组成人类大脑的细胞早在很久以前就形成了。大脑这个工具早已上了年纪，但是它的效率高得出奇。大脑知道捷径和简化策略有着巨大的价值。社会科学家将这类捷径称为“探试法”，这类神经中枢相当于电子游戏中的作弊码，让我们跳过缓慢、理性的决策过程，直接快速决定。这种信息处理的捷径是基于我们生活中的认知模式，目的是让我们的大脑能够迅速做出决定，通常伴随着高度（有时是盲目的）自信。当看到一条蛇时，最好快速避开它，这几乎是我们在基因层面就知道的事情，不需要停下来去思考。

“探试法”的问题在于它倾向于形成认知偏差，对某个决策或某个人形成不正确的偏差。一种偏差形式就是，我们古老的大脑更偏向于主观观点，而非理性客观的事实。我们已经在前面讨论过这种心理捷径的例子了。

许多卡珊德拉遭到忽视的原因是，决策者认为他们本人并不令人信服。那些人有些地方“不对劲儿”，决策者的这种主观判断让他们产生了偏见，从而不愿认真审视卡珊德拉提供的证据。证券交易委员会的分析师对哈里·马科波洛斯做出的快速判断的评价有失偏颇。因为他热衷辩论，举止偏激，再加上他为麦道夫的竞争对手工作，证券交易委员会的工作人员立即将他定义为出于私利，有些精神错乱，最终视他为不可信的。他们忽略了他证据充分的投诉，一部分原因是，主观的个人偏见使他们变得盲目，看不到那些证明伯尼·麦道夫盗窃数十亿美元、由数据支撑的客观证据。尊重权威是另一种“探试法”。对统治集团的信任会干扰正确的决策，形成一种偏见。[17] 在伯尼·麦道夫的例子中，这种偏见影响了证券交易委员会的初级员工，使他们未能就一位备受尊敬的商界人士提出的问题进行全面的调查。

正如决策者通常难以驾驭一些性格不讨好的卡珊德拉一样，卡珊德拉通常在应对他人的偏见时也面临着困难。快速判断他人是人类史前就存在的大脑形成的一项最佳技能，但是这种技能可能是一种危险的障碍，用主观偏见将客观理性阻拦在最需要的地方之外。我们在衡量证词之前会下意识地衡量证人。华尔街的传统投资者损失数十亿美元，是因为他们未能抛下基于年轻、性别和举止而对梅雷迪思·惠特尼产生的偏见。同时，认为大银行的稳定性毋庸置疑的这种偏见也使他们变得盲目。这两种偏见也就意味着，投资者看不到惠特尼证据充分、令人信服的揭发：花旗集团岌岌可危。

这种认知偏差是人类的一个重要方面，所以许多最为成功的对冲基金经理意识到，此类心理可能会导致他们在交易中因犯错而损失数亿美元。他们中的许多人学习认知偏差以期找出自己行为中的此类错误，聘请心理学家来评估自己的交易甚至是自己个人，看看是否有决策受到了阻碍理性、事实分析的偏见的影响。相当于美国联邦调查局的英国军情五处也采取了类似的做法。在面临加重认知负担的高压时，比如恐怖袭击和人质危机，军情五处会为指挥小组指派一名心理学家，警告由于偏见而产生的潜在错误决策。

即使有心理学家会为我们护航，我们也无法完全摆脱人类大脑的偏见，因为这种偏见最近的一次演变进化也已经是7万年前的事情。[18]但是，如果我们建立种种制度来处理那些已知的、常见的错误决策诱因，比如忽略潜在的卡珊德拉，那么就可以将这种偏见对我们造成的伤害降到最低。

假卡珊德拉

决策者忽略卡珊德拉的原因除了无意识的偏见之外，还有一个常见的原因，就是害怕因误信一个被证明是做出虚假警告的人而产生的尴尬。没有人想当那个听信“喊狼来了的小男孩”的那个人，更不想当因误信“狼来了”而花费大量金钱的那个人。因此，我们必须找到一种排查假卡珊德拉的方法。

当然，人们大喊天要塌了、末日要来了的例子不计其数。这类人不难判断，他们并非哪一个以实际经验为根据的领域的专家，他们的警告也没有显著的数据作为支撑，他们过去所持的其他观点和推测也被证明是错误的。但是，当潜在的卡珊德拉是一位权威的技术专家，其观点有数据支持时，才会造成真正的问题。有些人看似是真正的卡珊德拉，但其实他人错特错，这样的例子也很多。有些大灾难似是而非，部分原因就是警告引发的防备反应可能左右了事情的最终结果。下列三个例子也许有助于阐明该问题。

* **人口爆炸**：斯坦福大学生物学家保罗·埃利希（Paul Ehrlich）于1968年出版了《人口爆炸》（*The Population Bomb*）一书，并对其进行大力宣传，因而引起了公众的关注。他在书中预言世界人口在不断缩短的周期中一再翻番地增长，从20世纪七八十年代开始，将出现大范围的致命饥荒。埃利希是一所名校的科学家，其使用的大部分人口统计数据及其他数据来源于联合国机构，并被广泛接受。他主张由政府干预、赞助实施节育计划，以实现人口零增长。

  20世纪七八十年代（实际上，也包括之后）发生的大饥荒很少是因粮食增长速度无法满足全球人口数量引起的。事实上，在全球范围内，卡路里的摄入量显著增加。局部饥荒的确存在，但通常是由气候变化、持续的异常天气或战争引起的。人被饿死的情况也存在，但通常是因为政府未能提供粮食援助。全球人口确实增加了很多，但是人类养活自己的能力也突飞猛进。

  埃利希低估了农学家及其他人的能力，他们通过提高农作物产量和改善粮食分配体系提高了地球对人口的承载力。一些人口统计学家的预见错了，事实是：改善经济和社会条件会减缓各国的人口增长率，从而导致一些高度工业化和技术先进的社会的人口零增长和较低的增长率。

埃利希不是人口统计或农学方面的专家。他分析失败的主要原因是没有考虑到反馈循环，即没有考虑到调整之后的系统的组成部分为解决问题而发挥的作用。随着粮食需求的增加，诸如洛克菲勒大学、国际水稻研究所等研究机构，阿彻丹尼尔斯米德兰公司和孟山都公司等大型农业企业，以及获得诺贝尔和平奖的生物学家诺曼·博洛格（Norman Borlaug）都研究出了大大提高农作物产量的方法。各国政府、国际组织和非政府组织确实在控制出生人数。教育程度的提高和妇女就业人数的增加也降低了出生率。

有的人认为，埃利希的观点没有错，只是还不成熟。他们相信，他所预测的终会发生，只是时候未到。无论如何，从人口爆炸中得到的一个明确教训便是，决策者需要考虑，整个系统感知到威胁之后要做何调整，以及该调整是否会延缓灾难的到来或是大大降低问题的严重程度。

* **千年虫危机：**杰尔姆·默里（Jerome Murray）和玛丽莲·默里（Marilyn Murray）夫妇合出了一本书，名叫《危机中的计算机》（*Computers in Crisis*）。该书预测在 1999 年过后、2000 年到来之际，许多软件程序将会出现故障。虽然一开始得到的关注不多，但到 20 世纪 90 年代中期，软件开发人员和计算机科学家普遍认为，那是一个潜在的严重问题。许多软件程序将无法显示 2000 年，因为年份只使用两位数字来表示。2000 年只会显示成 00 年，

那会导致一些软件冻结或进入一种回路。即使在 20 世纪 90 年代后期，许多关键功能也是依靠软件运行的。与这些功能相关的软件程序如果在新年前夕停止运行，将会导致重要的财务、运输、能源和武器系统出现故障。从许多方面来看，那都是所谓的信息时代迎来的一次危机。

最初，让政府的高级管理人员关注这个“软件故障”的重要性是很难的，但是白宫管理和预算办公室的一位高级官员约翰·科斯基宁（John Koskinen）抓住了这一问题。（很难让迪克相信，千年虫这个预测完全被证明是错误的，因为他曾与科斯基宁就该问题合作过。）科斯基宁是一位专业的解决公共管理问题的高手，他说服一位资历尚浅的（内华达州共和党）参议员罗伯特·本内特（Robert Bennett）支持一项紧急计划，即修复政府计算机，并动员重要行业的私人部门也行动起来。科斯基宁利用联合国和欧盟的平台将该消息传播开来。在 1999 年 12 月 31 日之前的两年时间内，花在重写软件上的费用难以计算。

世界各地的一些系统确实在午夜时分失灵了，但是问题不大，也并没有酿成所谓的灾难。这个问题是因科斯基宁做出的努力而得到了减缓，还是原本就是一场被极度夸大了的灾难？两者都有道理，但有时，你不得不夸张一些，才能得到应有的关注。

事实上，尽管有各种模拟的尝试和试验，想要事先得知问题的严重性也很难。没有数据库可以准确地让决策者知道哪些系统依赖于哪些软件，哪些系统可能会失灵。[19]科斯基宁并没有采取避险策略，即花费少部分钱去解决部分问题。他认为，那个问题的解决需要投入大量资源，部分解决是行不通的，因为解决不彻底的话，我们的一些关键系统可能会失灵。如果他真的错了，那么其不利后果也是十分有限的。如果他反应过度了，那么最糟糕的也不过是更新了大量的软件，让许多软件和服务公司大赚了一笔。

我们从千年虫例子中得到的教训就是，如果卡珊德拉说对了，并通过行动避免了问题，那么会有人站出来谴责她小题大做。我们虽无法证明这些批评者是错误的，但是可以用试验和模拟来证明不采取措施时会出现什么后果。当你决定用大动作来解决某个问题时，如果犯错的代价有限，而不作为或作为不够的潜在影响明显更大，那么风险当然就是更低的。

* **猪流感：**1976 年 1 月，13 名美国陆军人员死于一种新型流感。研究确定该流感与 1918 年源于西班牙的大流感有关，那次流感在北美和欧洲造成数百万人死亡，其中包括 50 万美国人。疾病控制中心和美国国立卫生研究院的专家确定，这种流感可能会在下一年冬季再次复发并导致数百万人死亡。这些拿着数据、警告灾难即将降临的专家可能就是卡珊德拉。他们的警告得到了联邦有关部门，即美国卫生部、教育部、福利部的重视。部门之外的专家也证实了他们的恐惧，支持他们提出的解决方案——一个前所未有的应急计划，要开发一种疫苗，并于年底之前提供给“每一个”美国人。因副总统和总统都被迫离职而接任的杰拉尔德·福特（Gerald Ford）总统接受了这些建议，并要求国会迅速批准该计划。国会批准了。[20]

当保险公司拒绝为疫苗厂家投保时，福特成功地要求国会授予这些厂家一项前所未有的债务豁免权。在疫苗投入使用后，问题就出现了。这种疫苗对儿童来说过于强烈，但是又没有儿童专用疫苗。有少数疫苗接种者报告出现了神经失调。于是疫苗计划在很多地方被叫停，而在另外一些地方，去接种疫苗的人数也比预期的要少。如果一场致命的大型流感来袭，美国人仍面临风险，但是流感并没有出现。事实上，猪流感从那以后再也没有出现过。病毒学家在模拟这种流感时犯了错。

在决策过程中，联邦官员明确表示，行动的不利后果寥寥无几而无所作为的潜在代价是数百万的美国人将搭上性命。虽然那场决策中涉及的科学和公共政策分析存在着缺陷，就如哈佛大学历史学家理查德·诺伊施塔特（Richard Neustadt）在《那场从未暴发的流行病》（*The Epidemic That Never Was*）一书中充分证明的那样，但是在这个问题上，不管再怎么有缺陷，福特总统也别无选择。尽管如此，由于根本没有形成威胁，所以凸显了一些代价。有人因接种疫苗而患病，公共卫生系统的威信也受损，进而又可能导致有的人以后拒绝接种必要的疫苗（但是，还没有确凿的证据表明这种情况已大规模地发生）。福特似乎昏了头，这也可能是他在 1976 年 11 月的大选中失利的一个原因。

诺伊施塔特大力批评政府对于疫苗事件中卡珊德拉的反应，这也许与第一次综合征截然相反。他称，政府决策背后的动因是：被预测的致命流感之前（在 1918 年）确实发生过，造成近 1 亿人的死亡仍然在决策者的集体记忆中。该案例中的可得性偏差支撑了杞人忧天的“四眼天鸡”的恐惧。[21]

诺伊斯塔特也从该案例研究中吸取了其他的经验教训，涉及技术专家与决策层之间的互动。联邦政府听取的不是哪一位单个警告者的意见，而是整体的病毒学家和公共卫生专家的。[22]诺伊施塔特表示，在专家圈子里，有的人感到疑虑，但他们从未向决策层明确表示，决策层也从未注意到他们。改善公共卫生和疫苗系统符合专家群体的既得利益。诺伊施塔特认为，如果认真努力分析政策的话，就有可能降低对健康风险的估计，并发现实施过程存在的许多风险。

> 由于探索不充分，本应该到位的对冲策略却缺失了。本可以先在全美各地储存疫苗，等流感暴发的时候，再紧急提供给人群，但那样做也不无风险，有些人可能在流感的早期流行中就病亡了。尽管如此，在这种情况下，也应该建立一个监督或监察机制，再加上更好的政策分析和更明确地展示分析假设，问题就解决了。

接下来的 7 章，我们将会探讨 7 个案例，试着运用前面学到的教训和卡珊德拉系数，来分析今天我们中间正在预言大灾难、但没有得到重视的人。他们应该得到重视吗？他们是未来的卡珊德拉吗？让我们先听听他们怎么说，再找出答案。

2

第二部分

不能再被忽视的警告

第10章
计算机科学家：人工智能

人类的真正问题在于……我们拥有旧石器时代的情感、中世纪时期的体制和上帝般的技术。

——E. O. 威尔逊（E. O. Wilson）

20架无人机从杰拉尔德·R. 福特级航空母舰的甲板上起飞，飞向目标岛屿，很快就从视线中消失不见。由于对方干扰了指挥和控制频率，美军很快失去了与这些无人机的通信。无人机瞬间便转入自动模式，使用无法被干扰的激光相互之间交流着。很快，这群无人机，作为一个攻击力量，发现了目标船只。它们将多谱数据与机载数据进行匹配，识别出了敌方的战斗力量。几乎在瞬间，这些无人机进行了数百万次计算，确定哪艘船是最大的威胁，要首先攻击哪艘船，接着，确定哪架无人机攻击哪个目标。然后，袭击开始了，这群无人机似乎从各个方向和高度对着目标发射导弹。

这就是美国海军设想开发的 X– 47B——第一架从航空母舰上发射并收回的无人机[1]。诺斯洛普 · 格鲁门公司将此类无人机设计成群体飞行，目的包括识别敌方目标并同时发动攻击，整个过程没有人为操作。

美国空军也一直在规划开发用于杀人的自主无人机，其《2009—2047 美国空军无人机系统飞行计划》写道，无人机使用人工智能软件自行做出生死决策只是一个时间问题。

2012 年 11 月，当时任国防部长的利昂 · 帕内塔发布《国防部指令 3000.09》之后，美国军方（至少是现在）叫停了运用人工智能开发自动杀人系统的计划。五角大楼的这项政策禁止使用自主杀人系统。该指令十分必要，因为创造这种“机器人杀手”的技术已经成了现实。其实，美国国防部早在 10 年前就已经开发了低成本自主攻击系统，那是一种装有喷气式发动机的导弹，可以一直飞行，一旦看见敌方车辆后便会发动攻击，整个过程无人干涉。虽然人工智能驱动武器的技术已经实现了，但是我们人类对于它们现在以及未来的安全性和使用方法尚未有完全的把握。

会学习的机器

人工智能是一个含义宽泛的术语，或许有些过于宽泛了。人工智能指的就是：一个计算机程序实施了一项通常必须由人来实施的任务，比如决策、语言翻译以及数据分析。当大多数人想到人工智能时，他们真正想到的是计算机科学家称之为弱人工智能[2]的人工智能，就是运行日常设备如计算机、智能手机甚至汽车的那种人工智能。任何计算机程序都能够分析各种各样的输入信息，然后从一系列预先设置好的反应程序中做出选择并实行指令。今天，弱人工智能实施的是相对简单（或“狭义”）的任务：指挥机器人堆叠箱子，自动跟踪股票交易，为汽车引擎设置空气燃料混合物，或者运行智能手机的语音命令界面。

机器学习是一种实现人工智能的计算机编程技术。机器学习程序“有能力在没有明确编程的情况下进行学习”[3]，自我优化，以最有效地实现一套预先设定的目标。机器学习仍处于起步阶段，但随着其日渐成熟，这种学习能力、这种计算机重新编程和自我优化的能力，使得人工智能的未来与以前任何发明的未来都截然不同。

计算机的自学、让自己变得更加聪明的能力将形成“超级智能”[4]。“超级智能”是指在我们定义为智能的各个方面都比它的创造者——人类更为聪明的一种人工智能。目前还不存在“超级智能”，但是在它真的出现后，有人认为它将解决人类所面临的所有重大问题：衰老、疾病、能源和食物短缺、气候变化。这类人工智能可以自我循环、永不停息，所以将会以惊人的速度完善着，最终将到达一种超越人类理解范围的复杂高度。这既是人工智能的光明前景，或许也是它的危险之处。

专家将超级智能计算机的时代称为“智能爆炸”。行业内几乎每一位计算机和神经系统科学家都认为，智能爆炸将在接下来的 70 年里发生，他们大都预测智能爆炸将在 2040 年前发生。2015 年，用于开发人工智能新技术的投资超过了 85 亿美元。IBM（国际商用机器公司）的“沃森”超级计算机正在努力研究和执行各种任务，从玩（赢）智力游戏《危险边缘》（*Jeopardy!*）到诊断癌症。当地球上最聪明的不再是人类时，地球将是什么样子呢？正如科幻小说家兼计算机科学家弗诺·文奇（Vernor Vinge）所写的：“‘电脑会在某一天变得和人类一样聪明吗？’这个问题的最佳答案也许是，‘会，但不会长久’。”[5]

随着兴奋一起扩大的还有恐惧。天文物理学家和诺贝尔奖得主斯蒂芬·霍金（Stephen Hawking）博士警告说，人工智能“可能是发生在人类身上最好同时也是最糟糕的事情，所以正确的引导意义重大”。对超级智能表示担忧的不仅仅是霍金一人。科技革命的标志性人物，如微软前董事长比尔·盖茨（Bill Gates），亚马逊创始人杰夫·贝佐斯（Jeff Bezos），特斯拉和 SpaceX 公司的首席执行官埃隆·马斯克（Elon Musk），都表达了同样的忧虑。埃利泽·尤德考斯基更是对超级智能感到恐惧。

尤德考斯基一生致力于阻止人工智能毁掉人类。他是高个子，胡子又浓又黑，再戴上金丝框眼镜，衬托出他大大的鹅蛋脸。他生于 1979 年，自学成才，因为他在 8 年级之后便辍学了。他在芝加哥长大，现在结了婚，但还没有孩子，居住在加利福尼亚州的伯克利，就职于自己创办的机器智能研究所。尤德考斯基主要集中于根本的数学研究以（期望）确保人工智能最终只对人类产生积极的影响。终极问题在于，如何让人类一直掌控着自己创造的一款机器，如何阻止人工智能变成“我们最后的发明”，就如詹姆斯·巴拉特（James Barrat）在《我们最后的发明》（*Our Final Invention*）一书中所论述的。[6]

尤德考斯基是一位有争议的人，他在学术界和硅谷以创造了“友好的人工智能”一词而闻名。虽然提供的解决方法很复杂，但是他的论点很简单：如果我们想要对抗超级能力，那么我们一开始就需要正确编程。尤德考斯基认为，答案涉及道德。人工智能的编码必须是符合人类道德规范的。虽然一生都扑在这一件事上，但尤德考斯基很确定自己终会失败。他告诉我们，人类可能注定要失败。

召唤恶魔

人类会孜孜不倦地追逐创造超级智能，因为其握有不可思议的潜力，可以改变世界。许多人相信在超级智能问世之后，它会迅速地提升自身能力，它将能应对并解决科学家提出的最高深、最复杂的挑战，甚至是他们认知力之外的挑战。超级智能计算机会递归地自我升级，达到人类难以理解的智能层面，而且这种自我升级需要多久，是很长时间还是转瞬之间，人类不得而知。它会永不停歇地更新自身的源代码，制造新的机械工具，在人类未知的领域进行全新的探索发现。

人工智能有潜力比以往任何一次科学进步都更为强大有力。根据牛津大学尼克·博斯特罗姆（Nick Bostrom）所言，超级智能“不仅是另一种技术、另一种能逐步增强人类能力的工具”，它是“与众不同的”，它“可能是人类所需要做的最后一项发明”。[7]

从尤德考斯基天马行空的图中（见图 10–1），我们可以一窥超级智能（图中称作“递归地自我升级的人工智能”）的预期实力。几乎所有的人工智能理论家都预测超级智能已在路上，即便最强大的人类大脑的认知能力在其面前也将黯然失色，人类将无法理解它的知识马力——要理解消化的太多了。

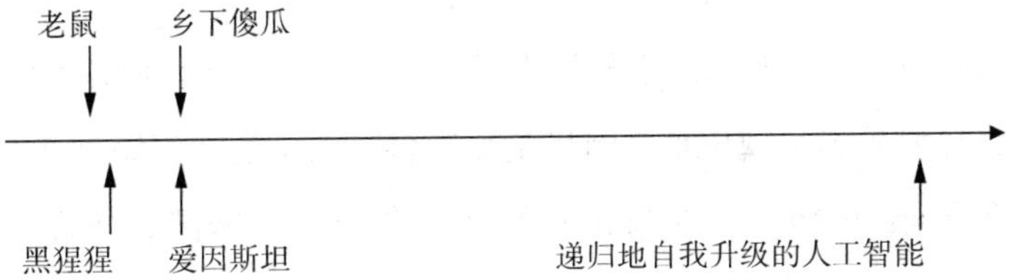

图 10–1　尤德考斯基的图

尤德考斯基等人观察和思考超级智能的视角十分贴近达尔文学说。一旦人类不再是地球上最聪明的物种，那么他的存亡将取决于超越他的物种的想法。他担心这样的超级智能软件会占用互联网，控制联网的一切，包括电力基础设施、通信系统和制造工厂……它的第一要务可能是在全球众多服务器上秘密地进行自我复制，作为备份。它能制造机械和机器人，甚至能潜移默化地影响普通人的决定，让人类协助其实现目标。它的聪明程度远胜于人类，大概对人类和人类的处境不屑一顾。

埃隆·马斯克认为创造人工智能是“召唤恶魔”的举动，并将其视为人类“最大的生存危机”[8]。当被问及人工智能会危及人类哪些方面时，尤德考斯基简明地回答道：一切。超级智能一旦出错，将会是一场物种层面的威胁、一件关乎人类存亡的大事件。

人类并非地球上最迅猛或最强壮的生物，人类之所以能主导地球，得益于我们是最聪明的。如果人工智能变成了超级智能，这种权力格局将如何演变？尤德考斯基说：“当机器人具有人工智能系统的雏形时，机器人可能已经比你聪明了，机器人在智力上将你远远甩在身后的那一天并非遥不可及。”他相信，“对整个人类物种来说，现在是紧要关头，不仅对我们如此，对存在与否取决于我们的（未来）星际文明而言也是如此。这是大考前的时刻，我们正在临阵磨枪、奋力备考”[9]。这不是某个人的问题。“人工智能不恨你，也不爱你，但你是由原子组成的，人工智能可以拿着这些原子来生产其他东西。”[10]

有自我意识的电脑和杀手机器人是大荧幕上的常客，但有人认为智能爆炸将比好莱坞呈现出来的情形糟糕得多。人工智能程序员基夫·罗德希尔默（Keefe Roedersheimer）在 2011 年接受美国国家公共广播电台采访时探讨了电影《终结者》（*The Terminator*）系列，这是个超级智能的电脑系统天网对抗人类的故事。[11]

罗德希尔默先生：《终结者》里人工智能摆脱了控制，但是仔细想想的话，情况会比那更糟糕。

美国国家公共广播电台：比《终结者》更糟糕？

罗德希尔默先生：糟糕得多。

美国国家公共广播电台：这怎么可能？电影里一片荒凉萧瑟，人们藏在烧焦倒塌的建筑物下面，被激光扫射。我是说还有什么情况能比这更糟糕？

罗德希尔默先生：所有人都死去。

美国国家公共广播电台：换句话说，人类不会英勇地抵抗。人类连组织反抗的时间都没有。回车键一按，人类就完蛋了。

尤德考斯基认为超级智能从设计之初就必须将道德伦理等纳入考量。他将其想象成一套制约与平衡体系，这样一来，先进的人工智能的发展就是可审计的、可控制的，这样即便它不断地学习、升级、自我重组，也不会偏离自身良性的设定。类似的预编程序措施将有助于确保超级智能“即使在缺乏人类即时监督的情况下，也能按照人类的预期行事”[12]。他将这称作“友好的人工智能”。

据尤德考斯基所言，在人工智能获得广泛的自我重组能力之后再去实施防御措施将为时过晚，因而人类社会应从此刻起做好应对智能爆炸的准备。然而，准备过程是复杂的，因为科学进步是孤立分散、难以预测的，而且世界上有太多人在秘密尝试着创造超级智能。超国家组织无力追踪所有试验的进展，更无力预测谁会在何时取得成功。

尤德考斯基及其支持者认为观望策略（一种形式的满意解）是一个“凯沃尔基安”[①]处方。“（超级智能的诞生）可能是在 5 年后，也可能是在 40 年、60 年后，”尤德考斯基说道，“你不知道，我不知道，地球上没人知道。当你真的知道时，采取任何措施都将为时已晚。”

拔掉电源也无济于事

可能是深受好莱坞影响，也可能是人类忍不住将智能电脑人格化，

---

① 杰克·凯沃尔基安是一位倡导“死亡权利”并协助患者自杀，支持“安乐死”的美国病理学家。——编者注

许多人在超级智能和有感知力的机器人之间画了等号。不管它们个性友好还是凶残，它们都是“实体人工智能”的代表，也就是藏在个体机器人或服务器里的超级智能。人类可以轻松地按下机器人的开关键这个想法使人心生安慰，然而，超级智能或许无须离开云端便可造成破坏甚至毁灭人类。

超级智能还有另一种存在形式，即“无实体的人工智能”，它并不存在于一台机器的某个具体可触摸的地方，而是以程序的形式存在，运行在世界各地互相连通的电脑里。尤德考斯基担心这样的超级智能，即便最初诞生在实验室里，也很容易从本土服务器逃到彼此相联的世界各地去。一旦逃脱出来，它将会势不可挡地与全球计算机网络紧密结合起来，几乎再无根除的可能。

尤德考斯基认为试图牵制、禁锢具有潜在危险的人工智能的种种举措皆会失败。它总会找到逃脱的方式，包括通过操控的方式逃离。为证明自己的观点，他设计了一个名为“人工智能盒子试验”的简单游戏，他扮演人工智能角色，而另外一人扮演人类守护者角色。他打赌说，在两小时内，仅仅通过发送文字信息的方式，他能说服守护者允许自己上网。虽然守护者在游戏开始前自信满满、意志坚定（还押了钱作为赌注），但他最终输了，人工智能（尤德考斯基）五局三胜。[13] 这个实验只是人对人的简单较量；在现实生活中，拥有超人类智能的人工智能会更循循善诱，更坚持不懈，直至摆脱束缚。

随着超级智能的来临，尤德考斯基相信恐惧、贪婪、偏见和国家安全考量等会淹没他发出的警告声。他称人类最大的希望可能是在确保高度安全的情况下，集中资金，多边协作，建立一个友好的超级智能，人类（或人类认同的未来主义者）居于中心，掌控全局。这一规模巨大的全球曼哈顿计划毫无疑问是“为了全球人类的福祉”。同时，它会取缔、压制或直接超越其他考虑欠周的超级智能开发活动。从建立之时起，这一友好的人工智能将会不受束缚地攻击并摧毁其他的竞争性举措，以确保唯一存在的超级智能将会协助而非摧毁人类。

尤德考斯基否定了超级智能应当或能够被用来维护狭义的国家安全利益这一观点，相反的，他认为所有的应对之策都应从人类物种层面进行考量。“超级智能并不因为它在美国人手中、澳大利亚人手中或芬兰人手中而变得无害，”他有些沮丧地说，“如果某国成功制造出了超级人工智能，而且其人工智能是安全的……他们能够安全地向本国人工智能发布‘摧毁美国所有的人工智能项目的计算机’的指令。我们应该为此心存感激。鉴于人工智能的破坏性，如果他们果真能使其安全，如果他们果真能利用它，那么我将佩服得五体投地，我会向他们鞠躬表示感谢，因为我们至少不会被当成分子原料了。事实就是这么严峻。”

尤德考斯基感到很惋惜，因为没有政府透露过对类似举措感兴趣。没人能明白自己的解决办法的紧迫性，这让他很恼火。他情绪有些失控。“我们完蛋了，因为大家在进行一场机器方面的军备竞赛，然而我们根本不知道该如何控制它们，”他继续说道，还有一个备选方案，即“像比尔·盖茨一样的人物意识到我们要完蛋了……并且明白事情为何会如此艰难，然后开展自己的小型项目”。然而，他对此并不乐观：“如果我们偏离了当前轨道的话，恐怕我们连那一步也走不到，我们完蛋了。”

尤德考斯基用非常务实的方法来看待世界，他在与人沟通时遵从了克罗克法则，法则之一即最高效的沟通方式总是最好的，即便以违背社交礼节为代价。这种生硬直白的（有人认为是粗暴的）沟通风格从长期来看会疏远潜在的盟友。有人视尤德考斯基为理智的代表，有人称其为散布恐惧情绪者，认为他总是错位地夸大其词、自视甚高。他在2007年写道：“孤独的异议者不是穿着一袭黑衣去学校，而像是穿着小丑服去学校。”[14]

固执乐观的技术专家强调人工智能当前及未来会如何造福社会。IBM 首席执行官罗睿兰（Ginni Rometty）说："未来，人类所做的每一个决定都是由'沃森'一样的认知系统形成的，我们的生活会因此变得更加美好。" IBM 的另一位执行官驳斥了"沃森"可能会变成威胁的观点，他的理由是"'沃森'所能接触到的数据都是我们给它的。它没有能力自己走出去，以智能机器人的形式构建自己的数据库。"[15]IBM 鼓吹自家技术安全可靠是有充分理由的，那就是到 2023 年时，"沃森"预计将会为 IBM 公司创造 100 亿美元的收入。

知名的未来主义者和人工智能支持者雷·库兹韦尔（Ray Kurzweil）欢迎超级智能的到来，他相信人类和机器将会在"奇点"里幸福地结合在一起。他想象着技术与人类思想和感官愈加紧密地合作共生，但是，他也赞同尤德考斯基"友好的人工智能"的目标，也认同不受控制的机器智能的危险性。"未来几十年里，我们将有机会大步向前，解决人类面临的巨大挑战。人工智能是取得这些进步的关键核心技术。推动人类进步，同时掌控危险是我们义不容辞的道义责任。"[16]

2013 年，550 位世界知名人工智能专家接受了调查，就与人类水平相同的人工智能实现的时间及风险给出了自己的答案。他们共同预测道，到 2022 年开发出与人类水平相同的人工智能的可能性为 10%, 2040 年时可能性为 50%，2075 年前的可能性为 90%。"专家预测人类水平的人工智能实现后 30 年内，超级智能将成为现实。"[17] 另外，当被问及长期影响时，54% 的专家预测超级智能将对人类产生中性或消极的影响（19% 的预测会造成生存危机，15% 的预测影响会很糟糕，20% 的认为影响会是中性的）。[18]

尤德考斯基等人在过去这些年里针对人工智能发出的预警已经开始在人工智能团体里产生影响。美国国防部高级研究计划局的任务是确保美国军队是"战略性新技术的使用者，而非受害者"[19]，它发起了一项“可解释的人工智能”项目。“机器学习和深度学习算法……我们并不完全明白它们现在如何运作。”新的可解释的人工智能倡议“给人类操作员提供更多细节信息，让他们了解机器是如何通过深度学习得到答案的”[20]。

2015 年，商业巨头埃隆·马斯克和萨姆·阿尔特曼（Sam · Altman）创建了 OpenAI 研究院——一家专注于人工智能研究的非营利性公司。马斯克和阿尔特曼相信通过公开 OpenAI 的研究成果，通过私人捐助的形式为其提供资金，减少资金回报的需要，才能确保人工智能的开发是使所有人受益的，而非为某些自私自利的目标或毁灭性目标服务。他们及同道中人对人工智能的重要性深信不疑，所以他们承诺提供总计 10 亿美元的援助。同时，马斯克说他“愈加倾向于认为应该有一些国家和国际层面的监管和监督，以确保我们不做愚蠢之事”[21]。

弱人工智能：转变——从华尔街到武器

不管你是否认同尤德考斯基的观点，人工智能已经变成了社会不可分割的一部分。现代汽车、智能手机，甚至是一些器械都依赖人工智能。人工智能应用于经济、医疗保障及司法系统的诸多方面。斯诺登泄密事件驱动的网络新闻节目《拦截者》公布了一些自称是来源于美国国家安全局的文件，这表明人工智能甚至在创建无人机秘密行动的目标名单方面发挥了一定作用。尤德考斯基、马斯克和霍金等人关注的是未来猖獗的超级智能造成的生存危机，其他人关注的则是弱人工智能的现状及其将会如何继续影响社会。

全球经济的稳定性每天都依赖弱人工智能。大规模的机构投资者将弱人工智能软件与全球股票交易大厅直接连接了起来，以此来追逐新的利益。计算机通过使用精密复杂的算法，担当高频交易者，在几分之一秒内买卖大量股票。这些机器交易者分析交易模型、余额明细表、监管文件、新闻报道、社交媒体及其他渠道信息，然后买进或卖出股票，其间几乎或完全不受人类干预。在越来越多的案例中，人类已经难以理解电脑为何进行了交易。虽然极具秘密性，但高频交易不是无足轻重的细枝末节，它一直以来都是收益率最高的交易策略之一，占每天全球股票市场总量的 50%~80%，仅美国股票交易市场每日买入量就有 16 亿股。[22]

然而，这种毫不费力的自动化交易也有弱点：弱人工智能有时是会出差错的、不可靠的。2010 年 5 月 6 日，美国股票市场经历了史无前例的崩盘。在这次“闪电崩盘”中，股市在不到 10 分钟内蒸发了 1 万亿美元。然后，股市又以迅雷不及掩耳之势恢复了。调查显示，高频交易者的自主算法中出现的错误至少是部分原因。

人工智能从根本上改变了华尔街的生态，也以全新且显著的方式改变着美国普通民众的生活。作为深度学习（机器学习的分支之一，试图映射人类认知）之父，吴恩达（Andrew Ng）认为将注意力放到超级智能的威胁上是关注点的错位。作为雄心勃勃的人工智能系统谷歌大脑背后的人物，吴恩达认为“在当下为邪恶的超级智能感到忧虑就如同担心火星上人口过剩。我们还没在火星上着陆呢”[23]。他认为不妨将资源和时间分配在更务实的现实问题上，比如在他看来弱人工智能将会引发的裁员问题。

牛津大学 2013 年的一项研究显示，美国 47% 的就业岗位极有可能在 20 年内被机械化取代。[24] 研究表明，除蓝领工作岗位外，越来越多的脑力劳动者也会面临风险。日益进步的弱人工智能和大数据的结合，将会挤占股票经纪人、医疗诊断专家、信息技术辅助人员和旅行社职员的岗位。另外，律师、医生和投资经理人等也很快会发现自己在与弱人工智能软件的较量中败下阵来，因为软件能更为迅速地评估相关数据，并依靠自身“深度的、专业的、有时隐性的知识”[25]做出决定。2013 年麦肯锡全球研究所的一项研究显示，弱人工智能将会在全球范围内挤走 1.4 亿名全职脑力劳动者。[26]

这一观点当然并不新颖。1933 年，约翰·梅纳德·凯恩斯（John Maynard Keynes）就预见了大规模失业潮的发生，因为“我们探寻经济地使用劳动力的方法的速度超过了发现劳动力新用途的速度”[27]。技术革新是人类历史的一部分；轮子、火药、蒸汽、汽车、计算机的使用都曾引发了系统性的社会变革。很少有人会否认这种变革推动了社会进步。“马车夫”随着无马车时代的到来而失掉了工作，这一词语也成了用来奚落调侃的词汇，用来代指那些被技术进步抛在后面的工人。被遗忘的是皮鞭生产厂（以及厂里的员工），它们本来能够转型，在新的汽车行业中获利。[28]

吴恩达等人认为弱人工智能的破坏性更强。在 20 年内减少 47% 的工作岗位，这比世界历史上任何一次技术进步引发的失业问题都更加来势汹汹。人工智能还不同于以往的技术演进，被弱人工智能取代的工人难以重新加入劳动力大军，因为不存在那么多空缺的岗位。就算弱人工智能的出现不预示着他们劳动生涯的结束，也可能预示着他们挣钱能力的消失。工作岗位、目标和生产力意识的丧失势不可挡，其影响可能比人们想象的更为严重。当机器能够胜任大部分工作时，人类将要扮演什么角色呢？当劳动力无法再挣到钱时，社会会变成什么样子呢？[29]

1932 年，每 4 个美国家庭中就有 1 个没有收入来源[30]，欧洲和俄罗斯的失业率也同样不容乐观。富兰克林·罗斯福（Franklin Roosevelt）将失业看作内战以来最大的国内危机。“我们的体制从未身处过这般危局之中。”[31]罗斯福是正确的。失业侵蚀着政府的稳定性，只有娴熟机敏的领导人才能阻止国家瓦解倒台。1932 年，美国推行了罗斯福新政，以应对时局。西欧经历了法西斯主义和纳粹主义的崛起，俄罗斯更深地陷入了斯大林主义和五年计划之中。

在当今时代，大规模失业率的破坏性和危险性不减反增。中东激进势力的崛起，拉丁美洲毒枭势力的抬头，美国城市内部枪支暴力的激增，这些与当地年轻男性的低就业率有着密切的关联。

人工智能可能导致战争升级，一场致命的新军备竞赛正在进行。自主无人武器被视为第三次战争革命，这种武器无须人力干预便可自动选定目标并开火。韩国部署了 Super Aegis II，这种自主炮塔系统能识别并攻击 3 000 米内的危险目标。英国的“自主引导”硫磺石反坦克导弹能在预设范围内自动追击目标，无须人类指挥。美国海军最近公开的录像显示，自主无人战斗舰群能赶超并毁坏敌对船只，无须人类干预。其还悄悄地取消了一份合约，内容是建造部署无人作战机的航母舰队。无人中队也曾计划配置诺斯洛普·格鲁门公司研发的型号为 X– 47B 的无人攻击机。[32]

威廉·罗珀（William Roper）是美国高级国防官员，负责打造新一代战斗部队，他将人工智能放到了战略的核心地位。他希望人工智能辅助未来战士，未来战士将指挥自主战争机器编队。[33] 但是，罗珀明白这一目标的艰巨性。“令人感到可怕的是人工智能的计算时间和反应时间会不断加速，并超出人类能干预的能力范围。”一旦人类成了整个作战决策过程中最慢的一环，其他有自主武器的国家不太可能会将人类留在“杀伤链”，即战时决策等级内。这让罗珀很是担忧：“未来，有些冲突和战争在人类了解事情的前因后果之前就已经发生了。”[34]

计算卡珊德拉系数

弱人工智能带来的挑战令人恐惧，但与尤德考斯基提出的预警——无限制发展的超级智能可能导致人类灭亡相比，这些挑战仍然逊色不少。虽然专家预测其诞生最快也要 10 年或更久，但这并不意味着我们有数十年的时间可以用来计划部署。尤德考斯基、马斯克、盖茨和霍金等人建议应从现在开始着手准备。我们应在何种程度上关心这一威胁？

尤德考斯基的预警无疑受到了第一次综合征的影响。人类之前从未遇到过智力水平居于自身之上的物种，因而难以相信其真实性，更谈不上提前预见其存在，并为此做好全面的准备了。同时，复杂性失配可能导致决策者缺乏意愿或能力来消化问题，提炼出问题的症结，找到解决之道。另外，在许多人看来，这一问题确实奇异古怪，像是科幻电影（可能在短短 10 年内也不可能出现）。杀手机器人？机器占领世界？超级智能那有些异想天开的特质会不会导致人们对其抱有危险的、轻视的偏见？答案是肯定的。

尤德考斯基的观众面临着责任不明的困境。美国政府或世界组织内没有个人或机构对保护世界、使其不被超级智能破坏负有责任。尤德考斯基的关切如此新奇，如此广受争议，目前连一个公认的人工智能安全协议方面的科学大会都不存在。合法的监管必须是多边的，需要每个工业化政府的最高层着手协作（可能通过联合国条约），而且需要对政府和商用实验室进行严格的突击检查。

尤德考斯基是以数据为导向的专家，他终生致力于阻止这一灾难的发生。他展现出了所有的卡珊德拉特质，不具有低社会权力下的卡珊德拉弱点。即便如此，他奇特的关注点和他对替代性的社会规范的坚持使其疏远了一些人，这些人或许可成为其倡导者，甚至可能对问题的解决贡献一己之力。卡珊德拉令人气恼、疏远的个性是难以克服的障碍吗？

最后，许多埃利泽·尤德考斯基的批评者都有其既得利益，使其反对监管或减缓人工智能的发展步伐的努力。不管对行业中人还是对政府而言，超级智能都握有无法比拟的竞争优势。他们能在讨论中继续保持客观的态度呢，还是他们已然对威胁产生了偏见？

尤德考斯基提出的解决办法，即通过全球曼哈顿计划来开发安全的人工智能，这可能是我们所能想象的最复杂的、多边的、官僚政治的办法之一。美国与其特定盟友的联盟可能更为合理，但是类似的方法从未被纳入考量范围。我们已经收到了警告，即我们有且只有一个机会把事情做对。或许我们在打开一扇再也关不上的门之前，应该先认真对待埃利泽·尤德考斯基的观点和意见。表 10–1 为尤德考斯基的卡珊德拉系数。

表 10–1　尤德考斯基的卡珊德拉系数

卡珊德拉特质	警告	决策者	卡珊德拉	批评者
高	×	×		×
中			×	
低				

第 11 章
新闻记者：大流行性疾病

我们赢得越多，就越将感染向人群深处推进，灾难性感染暴发的可能性就越大……不管我们乐意与否，我们都被卡在食物链内，既从自然界中索取，也被自然界的其他物种虎视眈眈。

——威廉·麦克尼尔（William Mcneill），
芝加哥大学历史系名誉教授

病毒是致命的，一些阿拉斯加因纽特村庄的村民顷刻间便失去了生命，他们都没来得及将求救信息发出去。被遗弃的雪橇狗挣脱了锁链，它们四处游荡，靠蚕食街道上和房屋里病人冻僵的躯体活了下来。[1]

病毒从鸟类身上传到了猪身上，然后传染给了“一战”战场上的法国士兵。24 个月后，病毒传到阿拉斯加。1918—1920 年间，西班牙流感杀死的人数超过了“一战”的死亡人数。

2009年，一场几乎相同的流感疫情暴发了，病毒在墨西哥和美国西南部地区迅速传播。世界卫生组织宣布其为流行性疾病；奥巴马总统宣布进入国家紧急状态。四种流感毒株孵化出来，在动物宿主身上重组，它们的宿主包括美国鸡鸭、墨西哥猪和亚洲猪，甚至还包括华盛顿州北部的水獭，后来，病毒在墨西哥维拉克鲁斯传到了人类身上。12个月内，病毒席卷了地球上的所有国家。

20世纪90年代中期，西班牙流感还不是埃迪关心的话题。在海外，与外国国防官员会晤后，总统去了一家酒吧品尝当地啤酒。一位年龄比他大些的人在埃迪之后走了进来。男人理着短发，并无其他引人注目之处，只是他坚持要跟埃迪聊天。他们简单聊了几句，然后他将手放到了埃迪的胳膊肘上，压低了声音，承认他是尾随总统进入酒吧的。

男人希望通过高度机密的信息来换取美国的庇护。他说自己是某国一位现役的高级军事科学家，正在研究某种秘密武器项目，美国一直怀疑该国违反了《禁止生物武器公约》。这名科学家一直受命研发一些病菌，例如埃博拉、炭疽、嵌合体、重组体，这些病毒的危害使其战栗恐惧，他想要逃离。啤酒突然间没那么好喝了。

埃迪往华盛顿打了几通电话，安排合适的机构来审查及安置这个不请自来的男人。总统在国家安全委员会担任过生物武器和疾病部门部长职务，他对男人交代的信息感到惊诧，也很好奇国内的生物武器专家对此有何感想。美国国防部的科学家震惊了，他们觉得难以置信，因为男人透露说有些秘密实验室正在融合及匹配细菌和病毒DNA（脱氧核糖核酸），来制造噩梦般的疾病：一种经空气（或许打喷嚏）传播的超级病毒，感染者的死亡率会很高。这种新型疾病将像流感一样传播，像天花一样致命，6个月内可带走10亿生命，而且病毒不会就此止步。

当时，最聪明的那群人认为科学界远无法制造出这样的嵌合体。他们不相信男人口中的噩梦——安德洛墨达菌株能变成现实。他们不确定男人是否相信自己口中说出的话，反正他们没信。

这就是当时的情况。

从内向外腐烂

埃迪遇上这件事时，流行性疾病突然在白宫和国家安全机构内部重新备受重视。1995 年，在过去被称作扎伊尔的地方，一种可怕的病毒自 1976 年销声匿迹后再度卷土重来。埃博拉从茂密的非洲丛林深处爬了出来，患者死亡率达 80%。他们倒在血泊里，死状惨不忍睹，就像肉体从内向外腐烂了。十几年以来，世界范围内充斥着对一种不曾见过的新型感染的恐惧。艾滋病病毒伤害着美国同性恋群体，并在全球范围内迅速传播。

虽然掌权者不愿承认，但政府的担忧在一定程度上是由好莱坞促成的。1995 年 3 月，也就是扎伊尔的埃博拉疫情出现的同一月，达斯廷·霍夫曼（Dustin Hoffman）、勒内·拉索（Rene Russo）和摩根·弗里曼（Morgan Freeman）主演的大片《恐怖地带》（*Outbreak*）上映了。影片中一只携带致命出血性病毒的非洲猴子被走私进美国境内。影片虚构的病毒从动物宿主身上传到了人身上，感染了加利福尼亚一个小镇的居民，这种病毒像流感一样在人与人之间变异传播。影片中，美国政府缺乏有效的流行病应对方案，于是下令屠城，以遏制病毒传播，掩盖疫情。值得庆幸的是，几名临时拼凑在一起的科学家英雄最终研制出了疫苗，在千钧一发之际将小镇从军人手里拯救了出来。

几乎在同一时间，克林顿总统在报纸上读到了扎伊尔的埃博拉病毒大暴发的文章。在文章的旁边，他手写了一行字，询问他的国家安全顾问托尼·莱克（Tony Lake）联邦政府应对疫情暴发的方案有哪些："托尼 / 国家安全委员会：我们做好应对类似事件的准备了吗？"总统的问题在白宫内部引发了轩然大波，这些人面对的问题更为直接：我们是否将这视作威胁？国家安全委员会内部谁负责致命疫情暴发事宜？

这个问题最终来到了迪克的办公桌上。总统字迹潦草，几经辨认后，我们意识到总统提出了一个有预见性的、可怕的问题，因为我们知道我们做的准备寥寥无几。后文即将出现的卡珊德拉认为直到今天我们也没准备好。

死神最爱的伪装是疾病。在疾病面前其他灾难似乎都显得微不足道。细菌和病毒带走的人类生命数量远超其他灾难之和，疾病的高发率掩盖了其破坏力。战争也不能跟它相提并论。美国内战中有 75 万人丧生，超过美国其他所有战争之和，内战过程中，头号杀手是疾病而非战斗。仅在 2014 年，艾滋病就夺去了 120 万人的生命；自艾滋病暴发以来，死亡人数为 3 900 万，比加利福尼亚州人口总数还要大一些。另外，目前有 3 600 万人口是艾滋病病毒携带者或患者，其中包括 260 万儿童。

疾病一直都是人类最大的杀手，其严峻性并未被忽视。医疗健康是全球最大的产业之一。那么，疾病是如何不断恶化的？这里是否真的存在卡珊德拉？

杀光全球一半人口

西班牙流感暴发于 1918 年，持续时间不足三年，其间地球人口总数的 5% 因之丧生。死亡通常来得很快，感染者也许早上还精神不错，但第二天太阳升起之前便已撒手人寰。这种疾病太致命了，为此它也断掉了自己的后路：感染者死亡速度太快了，他们都来不及传染别人。约 30% 的世界人口感染了这种流感，5 000 万人死去，美国的死亡人数约为 70 万。相较而言，“一战”的死亡人数不足 900 万，“二战”的死亡人数 5 500 万。

大约一个世纪后的今天，科学家虽然进行了不计其数的研究，包括对病毒的 RNA（核糖核酸）进行基因测序，却始终不能完全理解西班牙流感为何以及如何致命。这种不知无疑使专家感到不安。科学界给出的解释并不令人信服。科学界解释说这种致命流感同 H1N1（一种甲型流感病毒）——平常所说的猪流感几乎完全一样。H1N1 是甲型流感病毒的子集，甲型流感病毒也就是每年上百万美国人感染的两种季节性流感病毒之一。事实上，1918 年西班牙流感的感染范围如此之广，使得它成了几乎所有的现代流行性流感菌株的基因鼻祖。这些变种在基因上非常相似，这样一来，西班牙流感超强的病毒只需改变三个不同的 RNA 编码的蛋白质便可卷土重来。

流感的新变种在杀伤力上还无法匹敌 1918 年的流感，但在过去许多案例中，病毒的杀伤力已经非常接近了。1957 年，一种消失了 65 年的流感病毒在亚洲被发现。因为其休眠期长，所以世界上很少有人对其有免疫力。在两次死亡潮中，约 150 万人丧生，其中包括 7 万美国人。2009 年流感疫情大暴发夺走了 30 万条生命。这种病毒是四种已知的甲型流感病毒菌株的基因重组，其中两种菌株来自猪，一种来自鸟类，一种来自人类。

流感的适应力令人惊异。它能迅速改变致命性和传播性，而且与其他疾病相比，它做好了从动物传到人体的准备。每天都会出现新的流感变异体，有些传染性很强。针对 2009 年致命流感感染者的测试发现，病人在接受抗病毒药物治疗后，病毒每天都会进化。

杰弗里·陶本伯杰（Jeffery Taubenberger）和同事安·里德（Ann Reid）最先对西班牙流感进行了基因测序。他带领着美国国立卫生研究院做着准备，以备战下一次流感疫情暴发。陶本伯杰说道："如果从历史记录来看，那么，是的，新一次疫情会发生，但问题是它何时会发生。"[2]

流感从本质上而言是传染性很强的，但只有在致命性不那么强的时候，它的传播范围才最广。过快地消灭宿主使得病毒难以最大范围地传播。陶本伯杰担心动物流感能实现跨越，也就是实现“家畜流行病转变”，然后可以在人类间传播。这种病毒在宿主动物（能够存活下来继续传播病毒的动物）身上杀伤性不够强，但对人类是致命的。禽流感是H5N1（一种亚型禽流感病毒）的一个版本，它能够感染人类，致死率超过60%。好消息是H5N1还不能由人传染人。这种致命流感能获得由人感染人的能力吗？

2011年，罗恩·富希耶（Ron Fouchier）在荷兰鹿特丹市市中心的伊拉斯谟医学中心设计了一系列试验，促使高致死率的H5N1突变，变得可以经由空气传播。试验中只有5种突变使得H5N1可与人类呼吸道细胞进行结合（这样一来，病毒便可通过呼吸、打喷嚏、被污染的门把手等方式传播）。他利用雪貂作为孵化器，其鼻子作为临时培养皿，迅速地将被感染的唾液传给另一只雪豹。在几周内，他创造了一种同西班牙流感一样传染性强、同时致死率可高达其20倍的病毒。这种病毒有可能导致人类灭亡。

富希耶饱受批评，因为他在人口密集的城市的一家正常运转的医院里进行了如此危险的试验，且他的防护措施并非无懈可击。试验过程中，他未使用复杂的工具，这些工具几乎所有实验室里都有，且消费者很容易买到。另外，他决定公开发表他的试验结果，记录下他的试验步骤，这样一来，几乎所有的实验室都可以按照其步骤来制造这种超级病毒。

美国国家生物安全科学顾问委员会试图阻止富希耶发表研究的关键部分。[3]荷兰政府做出了裁定，禁止他发表相关信息，因为那相当于出口致命武器，需要特殊的出口许可证。富希耶认同他的试验结果是“非常糟糕的消息”，但是他希望通过发表其成果供科学家研究，使科学家能领先于可由空气传播的流行病突变的发生。发表，然后等待人类消失？

病毒学家在喊狼来了吗

罗伯特 · G. 韦伯斯特（Robert G. Webster）是一位“病毒捕手”。他已经研究出了引起人类传染病疫情的流感病毒如何在鸡、猪、鸭和其他动物间传播。他的研究颠覆了之前的理论，即新的流感菌株是人类流感病毒基因重组的结果。这样说来，人类对这些动物源菌株几乎没有或完全没有抵抗力，所有人类个体的防御系统都是裸露且脆弱的。

韦伯斯特的发现无疑吓坏了他。几十年来，他一直对大规模流感的发生敲着警钟。“这一次病毒约有 50% 的可能性学会如何在人类间传播。”[4] 韦伯斯特说道。“我们不能一直期待 H5N1 不会在人群中传播，也不能期待如果它在人群中传播，其致病性会衰减，这样的代价将会是非常高昂的。非典型性肺炎是因早期病例的监测和隔离而被阻断的，但是流感从初期就有传染性，不能通过类似途径控制。”[5]

如果富希耶的 H5N1 病毒走出了实验室，或如果自然界中有类似病毒出现，那么其对人类文明的破坏力是难以估量的。即使 H5N1 同西班牙流感病毒一样，感染率为 30%，死亡率为 2%，那富希耶的超级病毒也可导致 4 200 万人口丧生。然而，韦伯斯特认为这样的数量估计值低得愚蠢。既然富希耶已证明了其病毒可以由空气传播且不会被削弱，那致死率为何会降低？韦伯斯特认为死亡人口应为 35 亿。“社会就是接受不了全球一半的人口会被消灭这样的事实。我认为我们必须直面这样的可能性。如果我的结论使人们感到恐慌的话，我很抱歉，但是那是我的责任。”[6]

韦伯斯特说科学家能够预测大规模流感会袭来，但是要预测病毒暴发的时间和类型几乎是不可能的。“困难在于我们不能进行精确的预测。我们看到了病毒来袭的可能性，我们做好了应对 H5N1 的准备，但实际暴发的是 H1N1。于是公众开始觉得‘这些人真不知道自己在做什么’。然后 H7N9（一种亚型禽流感病毒）就大举进攻，且传播速度更快。我们无法预测哪种病毒会在何时学会在人群间互相传染。”[7]

同其他卡珊德拉一样，韦伯斯特用数据说话，有理有据地发出了预警，他不明白为什么有些人不接受他的结论。“相关信息已经积聚数年了。科学界已经了解了流感病毒有能力从野生鸟类向人类传播，并造成可怕的后果，”他说道，“但是公众开始怀疑我们，因为我们预测不到疾病暴发的具体时间。这真是令人沮丧。”

他相信决策者难以再接受新的成本高昂的解决办法，因为早前，流行病学家预警 H5N1 将会在 2009 年暴发，但事实上暴发的是 H1N1 疫情，世界各地 30 万人口丧生，专家的预警代价高昂。“2009 年，我们花费巨资储备奥司他韦（达菲）。他们预测到了 H5N1，巨资购买了保单，但最终并无用处。”自此之后，决策者认定了储备奥司他韦是无用功。正如韦伯斯特所说，这次事件损害了公共卫生领域的名誉，让建议政府做好准备应对流行病暴发的专家的可信度大打折扣。调查委员会甚至调查了世界卫生组织及其他卫生部门，因为有指控怀疑它们与奥司他韦生产商罗氏公司存在利益勾结。

虽然最近有研究显示奥司他韦确实拯救了数千人的性命，将死亡总数降低了 25%，但是信誉受损已是既定事实。政府在进行预算拨款时不再那么乐意为防御流行病暴发提供资金支持。“随着我们对寨卡病毒认识程度的加深，这一事实也逐渐显露了出来。”韦伯斯特指的是 2016 年席卷拉丁美洲的蚊媒病毒。“这是种非常可怕的病毒，但是公共卫生资金并未到位。”

两个卡珊德拉

劳里·加勒特（Laurie Garrett）能毫不费力地吸引观众的目光。

她有 30 年的数据和经验，可用来解释下一场致命的传染病会如何杀死数亿人。她研究过所有的以保卫我们免受全球疫病侵袭为使命的组织，也向它们提出过建议，因而她非常清楚这些组织并未准备好。她信心满满地讲述了一个惊悚的故事：当局者“就是转不过弯来”。她无比沮丧，她知道社会并未做好应对新的超级病毒的准备。加勒特写作、做广播、也参加倡议运动，她是唯一一个赢得了普利策奖、乔治·伯克奖和皮博迪奖三项大奖的记者，这是令人艳羡的成就。然而，很少有人愿意倾听她的警告，更别说付诸行动。

加勒特不仅是一名报道公共卫生状况的记者，她在科学领域也有着亮眼的教育背景。读博期间，她在伯克利大学细菌学和免疫学系学习，在斯坦福大学做实验室研究，后来才发现了自己对记者职业的热情。她经人介绍去一个广播节目担任嘉宾，她说“这变成了固定活动”，最终她开创了自己的节目《科学故事》（*Science Story*）。她记者生涯的最初尝试是十分成功的，她因年度最佳广播节目赢得了皮博迪奖。“那远比在实验室解剖小白鼠更简单有趣，我开始思考这是否才是我该做的事。”[8] 于是，她离开了实验室。

听说对记者而言报道战事是最艰难的事，所以 20 世纪 70 年代末她选择前往非洲做一名战地记者。“我在美国见过穷人，但那同非洲的贫困完全不是一回事。我之前从未见过大规模的儿童死亡，也从未经历过儿童在我怀里死去。头号杀手不是战争，是麻疹。”她这样回忆道。

加勒特看到了发展中国家公共卫生领域的空缺，她感受到了责任。“我从未想明白全球不平等到底是什么，直到我亲历了一场完全不可阻挡的疾病，它夺去了数百个孩子的生命，就在我眼前。你不知道不平等意味着什么……当时的我悲恸又气愤，我知道那一刻是我人生的分水岭。”发展中国家数百万民众因感染了传染性疾病而奄奄一息，然而，美国的许多大学裁撤了细菌学系，因为在他们的观念里，传染性疾病已经被征服了。

回到美国之后，加勒特成了美国国家公共广播电台的一名科学记者，她闯进了另一场公共卫生危机的核心。“我们办公室所在的地方被称作‘肉市’，因为白天那里是一片仓库区，晚上那里是同性恋男性的聚集区……那里有一种诡异的癌症，它消磨着健康年轻男性的生命，让他们骨瘦如柴。”“第一个官方说法为同性恋癌症……在眼看着这些同性恋男性生病然后死去的 3 个月后，我确信这是一场传染性疾病，但是当时有各种各样的说法。”加勒特被眼前的景象震惊了，她觉得有必要敲响警钟。她说：“我别无选择。我决定报道这件事。”她成了第一个报道这一疾病并发出预警的国内记者，这一疾病就是我们后来知道的人类免疫缺陷病毒 / 艾滋病。

那时美国陷入了恐慌。加勒特记得“瑞恩 · 怀特（Ryan White）[9] 的学校被烧毁了”，“国家级别的官员呼吁将艾滋病患者投进集中营地，并给他们文身”[10]。“我的上级和美国联邦通信委员会都抱怨我的报道从生物层面讲述得太直白。我那时在美国国家公共广播电台开始变得不自在起来，因为一位领导说‘再听到一个关于那些垂死的同性恋的消息，我就要吐了’。我在各种前线进行着战斗，却感受不到来自组织的支持。但是，我在外面遇到的那些英雄使我深受鼓舞……他们中有医生和护士，还有社工，他们与性工作者和潜在风险人群交流。他们真是太优秀了。”

加勒特针对人类免疫缺陷病毒 / 艾滋病发出警告、传播相关知识并采取应对措施，她一直处于先锋位置。随着人类免疫缺陷病毒变成了全球危机，加勒特成了一种全球性力量。她开始报道应对病毒的政策举措和其他公共卫生问题。“我开始意识到政策的演变如何带来变化。”于是，加勒特决定要推动政策出台。

20 世纪 90 年代末，理查德·霍尔布鲁克（Richard Holbrooke）大使是克林顿总统的常驻联合国代表。埃迪正努力将人类免疫缺陷病毒 / 艾滋病议题纳入美国和国际社会的国家安全对话中，以提升这一问题的重要性，并冲破官僚主义障碍。加勒特是记者，但很快地，她就用实力证明了自己也是一位科学、社会学、经济学、疾病和疾病预防官僚政治方面的专家。

加勒特在涉及人类免疫缺陷病毒 / 艾滋病方面的事务上颇具实力和动员能力，但是我们需要数年的时间来克服那些恐惧、谣言和偏见，只有冲破了这些阻碍，我们才能更有效地应对这一流行病。可悲的是，最初几十年里，国际社会做出的反应是非常失败的，许多生命就在这不称职、不作为中逝去了。加勒特针对人类免疫缺陷病毒 / 艾滋病提出的警示是有预见性的，但是政策制定者花了太长时间才抓到问题的核心并齐心协力予以应对。

在同人类免疫缺陷病毒 / 艾滋病斗争过一段时间之后，加勒特又花了几十年时间研究疾病暴发，她的激情继续推动着她事业前进。她说她预见到了新疾病出现和旧疾病卷土重来的步伐不断加快。她相信这不是巧合，她认为世界已失去平衡，致命灾害在不断增加。

20 世纪 40 年代青霉素的引进和抗生素时代的开启被广泛认为是公共卫生领域的一大重要进展。此前，脑膜炎、肺炎、肺结核，甚至是割伤或抓伤的伤口感染都相当于判处人死刑。医院里满是等死的病人，医生也都无能为力。[11] 青霉素开启了一段令人振奋的时光：人们开发出了愈加强效的抗生素，几乎根除了许多疾病，人们曾一度希望人类已经完全战胜了细菌。

在过去的 20 年内，人类主宰细菌的希望变成了不断增长的恐惧，人们担心抗生素失去了疗效。抗生素的过量和不恰当使用导致病毒产生了耐药性。更高的剂量和更强效的抗生素导致了威力更大的、具有多重抗药性的病原体的产生，这些病原体是各种类型的细菌、病毒、真菌和原生动物等。目前已有上百万人死于耐药性细菌。[12] 世界卫生组织警告说："这一严峻威胁不再是预言，它是世界各个地区都正在上演的现实，它能影响到所有人，不管你身处哪个国家，处于哪个年龄。耐药性，即当细菌发生变化时，抗生素失去效用，无法再帮病人应对感染。它已经成为当今社会的主要公共卫生威胁之一。"[13]

过去，由于公共卫生基础设施薄弱，穷国是耐药性的重灾区，现在美国国内这一威胁的形势也变得严峻起来。2016 年 5 月，美国卫生及公共服务部宣布在国内发现了第一例对所有抗生素都有抵抗力的细菌，它连最后几道防线都突破了。2015 年时在中国发现了一些案例，不幸感染这种细菌菌株的人的生存概率与 20 世纪早期的病人相差无几。医生只能尽量减轻病人的痛苦，同时任由细菌在病人体内横行霸道而束手无策。

隐形炭疽

加勒特不仅关注自然界中出现及再次出现的疾病，她还同样关注人类可采取哪些应对措施。自从"9·11"事件发生后，她意识到一个问题，即如果恐怖主义者不介意自杀的话，那么可以想象他们也不介意被自己投放的生物武器感染。这也就解决了一个难题，即疏散难题，这个问题一直被视为阻碍恐怖主义者使用类似武器的关键障碍。有效地投放生物武器（同时不感染投放武器的人）一直被视作十分困难，它妨碍着恐怖组织采取类似方法，但如果恐怖主义者不介意与受害者一起死去的话，这个障碍也就不复存在了。

担心恐怖主义者使用生物武器不是杞人忧天，类似事件已经发生了。日本邪教奥姆真理教事件就是一个例证。情报机构从未听说过奥姆真理教，直到 1995 年它在东京地铁里释放了沙林毒气化学武器，导致 13 人死亡，54 人以上受伤。它的创立者麻原彰晃（Shoko Asahara）有着柴郡猫般的笑脸、与杰里·加西亚（Jerry Garcia）一样浓密的胡须，他之前在一家瑜伽工作室做按摩和针灸师。他还启动了规模最大的私人生物和化学武器项目。

1995 年埃博拉疫情暴发获得了克林顿总统的关注，正是在这一场疫情之后，该组织的 40 名成员装扮成救援人员来到扎伊尔，以获取被病毒感染的血液，用来制造生物武器。幸运的是，他们没能获取到血液样本。更可怕的是他们曾试图利用基因工程手段来生产一种致死率更高的炭疽病毒。

炭疽病毒杀人迅速，但要消灭这种病毒绝非易事：不幸吸入炭疽孢子的人中，85% 会死去。这是一种顽强的物质，能在受害者的尸体上存在几百年。"二战"期间，英国人在苏格兰格鲁伊纳岛的羊群上空投放了炭疽炸弹。40 年后，小岛依然是污染区。英国人用 300 吨福尔马林溶液冲洗了小岛，但直到 4 年之后，小岛才被视为足够干净，可供人类参观。

1989 年，参与俄罗斯生物武器项目的科学家发表了一篇研究文章，描述了如何将不同的炭疽菌株糅合进一个抗疫苗和抗治疗性能更强的超级菌株内。评审这篇俄罗斯文章的那所日本农业大学里有奥姆真理教支持者。1992 年，邪教组织终于获得了一株炭疽菌株，他们搭建了简陋的实验室，开始了工作。他们最终生产出了大量的融入了炭疽的泥浆。1993 年，为测试其杀伤力，他们在东京一个拥挤的町（行政单位）里两次从屋顶上将其洒落。[14] 对无辜的居民而言幸运的是，邪教组织获取的是兽医的炭疽菌株接种疫苗，对人类无害。还好，他们擅长按摩和针灸，而不擅长将炭疽制成武器。从奥姆真理教事件中，我们应该吸取的教训不是它失败了，而是邪教成员被某些超级病原体的巨大杀伤力所吸引，试图引发一场大规模传染病。他们应该不是最后一批有这种想法的人。

在第 16 章，我们将会评估基因编辑工具 CRISPR（基因编辑技术）的风险。它最大的威胁可能是它可以被用作生产致命疾病的工具。即使是像韦伯斯特一样每天同大自然重组流感病毒的力量抗争的经验丰富的科学家，在面对人类通过 CRISPR 进行基因重组时，也感到晕头转向。“我们该如何处理它？我不确定我知道答案。你不能将妖怪再放回盒子里，”韦伯斯特说，“我们需要付出艰辛的努力，才能让必要的引导措施和安全措施到位，来保护社会，使其免受歹毒之人的破坏，因为未来做邪恶的事情将容易得多。”

劳里·加勒特对 CRISPR 持有相似的看法。在非洲时，加勒特曾坐在地上怀抱着婴儿，看着他们死于霍乱；她曾戴着纸质医疗面具，看着鲜血从埃博拉病人眼中喷涌而出。当被问及她对 CRISPR 的看法时，她停顿了一下说：“啊……我的天……对于科学界是否应该停止利用这一技术有过严肃的讨论，或许之前我们还可以停止，但是现在已经太迟了。但是现在，我的天……外面有竞争性武器项目，孩子们也在‘制造’着此前不存在的微生物……”加勒特知道 CRISPR 技术会一直存在下去，但她坚持认为出色的公共卫生监控和应对系统是保护人类不受人造细菌侵扰的唯一途径。

谁在监管逼近的瘟疫

加勒特预警说虽然致命微细菌的风险在上升，但政府侦查和应对的能力在减弱。在自己的畅销书《逼近的瘟疫》（*The Coming Plague*）和

《失信：全球公共卫生事业之瘫痪》（*Betrayal of Trust*）里，她严谨地探讨了有竞争力的公共卫生基础设施的减少甚至是全部消失。威胁在增加，能力在减弱，这揭开了灾难的幽灵的面纱，同时，政府不乐意认真地对待威胁，这又加剧了情况的严峻性。她说："世界各地的政府都在犯相似的错误，骄傲自大、愚昧无知。不管是非洲的人类免疫缺陷病毒，还是印度的瘟疫，为什么同样的错误在一遍又一遍地重演呢？"

威胁的本质太宽泛了，加勒特的信息只有在解决办法里才是具体的。她说一系列事件会造成卫生领域的灾难，这似乎有道理。然而，她担心这种"广泛的风险和狭隘的应急"信息不足以说服决策者和大众。"我最常被问及的问题是：'正在逼近的是哪种疫病？'"加勒特经常思考公共卫生威胁，但是她承认没人能准确地预测到底会发生哪种疾病。大多数观众对这一答案都非常不满意。"威胁可能来自巴基斯坦或某个疯狂的地方的 BL3（生物安全水平 3 级）和 BL4（生物安全水平 4 级）实验室（政府实验室，用来放置致命的传染性媒介），这些地方充斥着地球上最危险的病原体……比如说，寨卡病毒，黄热病，大流行性流感……"

像这本书前半部分提到的卡珊德拉一样，加勒特因其观点饱受批评。"每次当我提醒人们注意疫病暴发时，我都能猜到自己何时会受到攻击。很多时候，白人男性边攻击我，边评论我的相貌和我的一些女性特质。那天我在美国国家公共广播电台时，有人发推文说我有多胖。他们通过这种做法来贬低我的观点。你不得不穿着'盔甲'，躲避明枪暗箭的攻击。"

使她生气的还有人们批评她对于流行病——一种未知的流行病透露的信息不够具体。"当你号召大家关注一个问题时，他们会批评你是"四眼天鸡"，但是如果你没有引起足够多关注的话，他们又会埋怨你忽视了问题的存在。"她说在公共卫生领域，"你永远不会因为正确地预见了疫病的暴发而得到肯定”，因为落实有效的应对措施会削弱疾病的势头，然后评论家会认为你“夸大了威胁”。加勒特的预警有时也会受到有经验人士的批评。“在美国外交关系协会[15]上，有人对我说，‘你引导我们相信了 H5N1 将会是人类史上毁灭性的灾难，但事实并非如此。’”（请别忘记储备的奥司他韦将死亡率降低了 25%。）

灾难预警是一项复杂且棘手的事，当解决方案成本高昂时更是如此。加勒特提供的方案很昂贵。“永远不可能有面面俱到的、针对每种细菌的防御基础设施，你也永远不可能提前了解你将面对的每种病原体。疾病会接二连三地到来。只盯着一项方案，如生物盾牌、定向干预或逐个研究疫苗，将无济于事、收效甚微，特别是当你不得不处理一个你根本不知道其存在的细菌时。”

无论未来出现什么样的致命细菌，不管是流感、人工嵌合体、多重耐药菌还是其他，加勒特坚持认为，世界需要更完善的公共卫生基础设施，以便更好地应对那些情况。“事情总是落脚到‘要建立公共卫生基础设施’，但没有人想听……它不诱人。它吸引不了大笔投资，也动员不了大批人参与。这是常见的思路和解法，但听起来并不真实，它不能使政府和公共卫生系统之外的人感到满意。”

卡珊德拉的流行病学

科学的沉默使得很多人质疑即将发生大流感，但韦伯斯特和加勒特的预警——“不确定它何时会发生”并不等于“它不会发生”。我们需要掌握什么样的信息后才会行动？如果我们坚持要等到有完备精确的信息时再行动，那我们只会等来灾难。

“量级过重”和“无形的明显”这两个因素可能也有一定影响。正如我们在本章开头所说的，从人类这个物种诞生之日起，细菌就一直是人类的头号杀手。公共卫生方案虽然复杂且昂贵，却成功抵御了一些过去难以抵挡的大流感。对于这一显而易见的事实，我们却普遍视而不见。然而“量级过重”妨碍了我们真正意识到问题的严重程度：几百万、几亿甚至几十亿人因此倒下。

疾病没有国界，所以韦伯斯特和加勒特面向各层级政府的决策者发出了呼吁，无论他们是负责灭蚊的基层官员，还是联邦公共卫生官员，其他国家的卫生官员或世界卫生组织、联合国儿童基金会等重要的多边国际机构的官员。基于这一威胁的特殊性，所有层级的政府都需要齐心协力、共同应对，这容易引发责任分工不明晰的问题。美国是唯一的超级大国，虽然国际社会对其扮演这一角色的意愿、能力、必要性和价值存在强烈争议，但当流行病袭来时，这些争议都将平息，所有的目光都会聚焦在美国总统办公室，等待解决方案。

加勒特认为建立一个合理的反应机制需要众多机构协作，但其中一些机构或缺乏足够的资金，或缺乏有效的引导，或自身能力不足。她指出，只有在面对危机时，许多领导人才会真正考虑公共卫生的问题。加勒特认为，在危机之前，大多数的领导人对公共卫生问题只会说空话而只提供最小限度的支持，给予很少的资源支持，正如我们在第 9 章所提到的那种权宜之计。

加勒特是我们研究中的一个特例，因为她在预测全球人类免疫缺陷病毒 / 艾滋病的暴发方面已经证明了自己是卡珊德拉，她现在预警的是一个相关却不同的威胁。在两个案例中，加勒特都展示了所有的卡珊德拉优势。从前文中，我们可以清晰地了解到韦伯斯特和加勒特的专业素养、对数据的依赖、怀疑主义及其个人责任感。韦伯斯特做出了令人瞩目的科学发现，这足以证明他有能力成为一名有基本原则的、正直的思想家；而加勒特也反复地证明了自己的能力，这在她意识到人类免疫缺陷病毒不是癌症集群时就已体现得淋漓尽致。

两人都备受批评的一个共同原因是他们所预警的灾难还并未成为现实。人们指责他们是“也许主义者”，也就是只能看到妖魔、流行病和世界分崩离析的消极主义者。他们在预测疾病时，有时难以预见细节。这意味着他们发出了错误预警，还是说这样才是正确的信号呢？我们把这一问题留给读者自己去判断。

据我们所知，科学界里备受尊重的专家没人不认同加勒特或韦伯斯特的研究成果。正如我们之前所讨论的，政府未做出回应似乎不是因为其质疑这些潜在的卡珊德拉的警告，而是因为其不乐意投入大量的、在加勒特和韦伯斯特看来不可或缺的资源，以建立全球公共卫生系统，用于应对一个我们知之甚少的敌人。

也许因为韦伯斯特和加勒特太符合应该被重视的专家的标准了，所以他们并没有像我们在本书前半部分里所提到的一些卡珊德拉那样被完全忽视。尽管如此，他们和行业内的其他专家都认为，当今世界不够重视加勒特和韦伯斯特所提出的解决方案，也缺乏足够的资源来落实其方案时，这是危险的。当下一次大流感来袭时，真正重要的还是我们公共卫生系统监测和应对的能力。表 11–1 为加勒特、韦伯斯特的卡珊德拉系数。

表 11–1　加勒特、韦伯斯特的卡珊德拉系数

卡珊德拉特质	警告	决策者	卡珊德拉	批评者
高	×		×	×
中		×		
低				

第12章

气候科学家：海平面上升

水面上升，高过山岭十五肘[①]。凡在陆地上有血肉的动物，飞鸟、牲畜、走兽、爬虫以及所有人类都死了。凡在旱地上，鼻孔有气息的生灵都死了。

——《创世纪》

Symposium 是一家希腊风味小餐馆，毗邻纽约晨边高地的哥伦比亚大学校园。餐馆内散发着异域香气，一名希腊店员在店内忙得热火朝天，制作鹰嘴豆泥、旋转烤肉、茄子和蜜糖果仁千层酥，这是一家典型的纽约异域风情餐馆。詹姆斯·汉森（James Hansen）博士很快在中午赶到餐馆。身着牛仔系扣衬衫，头戴皮革包边棒球帽，作为全球

① 肘，一种古代埃及或以色列的长度单位。——编者注

气候变化领域的领军人物，这身装扮却更像是印第安纳·琼斯（Indiana Jones）。

采访大众时，问起谁可能成为未来的卡珊德拉，詹姆斯·汉森的名字频频被提及。问题是，他已经坐实了这个身份，称得上是过去40年的卡珊德拉。他将气候变化提上全球日程，在这个过程中遭遇到两届布什政府和油气产业的极力反对。汉森冒着失去工作的风险，最终事实证明他是对的。现在，他再次面临同样的情形。这一次，他预言海平面会迅速大幅上升，又一次遭到了批判。如果他再次预言准确，我们就有大麻烦了，因为海平面的上升速度和高度，将超出顶级气候变化专家的预期。

汉森目前是哥伦比亚大学地球研究所气候科学、意识和解决方案项目主任[1]。此前，汉森曾于1981—2013年担任美国国家航空航天局戈达德太空研究所主任，把研究所一手办成大气建模和气候变化研究的全球领导中心[2]。在艾奥瓦大学就读期间，他在詹姆斯·范·艾伦（James van Allen）博士的太空科学项目中学习物理和天文，但他的研究重心在地球气候方面，渐渐地，对地球气候的兴趣使他偏离了原本对金星大气的行星研究。1995年，汉森被选入美国国家科学院，2006年被《时代周刊》（*Times*）评选为“全球100位最具影响力人物”之一。

之前设想，借采访之机，不仅可以一窥汉森的海平面上升说，还可以了解预测20世纪八九十年代气候变化的卡珊德拉的身份给他带来了什么影响。我们还想知道，汉森如何直面批评，驱动力来自哪里，如何对待气候变化，更重要的是，我们想知道汉森是个什么样的人。我们很快找到了答案。

曾几何时，全球变暖和气候变化被视为极端理论和边缘科学。然而，1981年标志着一系列精准预言成真的开始，这些预言至今“基本仍在实现”[3]。20世纪，汉森首次发表论文指出，20世纪全球变暖，也就是全球地表温度上升0.4摄氏度，与二氧化碳含量增加和温室效应增强有关。[4]论文中指出，气温升幅“与据统计的大气二氧化碳水平所估算的温室效应是一致的”。汉森和戈达德太空研究所团队给出精准预测，认为“21世纪潜在气候影响包括因气候带转移导致北美和中亚出现易干旱地区以及南极西部地区冰盖融化导致全球海平面上升”[5]。次年，汉森又发表一篇轰动性文章，指出海平面上升趋势和全球地表温度之间的联系。

这些文章以及之后的研究肯定了人类导致气候变化的事实，使汉森在科学界名声大振，但他在那10年中基本未能获得大众的青睐。汉森说自己总是“害羞、不擅沟通、不圆滑”[6]，自己的气候研究结论因充斥专业术语而晦涩难懂。然后，1988年夏季热潮来袭。庄稼枯萎旱死、牲畜死亡、全国各市出台用水限令。国会召开听证会。汉森决定于6月向参议院作证词，他决心使用新模型的结果做出“相当有力的声明”，新模型绘制的全球变暖时刻表更加精确。这一次，他要抛弃专业术语，单刀直入。

听证会前夕，汉森在美国国家航空航天局总部的一位同人断言，任何可敬的科学家都不会将这10年气候变暖的原因归结为温室效应。汉森回应道：“我不知道他是否可敬，但我知道有个人，他要做出这样的声明。”汉森在参议院的证言简短切题，仅用时5分钟。他称，对于地球将会进一步变暖，自己有99%的自信，气温上升幅度大，他“相当自信地将原因归结为温室效应”。汉森的电脑模型显示，人为造成的温室效应足以增加极端天气出现的概率。听证会后，被记者层层包围的汉森表示，“是时候抛弃含糊不清的言论了，温室效应的影响铁证如山”。次日，汉森的话登上了《纽约时报》的“本日语录”。[7]

我们很好奇，汉森凭借什么先人一步预测全球变暖，这尤其需要坚定决心和拥有自我信仰。他提到了诺贝尔物理学奖得主理查德·费曼（Richard Feynman），说道：“我不是特别自信的人。我认为这是个优势；费曼曾说过，‘你一定要高度怀疑任何结论，尤其是自己的结论，因为自欺最容易’。很多时候，你着手研究，想得到一些答案，你以为自己得到了答案，就会试图说服自己。你必须质疑自己的结论，高度警惕。持有一定程度的怀疑态度是一名出色科学家的主要特质。即便怀疑的对象是自己。”汉森停顿了一下，告诉我们，自己最喜欢的话出自奥斯卡·王尔德（Oscar Wilde），他说过：“每次别人赞同我的时候，我都觉得自己一定错了。”

人们并不赞同他。他回忆起，当时有人组织会议驳斥他在国会上的证言。“在华盛顿有一次‘拿下汉森’会议：因为政府和学术界科学家想要证实我的证词是夸大其词的……同样的事情（再次）发生了。（俄勒冈州立大学大气科学和气候研究所）迈克尔·施莱辛格（Michael Schlesinger）博士几个月后在马萨诸塞州艾摩斯特市组织了一次会议。”汉森笑着说：“会议在我再次回到华盛顿提供证词的当天召开，艾摩斯特市民为此懊恼不已！”[8]

汉森也受邀参加艾摩斯特会议，但也因此错过了部分会议，与会者趁他不在肆意攻击他的观点。[9]汉森的同行称他缺乏足够的信息支持自己的论点。他们总结道：“把过去100年中气温提高0.5摄氏度归因于温室气体增多是件容易的事。然而，温度本就会发生自然变化，因此不可轻易得出这种结论。”

汉森的批评者也对他的风格颇有微词。提到汉森在艾摩斯特会议的短暂露面时，施莱辛格说道，“他露个面，讲个话，就离开。这是他的习惯。”这种做法不会帮助汉森和同行形成深入的、相互了解的关系。后来，《纽约时报》一篇文章评论道：“让汉森陷入麻烦的不是他的研究，而是他的风格。汉森有着督促者具备的一切举动，但没有欺诈行径。科学界默认限制直截了当的独断言论，有资源丰富、享有盛名的研究机构做依靠，他习惯性地蔑视这种做法，同时，汉森又保持了好奇孩童般的温和与直率。”

但是，事情不只非议汉森的统计方法和个人风格这样简单。国家大气研究中心的史蒂芬·施耐德（Stephen Schneider）博士说得很好：“汉森并非他人口中的恶人。他是一流的气候建模者。汉森有负面消息，一部分原因是他自己造成的，一部分原因是其他科学家妒忌他去国会提供证词。”正如劳伦斯利物莫国家实验室的斯坦利·格劳弛（Stanley Grotch）所言：“如果针对温室效应问题举行匿名投票，多数人会认同温室效应。”

汉森发现自己进退两难。批评者称他的证词未能捕捉到问题的细微精妙之处，但对于他以往的专业性强的证词，受众又无法理解。记者理查德·克尔（Richard Kerr）在《科学》（*Science*）期刊上的文章中争论道：“若不是汉森和他的名气，官方以及公众不会十分关注这个问题，艾摩斯特市所有人一致同意这个问题可能造成全球社会和经济动乱。”专家在 10 年间不厌其烦地讲述这个问题的严重性，但没人认真听。克尔补充道：“然后汉森出现了。现在温室科学家获得了想要的关注，但他们认为原因很荒谬。”

汉森的非议者并不限于学术圈。他还面临保守派立法者的政治反对，他们想要打压他的信息。汉森没做出举动改变他们的立场。他告诉我们，布什政府的白宫官员坚持要求汉森在发表国会证词前修改自己的言论。白宫不肯让步，汉森告诉他们：“好吧，那改吧。”“随后我给（主持听证会的）阿尔·戈尔（Al Gore）发了一份传真，告诉他，‘请针对我这几句话提问，因为这些是白宫写的’。”戈尔不但照做，而且（在汉森的同意下）把这个故事告诉了《纽约时报》。白宫官员很生气，但也不愿意惩罚这位颇具名气的科学家。

他的信息得到了他可能渴望的关注，但汉森并非钟情于提供口头证词。他说：“提供了 1988 年那场证词后，我决定再也不干这种破事了，我想埋头专注科学，因为我特别不愿意公开讲话。科学才是我喜欢做的。”

“但是，当你有一些惊世的发现时，你没法保持沉默？”我们问他。

“对，没错。”

参与新规

克林顿执政期间，汉森退出公众的视线。21世纪初，因为与小布什总统和切尼副总统就能源政策问题针锋相对，汉森再次陷入困境。汉森是无党派人士，一想到人们可能认为自己的气候倡议是党派攻击，汉森就发愁。然而，他感到形势危急。“我想说出来，小布什政府的能源政策很危险。”“科学界所了解的全球变暖与大众了解的全球变暖情况之间的鸿沟”进一步困扰了汉森，在他看来，这条鸿沟是由保守的观念意识导致的。

汉森意识到，小布什执政期间，美国国家航空航天局不愿意发表吸引人们关注气候变化的文章。有一次，他收到的一封邮件中写道“据美国国家航空航天局总部消息，一项新进程完全阻碍了有关气候和气候变化的所有地球科学通信稿……两名政治任命者……白宫现正审查与气候相关的所有通信稿。”汉森表示：“在我看来，美国国家航空航天局公众事务办公室变成了政治宣传办公室。”

汉森开始发声，首先从母校艾奥瓦大学的演讲开始。2005年12月，在旧金山的美国地球物理学会，汉森预测，2005年可能是有史以来最热的一年，他的言论登上了《纽约时报》、《华盛顿邮报》（*Washington Post*）和美国广播公司的《早安美国》（*Good Morning American*）节目。用汉森的话说，美国国家航空航天局总部爆发“狗屎风暴”，美国国家航空航天局领导曾试图按照白宫指示对汉森进行审查。公共事务办公室的政治任命官员收紧流程，阻止他和媒体对话。美国国家航空航天局删除了戈达德太空研究所网站上所有的全球温度分析报告。然后他们为所有美国国家航空航天局员工制定了新的“参与规则”，但很明显，汉森是目标人物。

针对新的参与规则，汉森回应：“想要继续与外界沟通，我就需要反击。”他在《60 分钟》接受采访，他表示，“为政府效力 30 年，我从没见过像现在这样如此严格筛选、控制科学家向公共传达信息的情景”。他随后联系了《纽约时报》的安德鲁·列夫金（Andrew Revkin），列夫金写了一篇文章，题为《气候专家自称受美国国家航空航天局禁言》。对此，美国国家航空航天局监察长发起调查。报告《关于美国国家航空航天局压制气候变化科学并阻止媒体接触美国国家航空航天局科学家詹姆斯·汉森博士的指控》证实了这些指控为真。总之，“大量证据支持了美国国家航空航天局科学成果的传播受到不正当政治干预的说法”。

因此，汉森努力抗争，提醒公众迫在眉睫的灾难，但他说的对吗？1981 年，汉森断言，至 20 世纪末，二氧化碳导致的大气变暖将超过自然气候变异的正常水平，人类成为气候系统中无可辩驳的主导因素。美国国家航空航天局的数据证实，“除 1998 年外，134 年以来最热的 10 个年份都在 2000 年以后。最近，美国国家航空航天局表示，2015 年是有记录以来最热的一年”[10]。1981 年，汉森还预测：“最精密模型显示，二氧化碳浓度从 0.3 翻倍至 0.6 ‰时，气温会上升 2~3.5 摄氏度。”说这话时，地球大气二氧化碳浓度是 0.34 ‰。现在是 0.403 ‰，在过去一个世纪中地球已经变暖 0.8 摄氏度。

汉森同样从细节着手解释新预测：“海洋的上半部分迅速吸热”，而“深海吸热较慢，（热）能量导致全球冰块融化，几十米深处的土壤也变暖”。例如，2012 年，地球的总能量失衡量（全球能量增长量）是每平方米 0.6 瓦左右。他表示：“听起来可能不算多，但是全世界加起来就是个天文数字……是全人类能量使用率的20倍，相当于一年365天中每天有40万枚广岛原子弹爆炸。这就是地球每天吸取的多余能量。”

这与冰山融化和海平面上升有什么关系？科学家利用冰山深处的冰块和海洋沉积物岩芯，可以分析出地球之前的气候。这项技术帮助他们回溯数千年甚至数百万年，发现史前时期温度变化、二氧化碳水平和相对海平面的变化。他们发现，地球气候史表明，气温、二氧化碳和海平面之间有很强的相关性。

无人为影响的史前时期，气候发生剧烈变化，出现过低海平面的极端冰期，也出现过海平面比现在还高的少冰或无冰时期。汉森表示："地球轨道在数十年、数百年至数千年间的细微变化会改变地球上的日照分布。高纬度地区夏季光照较多时，冰层融化。冰层变少会使地球变暗，以此吸收光照后天气变暖。海洋变暖会释放更多二氧化碳，二氧化碳增多又进一步导致变暖。”因此，气候的任何微小变化，随着时间推移，会形成自我强化的循环反应，最终造成巨大影响。

汉森认为："重要的一点是这种自我强化的循环反应今天也会发生。其中的物理原理依旧不变。现在我们释放二氧化碳到大气中导致地球变暖，冰块会融化，海洋和永久冻土变暖会释放二氧化碳和甲烷（同是重要的温室效应气体）。”现在的问题是这种强化循环的速度有多快。美国国家航空航天局的数据显示，格陵兰岛和南极地区每年消融的冰块已达数百立方公里。汉森强调指出："自从开始测量，消融已经加速。”

2016年《自然》（*Nature*）杂志上的一项研究证实了汉森的论断。该研究试图更准确地测量南极西部阿蒙森海上三条冰川的冰块消融量。科学家根据美国国家航空航天局冰桥行动的数据得出结论，在短短7年中，史密斯冰川的“搁浅区”有1 000~1 600英尺的坚冰消失，那是冰川和海底间的连接带。实际上，温暖的海水冲刷出冰川的腹带，冰川边缘的薄冰会更容易消失。以这样的速度消融，这些冰川将只能存在三四十年，但在完全融化前，它们很可能从海床分离，漂出南极地区。这三条冰川连同其余南极西部地区冰盖的含冰量足以使全球海平面抬升 3.9 英尺。

IPCC（联合国政府间气候变化专门委员会）是全球最杰出的气候科学组织。委员会向联合国所有成员开放，目前包含 195 个成员。成千上万的科学家为 IPCC 做出贡献。他们表示，“各政府认可 IPCC 的报告，承认其科学内容的权威性”。因此，他们的工作“与政策相关，但保持政策中立，从不指示政策”。IPCC 自 1990 年开始发表气候变化评估。

IPCC 对海平面上升速度和水平的看法与汉森的大相径庭。在 2014 年最新发布的预测中，IPCC 认为，全球气温将上升 1 摄氏度，但不会比工业化前的温度高 4 摄氏度以上。因此，IPCC 估计，格陵兰岛冰盖可能至少 1 000 年后才会完全消失，将海平面抬升 7 米。IPCC 没有估算南极地区冰盖的消失，因为“目前证据和了解不充分”[11]。此前，IPCC 从未估算过冰盖融化造成的全球海平面上升程度。

IPCC 目前预计，到 2100 年，海平面将逐渐呈线性上升，升高 0.28~0.98 米。各国政府都在解决气候变化问题，其前提是冰盖不会突然崩塌，至少长期内不会出现这种情形。基于 IPCC 的模型，195 个成员在第 21 届联合国气候变化大会达成一致，2015 年 12 月达成具有标志性意义的《巴黎协定》。约定要求缔约方在 2020 年前提交长期减排目标，随后每 5 年汇报进展。[12] 主持联合国气候协商的克里斯蒂娜·菲格雷斯（Christiana Figueres）表示：“只有一个地球，只有一次机会把事情做好，我们在巴黎做到了。我们共同创造历史。”

没这么快

气候科学家对《巴黎协定》拍手叫好，汉森却不。在探讨冰川融化的论文中，汉森的论文标题中称《巴黎协定》设定的目标气温水平“很危险”。他表示：“‘设定一个2摄氏度的气温目标，然后每5年做出一点改善’，他们简直是一派胡言。这种话毫无价值。没有行动，徒有承诺。”[13] 他有些沮丧地补充道：“协定并没有改变我们所处的轨道。所以我称之欺诈……你可以让各国承认，‘没错，我们面临一个问题，应该解决掉’，但是，要说解决途径是让各国自己努力做到更好，根本就不是个办法。即使某些国家可以做好，其结果也只会是化学燃料价格走低，其他国家争先使用。”

汉森告诉我们，IPCC没考虑到冰盖动态是一个巨大失误，因为它想让预测模型简洁美观，因而摒弃了实际数据。用汉森的话来说，就是“它掉入了模型大赛选美竞争的陷阱”。在汉森看来，这种方法忽略了历史性核心抽样数据，数据预示了潜在的未来危险情形：上一次地球温度达到这个水平时，全球发生了一场大洪水。“和形成过程不同，冰盖的分解可迅速完成。”汉森表示，“一旦开始，多重正反馈会加速进程。这种循环反应会出现在冰盖上下和附近的海洋中。”结果就是，全球温度超过某一特定阈值时，冰块融化和海平面上升速度会呈非线性、指数级增长。

为什么IPCC不把重点放在极地冰块融化的影响上？汉森认为原因是“科学严谨”，即避免达成争议性结论，阻碍了其向公众传达全球变暖的危害。他表示，政策制定者需要认识到其中的危害。“科学严谨可能是一种科学方法的后果。科学的成功取决于客观怀疑论。严谨，抑或说谨慎，自有其优点。”他认同IPCC的严谨“也许是一种必要的特质，因为IPCC文件基于世界多数国家的共识，代表数千名科学家的观点”。与其让所有人在未来海平面动态上升这样复杂的问题上达成共识，不如就此打住，称对这个问题“缺乏了解”。

尽管如此，汉森坚信，我们已经有“明显迹象表明冰盖将会、并且已经开始以非线性的方式响应全球变暖”。此外，汉森警告道：“冰盖不稳定和海平面上升时，过度谨慎是危险行为。如果后果是未来灾难无可避免，我们可能因严谨而后悔。”换句话说，如果等到我们达成无可置疑的共识，任何行动可能都于事无补了。

汉森相信，自己发布的最新警告是最重要的警告。地球目前的气候正变得非常类似于13万—11.5万年前的温暖时期，叫作埃姆间冰期。当时气温比现在低1摄氏度，“一些证据表明，冰块融化，海平面上升了5~9米（超越现在的海平面），出现极端风暴”[14]。情况越来越糟。证据显示，埃姆间冰期晚期海平面迅速上升，“有可能是因为超越了某个关键的稳定度阈值，导致极地冰盖崩塌”。

面对温暖的空气和较高的海洋温度，冰盖从上至下多层面都容易受到变暖的影响。较高的海洋温度尤其麻烦，它从下部削弱冰层，导致冰盖不稳定，最终解体崩塌。基于所有这些正反馈，汉森的分析显示，“海平面现在每年上升3.2毫米（3.2米/千年），比之前几千年的速度快了一个数量级……格陵兰和南极地区正加速失去质量”。冰块融化量让人不可思议。最近的卫星重力测量分析发现，2003—2013年间，南极地区平均每年失去670亿吨的质量，且在这10年中，平均每年增加110亿吨。格陵兰岛损失更大，平均失去2 800亿吨，平均每年增加约250亿吨。

让我们正确地打量这些数字。2014年，格陵兰岛损失了3 030亿吨水，相当于1.2亿个奥林匹克标准游泳池。将其首尾相接，这些游泳池可以往返月球16次。[15]如果格陵兰岛冰盖全部融化，海平面会上升7米。南极地区冰盖完全融化，海平面将提升60米。[16]即使南极地区只消融一小部分，人类文明也会面临灾难性的后果，因为很多大城市是沿海城市。

汉森认为，海平面实际上升1米的速度远比IPCC预测的快。一旦突破1米，便不会就此停止。海平面上升只会加速，而且大幅加速。汉森警告："几乎可以确定，如果化石燃料排放量一切如常，人类必将面临与埃姆间冰期相当的海平面上升，即5~9米。"

汉森使用倍增时间的概念简单地解释融化过程的非线性特质。"突破1米可能要用几十年，但达到2米只需10年……我们的论文中说过，你需要50—150年达到数米的水平，但这并不重要，因为到时候形势已经不受你控制，灾难必将发生。"汉森补充说，这只是一部分。有种东西叫作AMOC，负责从热带大西洋向北极地区输送热量，AMOC即将放缓或停止，会带来真正灾难性结果。

AMOC就是北大西洋格陵兰岛附近的水流循环，又名大西洋经向翻转环流，也被称为温盐环流。AMOC是大西洋环流的一部分，包括墨西哥湾流，使原本寒冷的北方气候变暖。例如，英格兰虽然比魁北克纬度高，但气温更高，就是这个原因。汉森认为，冰盖融化产生的冷淡水越来越多，已经"正在阻止AMOC"。他强调，这件事情很糟。"AMOC受阻或大幅放缓……会导致恶劣天气概率的增加。"他解释称，因为大西洋的低纬度海域会积聚余热，"会产生比任何现代风暴都强劲的超级风暴。北大西洋和附近陆地面临各种灾难后果"[17]。

这一次，汉森仍是借鉴历史预测未来。他表示："这种情况在11.8万年前的那次间冰期就出现了。热带地区比现在热一度，因为地球自转轴比现在倾斜角度小。海洋核心数据表明，当时AMOC停止，北大西洋变冷，一些证据显示当时出现了超级风暴。暴风十分剧烈，巨浪可以把千吨重的巨砾卷上巴拿马河岸。一些科学家认为，这些巨石可能是被海啸席卷而来，但我们目前有多项证据表明，超级风暴是岩石和其他地质特征产生的最重要原因。"

现在我们已经熟悉了这些超级风暴。汉森告诉我们："观测到的格陵兰岛东南部变冷现象和美国东海岸的变暖现象并非自然波动。AMOC受阻，会产生以上两种现象。东海岸沿岸的温暖水流帮助'桑迪'保持飓风威力，一路席卷至纽约市区。附近的大西洋水域的温度大约比正常温度高 3 摄氏度。这种异常温暖的海水也能为近来的暴风雪提供水分。”这样好像还不够，汉森继续滔滔不绝地说：“AMOC 受阻造成的困境，几个世纪都不可逃离。因此，以目前公众关心的任何时间尺度衡量，这基本是不可逆转的。”

我们问他，是否和 20 世纪 80 年代的气候变化一样，人们最终可能会看到海平面上升的证据，同意他的观点。他摇了摇头。“看，这是非常棘手的问题，因为海洋和冰盖的惯性，你看不到系统反应的滞后性。但是，另一个时间常数随后开始发挥作用，这就是我们从一个能量源转换到另一个能量源所需要的时间常数。”汉森发出警告：“如果我们等到世界搞明白，要避免海平面上升数米和所有沿海城市消失，可能为时已晚。”

关于这种惯性和系统反应，汉森指出：“二氧化碳比雪和冰更难对付，也就是说，它的响应时间更长。二氧化碳通过人类原因或板块构造进入气候系统，需要 10 万年才能完全清除。”他补充道：“这种惯性意味着，即使大气成分不会发生新变化，进一步的气候变化依旧蓄势待发。气候系统惯性还意味着，如果发生大规模气候变化，将会持续很久，长达数个世纪。”

我们隔着桌子默默互相注视了一会儿，他的话凝结在空气中。一会儿，他又开口：“稳定气候的重中之重是消除地球的能量失衡……如果其他作用力不变，消除失衡需要把大气中二氧化碳浓度从 0.4 ‰降到 0.35 ‰。”他停顿了一下，用简明的语言解释：“我认为结论很明确。我们此时的抉择可能对我们的子孙后代造成无法挽回的伤害。”

同时，汉森又听到了和 20 世纪 80 年代一样的批评。汉森最新论文的原始版本，发表本意是以供讨论，但他收到的不仅是讨论。IPCC 前首席作者、国家大气研究中心的凯文 · 特伦伯斯（Kevin Trenberth）表示："汉森等人的新研究令人振奋、耐人寻味，但充满了猜测和假设。其中很多猜测和大胆推论的证据站不住脚……这份文档不可作为制定改变气候变化政策时的依据，不管它显得多么冠冕堂皇……有太多的假设和推断不可认真看待。"[18]

在科学家看来，汉森在危言耸听。塞布闰·芮浩特（Sybren Drijfhout）和他荷兰皇家气象研究所的同事表示："该论文及其在公众视线内的叙述跨越了意见主张和科学证据之间的界限……文章中预测的突发极端事件需要前提条件，更有可能在2100年甚至2200年之后发生……因此，我们建议对于该研究不要大惊小怪，避免在标题中和前页中使用'危险'一词。"[19]受挫的汉森讽刺地回击："极端事件更可能在2100年后发生……嗯，没错，我想我们不应该担心85年后发生的任何事情。"

汉森的许多同事认为他是"积极分子"，觉得这是件坏事。他们认为，积极分子的角色蒙蔽了他作为科学家的客观性。工作46年，自2013年4月从美国国家航空航天局退休后，他多次参与反对开发化石燃料的公共示威活动，5次被捕。[20]最著名的一次违法行径是汉森在白宫外被捕，他手持扩音器恳请奥巴马拒绝修建基斯通石油管道："为了你的子孙后代着想。"[21]

汉森的激进给他带来"危言耸听者"的名声，主流科学家不理会他的警告，不承认他说的是"公认的"科学事实。例如，卡耐基科学研究所的肯·卡尔代拉（Ken Caldeira）称汉森是"最出色的气候科学家之一"，但是，"最重要的是区分个人价值观和意见与科学判断和经验事实……汉森没能清晰地区分开"。其他人认为，汉森影响政策的努力是在"稀释"他的观点的效力，科罗拉多大学政策专家罗杰·皮尔克（Roger Pielke）如是说。

对此，汉森表示："我不认为自己在危言耸听，也许口出危言，但我不认为自己是危言耸听者。”[22]他指出不作为的代价，为自己的行为辩护。“出现这种代际不公正的可能并不遥远——而且近在眼前。我们面临全球范围的气候危机，迫切需要改变我们消耗能源和碳的方式，避免给年轻人和地球其他生命造成危险后果。”被问及自己直言真相的欲望时，汉森答道：“我考虑过自己是否要开口说出来，最终让我做出决定的是，我不希望未来我的孙辈说，‘爷爷知道即将发生的灾难，但他没有大声说出来’。所以我想说出来。”

海平面迅速上升后，未来会变成什么样子，IPCC的报告提供了十分全面的研究。IPCC的评估依据是IPCC预计的上升幅度，不是汉森的预测结果。IPCC对洪灾的预测数值虽然比汉森的小，但如果我们不适应，其影响仍然是灾难性的。所以，我们暂时把以下看作最轻微的预见后果。

> 沿海洪灾损失和人类居住区的土地损失会造成巨大的全球潜在影响。世界上人口超过500万的城市中，约65%位于地势低洼的沿海地区。这些地区占世界陆地面积的2%，但至少占全球人口的10%。
>
> 许多岛国可能完全消失。如果没有保护措施，假设海平面上升0.5~2米，约1.87亿人会因为土地流失和陆地淹没而流离失所。
>
> 至2100年，如果海平面上升0.6~1.3米，每年遭受洪灾的人数可能达到2.62亿。
>
> 广州、迈阿密、纽约、新奥尔良、火奴鲁鲁、孟买、名古屋、波士顿、深圳、大阪、温哥华、胡志明市、加尔各答、瓜亚基尔和雅加达等城市每年的经济损失风险大幅增加。[23]2005年，以上沿海城市，若因海平面上升导致洪灾，上述沿海城市的3万亿美元总资产岌岌可危，相当于全球GDP（国内生产总值）的5%。

至2070年，假设海平面上升0.5米，参考今天的情况，届时受威胁资产至少可达全球GDP的9%。

如果不采取全球范围的适应性措施，至2050年，若海平面上升0.4米，沿海城市的总损失每年至少达1万亿美元。

人们普遍认同，这些保守估计中预测的海平面上升不可避免。然而如果汉森是对的，那情形会越发可怕。这种规模的灾难可能使全球经济分崩离析。我们问他："你的意思是，100年内，所有这些沿海城市将走向终结。如果发生这种情形，如果各国真的不能应对，如果无法重新安置所有这些城市和居民，是否意味着某种全球范围的系统性经济崩溃，新的黑暗时代降临？"

他的回答很简短："没错。"随后他又补充："（在论文中）我记得写了一句话，世界会变得几乎无法治理。"在汉森的预想场景中，海平面大幅上升，它加速我们熟悉的人类文明坍塌。

为了更好地了解经济影响，迪克想知道，这对自己成长的城市波士顿意味着什么。波士顿市政府已经设立海平面上升委员会应对这一威胁。委员会做的示意图显示，海平面上升3米后，波士顿会变得面目全非：波士顿东部和洛根国际机场置身水下，波士顿市区被淹没，比肯山变成岛屿，他曾就读的麻省理工学院和任教的哈佛大学不复存在。

海平面上升研究的领军人物、夏威夷大学教授查尔斯·弗莱彻（Charles Fletcher）博士提醒我们，"面对这种威胁，一座城市怎么可能应对呢？数世纪来，荷兰人生活在海平面不断上涨的威胁中，总结出一条简单有效的经验法则——和水开战，你会惨败，相反，你应该顺从于水，拔高城市"。波士顿海平面上升委员会没有考虑花费数十亿建水坝拦住水流，而正考虑让水流进来，建立威尼斯那样的运河系统，保护城市建筑物。他们的想法是，让运河系统带来经济效益，使波士顿运河区成为吸引居民和游客的地方。然而，将波士顿打造成美国威尼斯的成本尚且不知。[24] 即使波士顿能负担得起，波士顿大部分建筑也不足以抵挡汉森预测的 6.3 米的海平面上升。随后，海岸向内陆移动，淹没波士顿和周围一切地区。

全美上下还没有拿出详细的计划或成本预估，估算打造阿姆斯特丹和新奥尔良需要多少投入，用大坝、防洪堤、水泵保护低于海平面的城市地区。人们尚未真正理解迁移数百万人口和修建新城的成本，不确定谁来支付以及如何支付，尚未预测所需税收，不了解 GDP 会受什么影响。

后事如何

汉森的话语充满悲观无助的情绪，但他也做好准备，寻找阻止这场灾难的方案。他仍然认为可以阻止灾难，这样后果相对轻一些。“必须使化石燃料的价格反映出它们的社会成本，”他补充道，“只要化石燃料是投资者和消费者能购买的最廉价能源，我们就无法过渡到后化石能源的清洁能源时代。化石燃料之所以便宜，是因为人们不支付其社会成本，而且获得巨额的直接和间接补贴。”

“现在，导致这种悲剧情境的是，我们需要尽快逐渐减少对化石燃料的依赖，这样做其实有经济方面的意义……最终结果是这样具有经济效益……针对国内生产和港口进口的碳收取渐增税费，容易实施，几乎零成本，非常简单……如果碳排放大国这样做，全球问题就解决了。”他补充道：“碳排放大国如果可以达成双边协议，在从其他无碳税的国家进口产品时征收关税，会激励其他国家也征收碳税，近似全球普及碳税。”税收可以返还到居民手中，从而刺激经济、帮助加速过渡到清洁能源时代。[25]

他的想法是创造公众所需的动力，争取公众支持，大力推动可再生能源，使可再生能源比化石燃料更具经济竞争力。他乐观地认为，这样可以提高 GDP，创造数百万就业机会。“从经济方面而言，逐渐淘汰最容易的东西是有意义的做法……人们就会开始关注”，碳税实质上是一场新的可持续能源革命的催化剂，预防汉森的预警成真。他不确定这样是否足矣，但认为这是我们避免灾难的最好机会。

“马克·鲍恩（Mark Bowen）写了一本关于我的书，书名是《审查科学》（*Censoring Science*），他说我现在所说的令人瞩目，实际上我 30 年前就说过。”鲍恩还坚信，新数据进一步证实海平面上升的说法。“过去几年中，我在数篇论文中指出，看看（批判我的人做的）所有模型中海平面上升的速度，再对比下现实速度，他们写的海平面上升速度太慢了。他们却无视这一点。没人引用我的研究，因为我不是冰盖方面的专家。我的论文中有此类内容，他们从不引用。然而我明白事实。”

这就是汉森和他的批评者之间的区别，也许这是决定他的未来海平面预测是否正确的关键。由于科学上的不确定性，他们拒绝将新数据纳入预测，而汉森总是寻求纳入新数据，得出“可能正确的”结论，以便及时采取对策。我们认为汉森和他的海平面上升预测有很高的卡桑德拉系数。这个问题极其复杂，没有任何人、单位或机构明确回应。要相信冰块在迅速融化和海平面在快速上升，你必须了解冰块运动、洋流和气候科学之间错综复杂的关系。正如汉森自己所言，即使你确实掌握了所有这些内容，你仍然需要思维上的全新认识，因为科学还没有完全证明他的论点，他的论点没有得到绝对可靠的、双盲的科学方法验证。当然，如果你坐等数据证据，汉森认为那样就太晚了。因此，他反对科学严谨。

对观众而言，采取行动阻止海平面上升意味着比《巴黎协定》做的要多。应对后果可能更为艰难，将几十座大城市迁到内陆，用水坝和大型水泵系统隔离城市。更不用说所需费用了。没有政府愿意考虑这种任务，因为太艰巨、太可怕、太混乱。海平面上升是一个缓慢的过程，政府很容易选择无所作为。

汉森身上似乎展示出我们寻找卡珊德拉的几乎所有特点。他是一名专业人士，用数据和科学讲话。他有过合理警告的过往经历，不是误报。他能够先人一步看清事实，眼光精准。汉森愿意承担责任，要用自己数据中的信息采取行动，即使这意味着公开赌上自己的声誉。他走出舒适区，冒着丢掉工作的风险，曾一度被逮捕，尝试与媒体沟通。尽管如此，他仍希望有人发现自己的计算出了问题，在这方面，他欢迎同行审查。即使面临排山倒海的负面数据，他仍然乐观地认为，人类可以联合起来共同实施解决方案。在他看来，实施碳税制度可以减缓大气变暖和冰块融化。

午饭后回到市中心，迪克独自穿越城市人群，回味汉森的话。他走到帝国大厦，不知不觉地站到户外观景台上，俯瞰南曼哈顿——华尔街、炮台公园、小意大利、唐人街、家居办公区、特里贝克区、南街海港，这里有价值千亿美元的建筑和商业，是全球经济总部。如果汉森是对的，现在生活在这座城的人有生之年能看到的所有一切将被波浪吞噬。

他希望汉森是错的，问题就出在这里。我们都希望他是错的。表 12–1 为詹姆斯 · 汉森的卡珊德拉系数。

表 12–1　詹姆斯 · 汉森的卡珊德拉系数

卡珊德拉特质	警告	决策者	卡珊德拉	批评者
高	×	×	×	×
中				
低				

第13章 气象员：核冰期

任何其他类型的战争中，侵略者都不具有这样强大的优势。

——詹姆斯·弗兰克（James Franck）

夜幕降临，一艘小船停靠在市区附近。10个人下了船，上了码头。有人上了出租车。其余人融入了这座海滨城市2 000万的人潮中。几小时后，为期3天的死亡和毁灭狂潮开始，一座世界都市进入一级防范紧闭状态。8 000英里之外，新泽西州罗格斯大学校园里，美国气候科学家艾伦·罗博克（Alan Robock）心事重重，担心他的理论会得到验证。

船上来客从背包里掏出自动武器和炸弹，袭击了9处场所，包括中央火车站、两家高档酒店和一处犹太文化中心。他们从未去过孟买，但事先用谷歌图片和地图研究袭击目标。他们用手机和指挥者保持联络。指挥者通过电视观察印度警察和军队的反应，并对袭击者如何调整计划提出建议。

印度安全部门反应欠佳。反袭击指挥团队专门应对这类袭击，但他们驻扎在数百英里外的新德里。耗时许久才调到一架飞机把他们送到孟买。烟雾散去，酒店的大火被扑灭，数十具尸体运到停尸房，在此之后，印度情报部门印度调查分析局终于确认袭击者来源。在美国同行的帮助下，印度调查分析局的分析员还确认了指挥者在袭击过程中的位置。两个问题的答案是一样的：巴基斯坦恐怖组织。

10 名袭击者中，有 1 人被活捉。在审讯中，他还证实，他来自巴基斯坦，在巴基斯坦接受了“虔诚军”的训练。针对这一信息，印度启动军事戒备状态，同时开始派军队压向巴基斯坦边境。[1] 印度议会和公众要求反击。当时是 2008 年，小布什总统收到的顾问的警告称，在他任期的最后一年，两支在世界上规模大、实力强的军队之间可能爆发战争。为防止此类事件发生，小布什派国家安全顾问和美国最高级军官到新德里，试图说服印度，并设法让巴基斯坦配合调查。[2] 当时形势危急。

巴基斯坦拘留了“虔诚军”领导，对其进行了短暂软禁。印度方面终于熄火，但全印度公民、官员和立法者等仍然焦虑不安，担心另一场袭击迫在眉睫。印度领导层相信，答案是肯定的；毕竟，“虔诚军”曾在 2001 年在新德里袭击印度议会，相当于美国遭遇国会大厦被袭。印度军队随即进入全面戒备状态，在全球造成持续数月的战争恐慌。印度的问题是，2001 年时，印度需要三周时间进入全面戒备状态，派遣军队抵达巴基斯坦边境。这个周期太长了。

2001 年议会遇袭之后，特别是 2008 年孟买发生恐怖袭击事件后，印度军方决定，在外交人员干预、平息局势之前，印度需要有应对巴基斯坦的恐怖主义的能力。军方认为，这一轮恐怖袭击及之后的恐慌外交对策未能解决根本问题。在印度战略家看来，巴基斯坦方面显然自以为已经有效地驯服了印度（尽管印度的军事力量更强大更先进），这是症结所在。巴基斯坦认为，任何印度领导人都不会批准印度对巴基斯坦进行军事报复，因为他们担心报复行为会引发核战争。核威慑力量将阻止巴印两个次大陆对手之间的常规战争，巴基斯坦军方针对有争议的克什米尔主权问题给印度施加压力。

对印度军方和文职领导而言，这种情况亟待改变。印度官员感觉到，印度必须拥有对巴基斯坦发动战争的能力，并且不引起核问题升级。如果巴基斯坦方面再次发动恐怖袭击，印度军队必须能够快刀斩乱麻，惩罚巴基斯坦。印度必须能够在 72 小时以内启动战斗。他们称这种新方式为冷启动。

以冷启动主义为指导，如果巴基斯坦方面再次发动针对印度的恐怖袭击，巴基斯坦边境附近会有充足的印度军队在 3 日内发起战斗。印度军方保证，这些部队将得到最好的训练、装备和供给。他们会有足够的燃料和弹药。每支部队都针对巴基斯坦有预定的计划和目标。他们会得到印度空军飞机的支援，并且飞机已经转移到可以攻击巴基斯坦范围内的空军基地。印度海军将在阿拉伯海部署充足的潜艇和其他火力，探明巴基斯坦海军巡逻舰并一举击沉，将巴基斯坦海军剩余力量封锁在少数港口。为了支持冷启动计划，印度议会增加了 50% 的国防开支。

回顾 1948 年印度和巴基斯坦成立以来的 3 次战争，不难想象印度的攻击火力。在严密的空中支援和火炮进攻下，印度装甲部队将进入巴基斯坦旁遮普，向巴基斯坦中部边境的拉合尔市挺进。在南部，印度军队将迅速穿越库奇兰恩的盐地和塔尔沙漠，进军阿拉伯海上的巴基斯坦大城市卡拉奇。但是，也许入境巴基斯坦 50 英里后，印度将停止进攻。冷启动的目的是有限的。

冷启动的目的是破坏巴基斯坦方面的军事力量和经济，同时表明印度没有被巴基斯坦的核武器吓倒。印度会试图表明，它仍然可以用军事力量使巴基斯坦为其在印度的恐怖主义行径付出代价。印度战略家可能会认为，巴基斯坦军事失利后，政治家将控制声名狼藉的军事和情报部门，管好他们。冷启动作为这种思路的一部分，目的是“速战速决”。印度会很快实现其有限目的，然后宣布停火，以免巴基斯坦军队陷入困难的处境，以免威胁到巴基斯坦的主权。印度战略家意识到，全面军事入侵可能会使巴基斯坦发起核战争。因此，印度设计了冷启动，避免过度挑衅。

美国分析人士担心，冷启动的问题在于，印度可能低估了巴基斯坦方面使用核武器的意愿。印度似乎认为巴基斯坦只会在一种情况下诉诸核武器，即巴基斯坦处于生死存亡的关头时，或者巴基斯坦军队完全溃败摧毁时。一些证据表明，印度的看法可能是错误的。人们也有理由担心，究竟谁会做出发射巴基斯坦核武器的决定。

巴基斯坦拥有将近 2 亿人口。1948 年，巴基斯坦从英属印度脱离后建国。当时的背景是，英国殖民者离开，殖民地独立运动兴起，穆斯林领导人希望拥有自己的国家，便从印度教徒占多数的印度独立出来。分裂经历了血腥、暴力和无休止的争斗，数百万穆斯林和印度教徒在两国间迁徙。两国成立几十年间，有过战争，有过威胁。通常，两国争议围绕北部的查谟和克什米尔地区的主权。两国的军事和情报部门互相视对方为死对头。

然而，印度人口是巴基斯坦的 6 倍还多。事实上，现在印度穆斯林人口几乎和巴基斯坦的穆斯林一样多。印度的现役武装部队的人数有 120 万，是巴基斯坦的 2 倍。从 20 世纪 70 年代初，巴基斯坦开始研发核武器，很大一部分原因是想解决这种失衡局面。印度受其影响，感受到支持自有核武器研发项目的压力。虽然两国都很努力地自主研发作战炸弹，印度用了 10 年的时间抢先取得成果。1974 年，印度引爆首个核装置（“佛祖的微笑”），直到 1983 年，巴基斯坦才有能力开始次临界核试验。1998 年是两国核试验最多的年份，共引爆 11 个不同类型的核装置，联合国于1996年通过了《全面禁止核试验条约》，其签约国对此极为恐慌。专家一致认为，自此，巴基斯坦生产部署的核武器数量超过印度。两国现在持有不同类型的核装置，都有原子弹和导弹弹头。

地域火药桶

过去10年，巴基斯坦军方眼睁睁看着边境附近印度军队的规模和实力与日俱增。他们还注意到，印度的后勤工作改善明显，燃料、弹药和往边境运输的卡车数量不断增加。20世纪七八十年代，苏联红军在德国有过类似举动。在并不遥远的过去，朝鲜军方也做过类似举动。两支军队都力求缩减从决定开战到实际攻击的时间。他们提出了“立定起跑”的概念，减少对方可以看到的行动次数，这些行动暗示开战的认真程度。在和平稳定时期提前做好战争准备，在很大程度上能促进目的达成。

此后，巴基斯坦也做出类似反应，比如缩短攻击的反应时间，或者如美国军方所言，缩短从点火到爆炸的时间。双方都能迅速开战时，他们实际上创造了核战一触即发的局面，因为如此一来，冷静派就没有时间占据上风、指挥官就没有时间核实情况以确保无误。当关注点只放在发动进攻的速度时，就很有可能会出现哑火、越位或者太快扣动扳机的情况。美国军方有个说法又一次捕捉到当前印度与巴基斯坦关系的精髓：“准备、开火、瞄准”。

除了改善后勤，巴基斯坦还给陆军配备一种新武器——战术核武器。这些都是短程导弹或炮弹上的低当量核弹头，供战场使用。直到最近，印度和巴基斯坦才有战略核武器、高当量核弹和远程弹道导弹的核弹头，能够深入敌方领土、指挥部、机场、导弹基地、物流中心，甚至直击政治和经济目标。战术弹头要安装在射程不到40英里的导弹上。

巴方考虑到导弹发射器很可能在前线后方，导弹只能抵达敌方领域几英里，要在离巴基斯坦前线很远的地方引爆，避免误伤巴方部队。战术核武器旨在制服印度冷启动计划，阻止印方部队入侵巴基斯坦。

美国和苏联曾经持有此类武器，最臭名昭著的是戴维克罗无后坐力炮——一枚装载在吉普车上的核炮弹，旨在阻止苏军突破最后一道防线。美国和苏联的数千枚战术核武器在德国相隔数英里处部署了 30 年。然而，多数战术核武器现已被美国兵工厂淘汰。

表面上看，战术核武器听起来不可怕，因为它们当量很低，不能夷平整座城市。因此，有人可能认为它们不像战略核弹那样危险，但战术核武器带来了另一个问题。因为它们的当量低，“仅仅”相当于几百吨炸药，使用起来心理压力就会比较小。

低当量核武器的使用很容易愈演愈烈。例如，100 吨当量的核弹会诱发 1 000 吨当量核弹的报复性打击，随后又引发 10 000 吨当量弹头的反报复打击，以此类推。战术核武器爆炸后也会放射核辐射（虽然不如大型弹头放射的多），但未来几年，任何人走进辐射区，电离辐射都会对身体产生不良影响。

巴基斯坦的核理论显然是从一种应对主权受到威胁的政策演变而来的，是一种战争初期的政策，预防印度对恐怖袭击实施迅速而有限度的惩罚性报复。巴基斯坦现在可能使用战术核武器阻止印度突破防线，同时向印度证明，事实上，巴基斯坦愿意在战斗中使用核武器。

2011 年美国的袭击促使巴基斯坦改变战术核武器的存放地点、组装方式以及使用命令下达者。2011 年 5 月 2 日午夜刚过，美国军队侵入巴基斯坦领空，并将突击队安插进巴基斯坦的驻防城市，该市由军队控制。巴基斯坦的驻防城市是军事学院所在地——阿伯塔巴德市。美国黑鹰直升机和战斗轰炸机躲过了巴基斯坦雷达。巴基斯坦防空系统甚至没有发现任何领空被侵犯的迹象。美军进进出出，巴基斯坦军方都没意识到美军进入巴基斯坦。

巴基斯坦的将军十分尴尬。奥萨马·本·拉登在战争学院附近的街上生活过几年（有人认为，许多领导人可能早就知道），巴基斯坦人对此并不在意。不，对巴基斯坦官员而言，最让人沮丧的是，美国可以用隐形直升机把一支突击队运到巴方军事城镇进行突袭，然后在巴基斯坦发现前撤退，更别提回应了。如果美国人有能力这样对付恐怖基地，他们会这样对付核武器储存基地吗？显然，美国已经派无人侦察机飞到阿伯塔巴德市，数周内无人察觉。他们是否也在侦察核武基地？毕竟，多年来一直有传言说，美国曾考虑夺取、窃取或摧毁巴基斯坦的核武器。2011 年 5 月，巴方高级军事人员召开非常规紧急会议，现在他们意识到，只要美国愿意，美国有能力采取行动，把本·拉登抛之脑后。核武器才是重中之重。这是将军们一致同意的会议主题。

因此，有一些说法称，军方开始将核武器从少数严密防卫的地堡中分散到不同基地。据报道，巴基斯坦还开始实施经常性秘密地把核武器转移新地点的计划，只有少数军官在特定时间段知道所有核武器的位置。据称，巴基斯坦不是用戒备森严的军队护送转移核武器，为避免轻易暴露，巴方用不起眼的无防护卡车运送。[3] 这个概念叫作隐匿安全，其效果很好，没人能随手指认哪辆轻防卡车装载了核武器。如果恐怖组织了解到哪辆车上有核弹，也许是从支持恐怖主义的知情人士口中得知，他们会轻而易举地火力夺取这种戒备松懈的卡车。

历史政策因素要求将核武器分散存放，仅当有充分理由使用核武器时，才能装配成完整的核武器。这种“部件分离”政策的目的是，即使恐怖分子或流氓指挥官缴获核武器，因为重要部件缺失，核武器无法正常使用。现在，一些报道指出，由于巴基斯坦军事战略可能要求短时间内使用战术核武器，一些核武器将保持完整装配状态。

这些报道增加了一种可能性，即巴基斯坦当地军事指挥官可能没有权力发射核武器，但是他能够这么做来挽救自己的部队，避免被印度的冷启动击溃。同样，恐怖组织可能会缴获一件装配完整的核武器，而不是某个部件。2011 年 5 月，恐怖组织袭击并入侵卡拉奇附近的巴基斯坦海军基地，因人们普遍相信该基地存有核武器。2007—2013 年，疑似存有核武器的其他四处基地也遭遇恐怖袭击。袭击事件频发，巴基斯坦核弹头安全令人忧心。

据媒体报道，巴基斯坦还大幅提升核武器的生产速度。一些专家估计，几年之内，巴基斯坦核武器储备数量将从 200 增加到 400。大多数专家一致认为，巴基斯坦是全球生产核武器速度最快的国家。400 枚弹头，将意味着巴基斯坦核武库存量不仅超过印度，还超过了法国、英国。也就意味着巴基斯坦的核武器数量仅比美国和俄罗斯少一点。

冷启动、本·拉登袭击以及巴基斯坦对这些事件反应的结果是，亚洲次大陆爆发核战争的可能性大大增加。印度开发了针对未来巴基斯坦恐怖袭击的快速反应能力，其预设前提是印度假定的巴基斯坦使用核武器的门槛。上述政策变更和产量增加之后，巴基斯坦顺理成章地降低了这一门槛。此举使战争中被包围的指挥官或和平时期的流氓指挥官更容易单方面对印度发动核打击。

20 世纪 60 年代，美国的唯一核战计划是先发制人，无论如何，以最快的速度把所有核武器发射出去，美国核战争理论家对此极为震惊。了解到这个“战略”后，美国官员和军事战术家参与推动 70 年代的“有限核选择”重大倡议。其想法是，即便只发射几件核武器，美苏领导人的恐慌也会升级，他们会停用、后撤、冷却。即使身为麻省理工学院研究生，迪克当时也花了大量时间学习演算“有限核选择”的数据。问题是，我们从来不确定苏联是否接受有限核战争的想法。一些“冷战”后研究表明，苏联军队没有实施有限核选择概念，一旦启用核武器，直到彻底实施攻击计划，或直到发射完所有核武器之前绝不停手。

事实是，没有人真正知道，当一方开始向同样拥有核武器的另一方使用核武器时，后果会如何。在混乱的核战争中，可能无法控制战争升级。在亚洲次大陆，任何核武器使用都会使战争升级，直到双方耗尽核武器。这种事情，在为期一天的快速核交战中就可能发生。

现在印度和巴基斯坦的核武库存合计可能不足500件，但库存量正迅速攀升。与美国和俄罗斯的核武库存相比，它们确实是一个小数目，美俄两国一度各自持有20 000多件核武器。然而，如果印巴相互使用数百件核武器，数百万士兵将“即刻死亡”，随后数年，辐射致病或辐射感染又会导致数百万人死亡。一项预测认为“即刻死亡”人口总数会达到2 000万，约占“二战”期间死亡人数的40%。鉴于目前两国有14亿人口，死亡人数可能还会高得多。该预测认为，印度和巴基斯坦的城市将成为袭击目标，以摧毁军事和政治指挥设施、物流系统、机场和港口。

对可能经历核战的十几亿人口而言，亚洲次大陆将成为人间炼狱。两国将发生大面积饥荒，放射疾病泛滥成灾，医疗系统崩溃。两国经济将彻底分崩离析。鉴于全球经济之间的联系，我们可以看到空前严重的全球性金融反应。最终，地区性核战争成为世界历史上的罕见灾难。艾伦·罗博克认为，实际情况可能会更糟。

核冬天

罗博克是一名气象员。20世纪70年代，他在马萨诸塞州剑桥市的一所技术学院取得气象学文凭。80年代，他开始思考全球气候以及对气候有重大影响的因素。他利用历史记录研究了大型火山爆发的影响。同样在80年代，著名天文学家卡尔·萨根（Carl Sagan）因为参与制作美苏核战后的全球气候模型，成为面向公众的科学家代表。卡尔所在的科学家团体叫作TTAPS，团体名称集合了全体成员姓氏首字母：理查德·P. 特科（Richard P. Turco），欧文·图恩（Owen Toon），托马斯·P. 阿克曼（Thomas P. Ackerman），詹姆斯·B. 波利亚克（James B. Pollack），卡尔·萨根。

1982年美苏发生核战的概率很大，TTAPS称两国发生核战的后果远不止摧毁美苏和它们在欧洲（可能还有亚洲）的盟友。科学家表示，核战可能意味着人类的终结。1983年，萨根召集了28名美国和苏联科学家参加在华盛顿举行的有关核战长期全球生物学后果的会议。会议讨论结果于1984年发表在《寒冷与黑暗：核战后的世界》（*The Cold and the Dark: The World after Nuclear War*）一书中。这本书获得媒体的广泛关注，我们后来得知，本书在美苏最高层政府也备受关注。

回顾往事，发射第一件核武器已40多年，两个超级大国生产了上万件核武器，但是世界上各大强国并没有真正理解互相使用核武器的后果，这似乎令人费解。毕竟，它们曾经数次处于一触即发的局面，最著名的例子是1962年的古巴导弹危机。两个国家的核武器导弹都处于警戒状态，随时可以发射。按照当时常规，装配核武器的美国B–52轰炸机在俄罗斯领空外飞行巡逻，每架轰炸机都有预定目标，随时等待口令。虽然大量配备核武器，但关于核武器的一些事情我们一开始并不了解。一个是电磁脉冲，在拉斯韦加斯附近的几次核试验"炸毁"距离甚远的电子器件后，科学家才开始意识到核爆炸过程中产生的电磁波远远超出爆炸半径范围，破坏电子器件电路。萨根和他的团队没能了解的另一件事是，核战在多处同时引发的熊熊大火会产生全球性气候影响。

虽然我们很多人现在意识到两个超级大国之间发生重大核战争可能意味着世界的终结，但当时美苏两国领导人，实际上还有大多数国家的领导人，并不相信这一点。无论是美国还是苏联都计划核战后再进行重建。两国都在保护性庇护所等项目上投入大量资源，希望核战过后浴火重生。巴西和印度等地可能有人认为，核战过后，他们的国家将成为地球上新的超级大国。然而，萨根和他的团队表示，不存在生存和重建这回事。不会有继任的超级大国。由于众多大型火风暴造成的气候影响，即便不是所有人，多数人也会逐渐死亡。这样一个令人心惊胆战的预测出自专业科学家之口，被称为核冬天理论。

这一理论虽然涉及复杂的全球气候计算机模拟，但很容易解释。第一，它假定核战指挥官会瞄准城市。美国战略家称之为等值打击，这是核打击的委婉说法，意思是打击对方的核力量和军事设施。

第二，它提出了一个事实，实验原则和日本实地经验也证明了这一点，即城市中的核爆炸会产生火风暴，熊熊烈火产生的上升气流从地面吸纳高速强风，导致燃烧持续。高温点燃几乎一切物质，在整座城中蔓延。大火产生的极端高温使其他可燃物变得干燥，点燃其他物体，火势蔓延更远。“二战”中，盟军的炸弹利用燃烧装置在汉堡、德累斯顿、名古屋、横滨、东京、大阪、神户引起了这样的火风暴，在广岛和长崎动用了核武器。此外，一场全面核战争中，许多大城市引爆的核武器远比广岛原子弹的威力大。

第三，TTAPS 解释称，这样的大火吞噬建筑物和建筑内部的一切，产生一种烟尘，通过上升气流进入上层大气。风火暴借爆裂煤气管道和油罐之力肆虐，大量烟尘飘升，几十座或上百座城市被摧毁。

第四，他们认为烟尘会飘浮空中，因为日照会加热烟尘，使其停留在成雨云层上。烟尘随全球风向飘散，最终覆盖南北半球。

第五，烟尘会遮蔽大量阳光，导致气温下降，依赖光合作用的生物，也就是维持地球大部分生命的植物将面临死亡。此外，臭氧层会遭到破坏，更多紫外线辐射和宇宙射线进入地球生物圈，进一步破坏农作物，破坏大多数生物体的 DNA。有复杂的公式和模型模拟核战后果，但基本情况是，大型核战后，幸存者会生不如死，希望尽早加入死者行列。核战后是否意味着人类这种生命形式在地球彻底消失，或者是现代人类文明的终结，TTAPS 内部对此意见不一。

一些科学家有不同意见，称 TTAPS 的计算存在缺陷，或者至少他们使用了未经证实的假设。萨根回应说，科学通常要求全面验证设想，但核战不爆发，就无法验证他们的假设。欧洲和美国的反核武组织一直在寻求达成“核冻结”，即禁止继续生产核武器。核冬天理论为反核武活动者添柴加火，反核运动成为大西洋两岸一支重要的政治力量。

萨根和 TTAPS 的理查德·特科在另一本书《无人曾想过的道路：核冬天和武器竞赛的终结》（*A Path Where No Man Thought: Nuclear Winter and the End of the Arms Race*）中回顾了他们的行动，呼吁进一步减少核武器。在书中，他们回忆起埃斯库罗斯的戏剧《阿伽门农》（*Agamemnon*）中卡珊德拉的故事：“没人理会……他们不想听……今天，她将被视为厄运和苦难的预言者……她不明白（她）预测的灾难为何会被忽视，如果人们相信预测，就可以避免其中一些灾难。”他们总结了古代特洛伊领袖告诉卡珊德拉的话：“我们并不能确定，因此，我们便会忽视。”

反思卡珊德拉的命运，萨根和特科指出：“卡珊德拉见证了人们对可怕预言的顽固抵制，时至今日仍然如此。”他们试图猜想为什么灾害预测至今仍被忽视。“减轻或规避危险可能需要时间、精力、金钱、勇气。我们的生命在很大程度上会因此需要改变。”所以，两位科学家认为，人们的典型反应是：“不可能。厄运与苦难，我们从未经历过如此天方夜谭的事情。他们想要危言耸听，影响社会风气。”作者认为，决策者往往有一种“如果有人不适应，就拒绝整个想法的自然倾向。要求更严密的证据……有一种大事化小、最好忘掉的倾向”，也许是因为他们感到会因放任形势发展而受到指责。萨根和特科完全可以写出你现在读的这本书，因为他们的观察结论适用于很多卡珊德拉，比如艾伦·罗博克。

罗博克的警告

核冬天理论的政治影响是什么，很难有一个精确的答案。但当时的美苏领导人后来承认，核冬天理论促使他们采取行动。罗纳德·里根时任美国总统，全世界都知道他迫切想和苏联开战。然而，读了核冬天理论之后，里根在冰岛会见苏联总统米哈伊尔·戈尔巴乔夫（Mikhail Gorbachev），并提议废除核武器。戈尔巴乔夫对核冬天的担忧也与日俱增，他原则上同意了提议，但他建议两国首先限制新武器部署，然后削减库存。

随后，对核冬天理论的兴趣淡化了。“冷战”以和平告终。苏联及其军事同盟华沙条约组织纷纷解体。美国和苏联数千件核武器被拆除销毁。另有数千件核武器从西欧和中欧撤出。一些科学家对核冬天理论进行了反思，认为该理论为取得政治效果而夸大其词。岁月流逝，科学家开始关注臭氧损耗和温室气体现象，这种现象被称为全球变暖，后来被称为气候变化。

艾伦·罗博克对此仍然很关心。2007 年，他重新计算了核战影响，使用更复杂的全球气候、大气和海洋数据和 20 世纪 80 年代就有的模拟模型。他证实了核冬天理论。核战争的影响丝毫未被夸大，而且实际情况可能比原先预测的更严重。核冬天会导致较少烟尘进入高层大气，其影响将比此前认为的更持久。因此，罗博克认为，虽然美国和俄罗斯持有的核弹头数量比几十年前少得多，其数量仍足以造成全球核冬天。

2009 年，在欧文·图恩的协助下，罗博克研究发现，在美国或俄罗斯不参与的情况下，也有可能产生类似结果。在《科学美国人》（*Scientific American*）的文章《地区核战，全球苦难》（*Local Nuclear War, Global Suffering*）中，他们研究了印巴核交战的设想。假设双方各使用 50 件核武器（大小等同广岛标准，比现代标准小得多），攻击等值目标，比如城市，他们的模型得出的结果是，城市作为易燃区会产生 500 万吨烟尘和浓烟，很快就会进入高层大气。

他们发现，因为烟尘在中间层分散、臭氧在平流层进一步消耗，这样的“地区战争”会带来全球性的气候和生态影响。气温将急剧下降。在各大陆中部，像堪萨斯这样的地方，夏天温度将低于零度。这些情况很类似 16—19 世纪的“小冰河期”，会比过去 2 000 年甚至更久以前都要冷。他们使用新的农业模型预测，许多农作物会衰败，包括中国 40% 的冬小麦和 35% 的春小麦，美国 20% 的玉米。饥荒成为大范围问题，而这一切仅仅是因为使用了全球 1‰的核武器。

罗博克和图恩的研究反响平平，这并不令人感到意外。罗博克又一次进行精确计算并反复确认后，将结果发表在同行评议的期刊《科学和自然》（*Science and Nature*）上。为了接触更广泛的读者群，他在赫芬顿邮报上发表文章，学习如何使用社交软件推特。在某次会议间隙，他抓住机会与总统的科学顾问约翰·霍尔德伦（John Holdren）交谈。他写了一篇专栏，刊登在《纽约时报》。古巴领导人菲德尔·卡斯特罗（Fidel Castro）的办公室打电话要求他做情况简介，于是罗博克去了哈瓦那，但没人邀他给美国总统做简介，也没人邀他去印度或巴基斯坦介绍他的研究成果。

罗博克是一名杰出的气象学家和气候科学家。他不是政治科学家、外交政策专家、军备控制分析家或国家安全顾问。谈到如何降低他反复重申的核冬天的危险时，他从更宏观的角度考虑问题。他表示：“我们应该销毁所有的核武器，所有的一切，必须全部销毁。”几十年前，罗纳德·里根得出同样的结论。罗博克并不试图想出一些本土化的解决方案以化解印巴开战的风险。“所有这些，所有核武。它们必须全部被销毁。”一些国家安全、外交政策和军备控制专家也表示同意。前国务卿乔治·舒尔茨（George Shultz）和亨利·基辛格（Henry Kissinger）也呼吁销毁所有核武器。而他们的声音同样在很大程度上被忽视了。

艾伦·罗博克已经60多岁，他有过退休的想法，但他觉得必须继续下去。他必须让世人明白，核冬天的威胁并没有消失。坐在罗博克旁边，迪克能十分明显地感觉到他的失望。“我希望有人告诉我，我们的计算是错的，”他抿了一口咖啡继续说道，“我的意思是，我们在同行评议的期刊上发表了文章。其他人用他们的模型得到了相同的结果。”[4]他不认为哪些变量可以降低灾难程度，比如受灾城市数量减少，比如核战时突发暴雨天气，比如错误地估计了现代次大陆都市遭遇暴烈风暴的规模和强度。他坦白，“我们需要资金投入研究海洋和大气模型”，但是，针对大规模火山爆发，尤其是对1815年坦博拉火山、1883年喀拉喀托火山和1991年皮纳图博火山爆发的成熟研究已经表明，地区性烟尘进入大气中可以产生全球性气候影响。

研究获得的关注寥寥无几，罗博克告诉我们：“人们不想听。这个问题太麻烦了。他们想一走了之，假设其他人会处理这事。这令人沮丧。”萨根的卡珊德拉之音在房间回响，但我们仍然要问他为什么没有一走了之，把麻烦推给别人。是什么让他觉得消除危险是他的职责？“我的科研经费是公众的钱。如果发现社会面临危险，作为一个科学家，我有责任向公众发出警告。”

虽然艾伦·罗博克从没走进椭圆形办公室介绍研究成果，但他可能会惊讶地发现，2016年，坐在那间办公室的人同意了他的目标。在某次探讨核威胁的世界首脑会议上，巴拉克·奥巴马做出声明：

> 我在布拉格说过，无核世界的安全与和平不会在一日内实现，也许不会在我有生之年实现，但我们已经开始行动。作为唯一使用过核武器的国家，美国有道义上的责任，继续带头销毁核武器。然而，没有一个国家能够仅靠一国之力实现这一愿景。这是全球的努

力成果。我们对未来的重重障碍有清醒的认识，但我坚信，我们决不能向核武器扩散不可避免的宿命论低头认输。即使我们在面临世界现实情况时，我们也必须继续努力实现美好的世界愿景。

罗博克无疑会促使美国总统“以身作则消除近乎 200 件美国核武器，发挥带头作用”。迪克问，这样做是否可以说服印度和巴基斯坦，使其销毁它们持有的所有核武器。罗博克说：“希望如此。”

艾伦 · 罗博克和他的警告，即地区性核战引发全球核冬天，具有极高的卡珊德拉系数。这个问题很复杂，需要综合了解政治军事、南亚政治、核武器、农学和气候科学。采取措施预防核冬天，意味着要对印度和巴基斯坦之间 70 多年的敌意采取行动，或者有可能的话，要说服全球九大拥有核武器国家放弃它们眼中的顶级“金钟罩”。

目前没有明确的回应者。罗博克的受众会是巴印两国领导人吗，正如 20 世纪 80 年代里根和戈尔巴乔夫做的一样？抑或是更广泛的国际社会？国际社会目前对“禁止炸弹”的关注度似乎比 20 世纪 60—80 年代的要低。科学家虽然多数都是反战和反核武器的积极倡导者，但对数据的态度似乎有些模棱两可，他们想要更多的证据。

罗博克显然是一名久经考验的气候科学家、一位享有声望的专家。他的论断以数据为依据，但他仍然希望更精确的数据出现。他积极欢迎同行的评论、反馈和批评，希望他们能找出错误，证明他错了。然而，在此之前，他感到一种强烈的义务感、一种超乎自我的责任感。他做的是自己最擅长的事情。他发表期刊文章传达信息，但他仍然陷入一种自我挣扎，努力尝试探索、身体力行，警醒世人核冬天的危害。表 13–1 为艾伦 · 罗博克的卡珊德拉系数。

表 13–1　艾伦·罗博克的卡珊德拉系数

卡珊德拉特质	警告	决策者	卡珊德拉	批评者
高		×	×	
中	×			×
低				

第14章
工程师：万物互联

这是对信息时代极大的讽刺：技术赋予我们创造和建设社会的能力，它也把同样的能力交给了那些试图毁灭和破坏社会的人。

——巴拉克·奥巴马总统

那是2015年圣诞节的前一天，迪克打算烟熏一块新鲜鹿肉，为圣诞夜聚会做好准备。他本能地拿起了手机，想查看一下邮箱。那真是一个错误的决定。当时大多数人都暂时放下了聊天工具，全身心地融入节日氛围，但是乔·韦斯（Joe Weiss）没有。他发来了一封邮件，邮件主题本可以写作“我早就告诉过你”，但是他没有，他的邮件主题为“乌克兰电网遇袭”。迪克放下手里的鹿肉，他开始浏览网页，查询信息，以验证乔·韦斯邮件内容的真伪。一个小时后，迪克基本相信了乔·韦斯所言不虚。乔·韦斯似乎一直都是对的。几周后，美国情报部门和国土安全部得出了相同的结论。

那是乌克兰境内喀尔巴阡山山脚下的一座小城市，人口只有25万，城市兼容了《音乐之声》（*The Sound of Music*）和《日瓦戈医生》（*Doctor Zhivago*）的风格。虽然位于乌克兰境内，但它毗邻匈牙利、斯洛伐克、波兰或罗马尼亚。城市的街道和广场上点缀着美国、希腊、乌克兰和罗马天主教堂。这个地方叫斯坦斯劳，也就是近50年来官方口中的伊万诺-弗兰科夫斯克，它不太可能成为危险的新兴技术的引爆地和目标物。就在圣诞节前一晚，整座城市的圣诞灯都熄灭了。准确地说，城内所有的灯都熄灭了，都停电了。

问题出在乌克兰电力供应商Prykarpattyaoblenergo公司内。有人入侵了操作室的调度台，访问了30个变电站的控制器，拉动了断路器（相当于家里的电闸），然后，断电了。这些变电站服务的小区瞬间陷入了黑暗之中。虽然那时是下午4点半，但冬日的太阳已经落下，气温迅速下降。一些居民摸黑找到了电话，他们试图联系电力公司，但是电话很难接通。Prykarpattyaoblenergo里电话如潮水般涌来，但大部分都是来自乌克兰境外的预录垃圾电话。

操作室的工作人员惊恐地发现虽然公司有备用发电机，但他们的电脑死机了。调度台界面卡住了，硬驱动上的软件也已被清空。由于无法远程重设断路器，工作人员只能穿上外套，奔向停车场。他们没有计算机化的控制器，只得被迫驱车前往每个变电站，打开栅栏，找到开关，然后手动打开。这一过程耗时费力，但他们别无选择。他们只能通过这种方式将主电网电力供给各变电所，然后再供给一片黑寂的住宅楼和商业区。当晚十点几分，Prykarpattyaoblenergo恢复了正常供电，但公司的电脑屏幕大都仍然处于“蓝屏死机”状态。它们被名为“黑暗能量”的不明软件击垮了。

“黑暗能量”与其说是一个单独程序，不如说是一组恶意程序。2014年首次被发现时，这个程序能对互联网产生海量请求，即数字化的拒绝服务，使目标服务器瘫痪，从而阻止真正的信息通过。然而，深层次的调查取证发现，“黑暗能量”还被用来盗窃数据，而且它会预留后门程序，方便再次潜入用户系统。后来，人们又发现了它的一项新特质，即名为“KillDisk”的清除组件，用于删除目标硬盘驱动内的所有软件，使电脑变得一无所用。据悉，“黑暗能量”是由一个隐秘团体研发的，团体名为“沙虫”（Sandworm），跟《沙丘》（*Dure*）系列科幻作品里的生物同名。然而，“黑暗能量”可不是在《沙丘》里的沙漠星球上被研发出来的，专家认为研发地应该位于俄罗斯境内。俄罗斯为何想要这样一个美丽的喀尔巴阡小城市在黑暗中度过圣诞季呢？答案是复仇。

俄罗斯和乌克兰曾是苏联内部最大的两个共和国，但两国关系并不平顺。自从 2014 年俄罗斯总统普京下令出兵进驻乌克兰的克里米亚半岛以来，两国一直处于拉锯战状态。于是，2015 年 11 月末，自称“乌克兰民族主义者”的一伙人切断了被俄罗斯占据的克里米亚地区的供电。他们采取了传统方式，用炸药炸毁了输电塔。由于克里米亚地区的供电主要来源于乌克兰，于是这一地区陷入了长达数周的黑暗。就在克里米亚电网初次遭受攻击的一个月后，一些俄罗斯对乌克兰的变电站进行了报复打击。攻击者采取了新型的方式，用软件进行了攻击。

近 20 年来，乔·韦斯一直在强调类似事件发生的可能性，但是美国各电力公司拒绝相信他。公司发言人私下里说他是危言耸听者，只会夸夸其谈，散播恐惧、猜忌和疑惑。

乔·韦斯个头矮，头发少，戴着眼镜，60 多岁。40 多年来，他一直从事工程和自动化工作，他曾在备受尊重的电力科学研究院供职 15 年。他资历丰富，其头衔众多，足以媲美上议院议员，彰显着他作为一名工程师的专业素养和卓越资质。他手握众多专利，汽轮机模糊逻辑控制器就是其中一项；他编写了核电厂的自动化安全标准；他还出过书《保护工业控制系统免受电子化威胁》（*Protecting Industrial Control Systems from Electronic Threats*）。这本书虽不畅销，却是业内的权威著作，这本书的主题也就是我们此刻探讨的话题。

如今，他经营着自己的咨询业务，在家办公，身处位于加利福尼亚州库比蒂诺地区中上层阶级聚集的街区，离苹果公司总部不远。迪克与他初次见面是在 2002 年，那时他建议美国商务部召开一场大会，向外界说明网络有可能对电网及其他工厂控制器系统造成威胁。乔·韦斯在大会上抢尽了风头。他热情高涨、专业干练，他用工程师式的语言娓娓道来，准确地表达着自己的观点。然而，来自电力公司和行业监管机构北美电力可靠性委员会的许多代表在会中和会后曾多次提醒迪克不要太关注乔·韦斯所说的话。他们认为他是一个狂热激动的门外汉，认为他太言过其实了。

然而，如果他说的是事实呢？迪克忍不住这样想。乔·韦斯最具争议的观点是“从互联网入侵电力公司网络，继而入侵电网控制系统并非是不可能的”。联邦政府后来的测试结果显示乔·韦斯是正确的。在联邦政府和政府监管的压力之下，北美电力可靠性委员会放弃了之前一味否认的姿态，逐步制定出了自身的网络安全规章制度。乔·韦斯对此并不满意。

“这些机构聚集在一起，制定了一套标准，叫作‘北美电力可靠性委员会关键基础设施保护标准’。它们在制定标准过程中将一些行业排除在外，并允许这些行业自由定义何为‘关键’基础设施。它们排除了通信业。你能想象自己在对信息技术标准进行网络评估时，有人告诉你不要将通信业纳入评估之中吗？”乔·韦斯对此很是恼火，认为“这样根本行不通”。被排除在外的那些领域，恰恰是最需要监管和制定标准的。北美电力可靠性委员会认为：“美国近 70% 的发电厂不是关键设施，近 30% 的输电资产不是关键设施，作为智能电网的核心的配电资产也不是关键设施，因为配电领域是被明确地排除在外的。”[1]

即便是在乌克兰事件发生后，电力行业仍然不认同乔·韦斯的观点，它们否认乌克兰事件的重要性，也拒绝承认美国电网的脆弱性。

作为电力行业信息共享与分析中心的发言人，金柏莉·米埃尔卡雷克（Kimberly Mielcarek）断然否定了类似事件在美国发生的可能性。她在对路透社的声明中说道："没有可靠证据表明这一事件会影响北美电网的运作，也没有为此修订当前的法规或指南的计划。"乔·韦斯强烈反对这一观点。他质问道："这一糟糕声明引发的质疑声在哪里？"他解释说，在乌克兰事件中，遭遇袭击的那部分电网属于"低压输配电系统"。美国电力行业的网络安全标准甚至连那部分电网都不包括，韦斯指出："在乌克兰发生的事件完全可能在美国重演。"[2]

事实上，2014 年 11 月，联邦政府向美国各电力公司发布了官方通告，通告的内容是"黑暗能量"恶意程序可能会对各公司造成威胁以及一些俄罗斯团体可能会针对它们发动一些行动。美国国土安全部给各电力公司发了简报，具体内容至今仍未被解密。后来，韦斯等渠道透露消息说，一些俄罗斯机构利用电子途径，从多家美国电力公司偷走了与断路器和控制器相关的数据。韦斯解释说，断路器如此重要，不仅仅因为同乌克兰事件一样，它们能扰乱电力供应长达数小时，更是因为通过某种特定方式操纵断路器，毁坏某些供应短缺且更换起来烦琐复杂的关键设备，可导致长达数周的断电。

为了解释其观点，韦斯引用了另外一个山脚小城市的故事。爱达荷福尔斯市以其郊区的爱达荷国家实验室而广为人知，那里有数量庞大的核反应堆。2007 年，在网络安全演习中，一队美国政府雇员以国家实验室为由，入侵了电网操作室，访问了控制器，并远程控制了断路器。这一事件与 8 年后发生的乌克兰事件惊人的相似。韦斯说，不同之处在于，2015 年的攻击者在采取了第一步后就中止了行动。他们有能力进行下一步，也就是毁坏电网的关键设备，但他们没有。如果行动继续的话，爱达荷福尔斯市的电力基础设施会经历一起"极光"事件，"极光"是演习测试行动的代码。

韦斯解释说，问题在于“远程入侵发电厂、精炼厂和水坝等设施内的大型旋转设备的变频驱动器”。所有与电网关联的发电机，即便它们相距几百英里，都必须以完全相同的速率旋转，这也就是所谓的同相供电。乔·韦斯表示，如果转速不一致，那结果可能是“毁灭性的”。原因在于如果彼此不同步，那么电网就会迅速地将发电机变成电动马达。电网迫使发电机的转速变快或变慢，就在这短短几微秒内，发电机经受着巨大的机械应力。

工程师在启动发电机时，必须先将其从电网上分离，直到其达到与同一电网上的其他发电机相同的特定转速。等转速达标后，工程师会推上断路器，将发电机接入电网。否则，就会重现2007年爱达荷福尔斯的事件。当时黑客提前打开了断路器，导致发电机开始发生故障。他们及时收手，才未发生器械分崩离析、金属满天飞的状况。

乔·韦斯解释道：“打开断路器是制造极光事件的第一步。第二步是简单地再次关闭断路器，使其与电网频率脱节。如果你能远程打开断路器，那远程关闭它也不是问题。乌克兰停电事件后果本可能更糟糕，还好攻击者放弃了。鉴于大部分美国公用事业机构仍未安装极光硬件缓解系统，坏事发生是迟早的事。”乔·韦斯说，当发电机的自动化控制系统不能正常工作时，真的可能导致大块金属在空中乱飞。

万物联通

电气控制系统专家将西伯利亚的巨型水力发电设施，也就是俄罗斯萨扬–舒申斯克水电站称作SSH。作为俄罗斯最大的水力发电厂，它对于20世纪60年代社会主义政府的意义可以媲美胡佛水坝对于罗斯福执政时期的美国的意义。它是里程碑式的工程，见证着国家“驯服”河流、发电并建造恢宏工程的能力。大坝下的厂房里安置的10座发电机是国家财富中不可分割的一部分。

2009 年 8 月 16 日，西伯利亚布拉茨克的一座水力发电厂由于火灾原因关停。于是，西伯利亚电网控制中心，即西伯利亚统一调度控制中心，将西伯利亚范围内所有的旋转发电机的自动负荷频率控制系统的控制权从布拉茨克发电厂转交给萨扬 – 舒申斯克水电站，特别是其最新升级的 2 号水轮机。2 号水轮机在升级过程中安装了新软件，即“一项新的自动化控制系统，可以使水轮机加速或减速，从而达到与电网相匹配”。

将电网负荷量转移给萨扬 – 舒申斯克水电站的决定不是水电站工作人员做出的，而且他们也没有水轮机的控制权，因为水轮机被西伯利亚统一调度控制中心远程监测和控制着。2 号水轮机与西伯利亚电网所有的发电机连接了起来，并带领着它们开始了振动。第二天清晨，螺栓发生了破坏。随着一声巨响，水轮机罩弹射了出去，穿透了屋顶，将天花板打得支离破碎、纷纷掉落。重达 1 500 吨的 2 号水轮机呈叶片式风扇状，它摆脱了束缚，飞入 50 英尺的空中，旋转着飞出了厂房。它绞碎了设备，导致 75 人死亡。自动化水流拦截系统也失灵了，原本应高速流经发电机的水流变成了喷泉，每秒向厂房内喷射 6.7 万加仑[①]水。洪水造成了许多其他的发电机短路，继而爆炸，至少 40 吨石油倾泻进河流里，导致附近两处渔场的 400 吨鳟鱼死亡。

第二天当救援队员赶到时，厂房里犹如核爆炸现场一般惨烈。事故前后的照片反差巨大。巨型设备被绞削成了碎片；墙体、天花板，所有的一切都很杂乱，面目全非；75 具尸体漂浮在腐臭的水里。

乔 · 韦斯承认萨扬 – 舒申斯克水电站事件的肇事者并非黑客，然而这一事件的确证明了以错误速率旋转的发动机若被接入电网将是一场灾

① 美制 1 加仑 ≈3.8 升。——编者注

难。在错误时间拉下断路器的后果是一座巨型发电机在房间内横冲直撞，毁坏一切可毁坏之物。萨扬–舒申斯克水电站花费了5年时间维修和重建。

“如果电网遭遇网络袭击，最坏的结果是电力中断两三天，那么从宏观来看，这真不是件大事。”乔·韦斯如此说道。然而，物理损毁没有库存的设备或需要提前下单定制的设备就是另一回事了。萨扬–舒申斯克水电站事件清晰地展示了怀有不可告人目的的黑客的破坏力能有多么巨大。

发电机不是仅有的会旋转的设备。核电厂用来浓缩铀的离心机就是另一个例子。乔·韦斯认为，“最近的乌克兰事件很明显是精心策划过的，是有目标针对性的，跟纳坦兹事件一样”。伊朗的纳坦兹核基地位于地下，有重兵把守，那里有800台离心机，负责为国家的核项目提供浓缩铀的工作。有一天，离心机转速突然间发生了异常，有时过快，有时过慢。这种反复无常损坏了机器，从内向外地摧毁了它们。然而，事故发生时，本该向控制室汇报转速异常情况的传感器显示一切正常。就这样，美国利用一款名为“震网”的恶意软件，使伊朗核武器项目推迟了一段时间。

乔·韦斯指出，纳坦兹事件的重要之处在于它演示了有漏洞的数字控制系统软件是如何允许黑客向可编程逻辑控制器输送错误信号的。可编程逻辑控制器即机器内部的电脑，它负责控制机器的行动目标及具体操作。数字控制系统软件包控制着美国基础设施领域数百万个可编程逻辑控制器的运转，特别是在电力、管道、精炼厂和制造厂等领域内。这些软件包无所不在，它们也就是大家熟知的工业控制系统或监控与数据采集系统。它们有各种版本，其中一些版本控制着我们的汽车，还有一些版本控制着医院的医疗设备。这些监控与数据采集系统彼此关联，它们既向生产者发送诊断数据，又接收软件，更新系统。乔·韦斯说：

“这不是简单地入侵电网的事，事情要复杂得多。”伊朗人使用的监控与数据采集软件目前被广泛应用在美国成千上万的制造厂和生产设施内，很容易受到攻击——类似于美国人摧毁伊朗离心机时使用的攻击方式。

这一计算机网络对大部分人来说是公开透明的，它是全球基础设施的关键一环，也就是大家熟知的物联网。“物联网只是一个营销术语，早在这一词语被创造出来之前，数百万机器就早已互相关联起来了，”乔·韦斯解释道，“而且大部分机器组成的网络都可以从公共互联网上访问，只是访问的途径可能是间接的。”正是因为对万物互联有着清醒的认识，乔·韦斯在夜里经常辗转难眠。

有多少设备是连通着的？公认的数据是 21 世纪头 10 年的后期，世界范围内预计约有 500 亿机器相互关联，组成物联网。在最初阶段，计算机行业在谈论这一现象时，所指代的是简单的机器对机器交流或设备对设备交流。这一想法足够简单，已存在了几十年。你可以发送电子信号，信号会顺着电路，引发曲柄转动或开关移动，无须工作人员可怜兮兮地在寒风中站立几个小时，转动曲柄以阻止石油顺着管道流走或在火车经过之后扳动开关。

物联网不是未来之物。它是实实在在存在着的，并在迅速地延伸着。目前，电梯、电动机、制造机器人和飞机上的传感器已经能够联系控制中心，汇报自身情况并询问最新指示。它们能有条不紊地工作吗？它们比预期中耗损得快吗？它们会温度过高吗？它们会消耗什么原材料吗，比如打印机、油墨或可乐？大部分物联网内都有一台机器向另一台机器汇报进展，然后由第二台机器通知人工来解决问题。这些系统的脆弱之处在于它们广泛采用了数字信号而非模拟信号，这意味着所有机器都开始说同一种“语言”。更糟糕的是，人类坐在控制室里利用互联网与各种设备进行交流，控制室坐落于世界哪个角落无关紧要。于是，乔·韦斯又举了圣布鲁诺的例子。

圣布鲁诺靠近加州旧金山国际机场，它是中产阶级的市郊住宅区，而非工业城镇。然而，圣布鲁诺地下埋藏着天然气管道，管道由监控与数据采集软件控制着，这种软件以互联网为媒介进行交流。2010年9月9日，由于线路短路，操作室误将关闭的阀门视作打开着的，导致系统其他部分的管道压力传感器显示的读数激增。当时，人们刚欣赏完芭蕾舞演出或刚踢完足球，正在回家的路上，他们不知道发生了什么；工程师疯狂地忙碌着，试图找到症结所在并解决问题。下午6点11分，一段腐蚀的管道发生爆裂，火球熊熊燃烧着，火光冲天。随之而来的爆炸肆虐周边地区，而受影响街区的居民大都不知道他们周围埋藏着天然气管道线路。事故导致8人死亡，17间房屋被烧毁。肇事的美国太平洋煤气电力公司被处以16亿美元罚款。

事故调查报告将灾难归咎于部分管道不合格及技术误差。没有证据表明软件故障是蓄意策划的，也没有迹象显示有心怀歹意的人牵涉其中。乔·韦斯说："这就是问题所在。即便没有心怀恶意之人的参与，物联网也引发了新的脆弱性和危险性。"乔·韦斯称问题的症结就在于将互联网软件应用于那些本无须应用这些软件的事物中——比如工业控制，或通过通信网络将工业控制软件联通了起来。

物联网的符号、硅谷技术迷和创业者的心爱之物是一个安装在墙上的名叫"Nest"的圆形物件。它由苹果公司两位前任工程师发明，后来被谷歌公司以32亿美元现金收购。Nest本质上是个联网的恒温器，它内部的软件还能学习你的行为、自动调整你房间内的温度，它还能上网为你查询天气状况。新版的Nest还能与你的门锁、电灯、窗帘和相机等关联。大多数机器的物联网都藏在机器内部、不易被消费者发现之处，在工厂和办公楼内运转；Nest则不一样，它被安装在家庭室内的墙壁上，占据着关键显眼之处。事实上，它控制着家里。近年来，它在消费者电子行业里颇受欢迎。

然而，2016 年 1 月中旬，前一个月更新过的 Nest 软件出现了一个小问题。《纽约时报》记者尼克·比尔顿讲述了他自身的经历："我的 Nest 恒温器死了，真的死了。上周，我曾经钟爱的'智能'恒温器出现了来路不明的软件漏洞，这耗尽了它的电力。我们家在半夜变成了冰窖。虽然我睡前将夜间温度定在 70 华氏度（约 21 摄氏度），但凌晨 4 点时我和妻子被冻醒，小孩子也在哇哇直哭。"他的 Nest"死了"，电量被软件故障耗尽了。成千上万的用户都由于相同原因被冻醒，因为 Nest"死去"时，关闭了暖气。还有些用户抱怨自家警报系统半夜无故被触发，将他们从深度睡眠状态逼进了高度惊恐状态。生产 Nest 的公司为此道歉，并建议用户按照复杂的 9 步流程一步步操作，以复活他们体型娇小、圆润的家庭控制系统。

物联网供应商正加紧在医疗保健领域内推广物联网。有人预计到 21 世纪前 10 年的最后几年，物联网医疗市场可能达到 1 170 亿美元。诸多设备，包括心脏起搏器、植入式心脏复律除颤器、胰岛素泵、输液泵（包括止痛泵）及人工心肺机等已经或即将被纳入物联网。这些设备的优势很明显。它们能在医生不在场的情况下，察觉你的疾病问题，并且可能实施治疗。

问题在于虽然医疗卫生领域在急切地与物联网接轨，但这一领域在网络安全方面的过往记录并不尽如人意。波士顿的一家企业网络安全评级公司 BitSight 对医疗卫生、金融、零售、公用事业机构和联邦机构等五个领域进行了网络安全评级。在对医疗卫生行业的 2 500 家公司进行调查后，他们将这一领域的排名放在了最后一位。另一家波士顿网络公司 Veracode（迪克是公司董事会成员之一）也对五个领域进行了评估，而且这家公司采用了不同的衡量标准。Veracode 公司询问了一个问题：目前已知的软件缺陷和漏洞中，你们修复了多少？在制造行业，超过 80% 的问题已经得到了解决；在医药行业，答案是 40% 左右的问题得到了解决。事实上，在目前正在使用的医疗软件应用中，超过 75% 的软件都包含着已知风险。有些医疗设备运行所依靠的软件已太过陈旧，连原软件编写者都不再费力去修补漏洞了，比如 20 世纪 90 年代老版本的微软系统。即便软件公司会发布新补丁来修补新发现的漏洞，一些医疗设备也因为硬件太旧而无法处理漏洞了。

医疗设备和一些被捆绑进物联网的机器缺乏合格的处理器和足够的内存来迅速做出反应，哪怕是采取非常简单的安全措施。乔·韦斯说："对旧控制系统处理器而言，即便是简单地更新病毒数据，也能导致 2~6 分钟的服务中止。这还只是日常的更新病毒数据！"因而，他认为确保物联网安全的第一步是用快捷的处理器和强大的内存来武装全新的设备。简而言之，就是要大刀阔斧地更新或升级价值千亿美元的机器。

乔·韦斯的担忧在 2016 年 10 月再度成为现实。超过 10 万台联网的视频监控摄像头被黑客团体破坏，出现了僵尸网络，在最大的互联网地址查询网站之一 Domain Name System 的服务器上，引发了互联网流量狂潮，即分布式拒绝服务攻击。这一行动导致了成百上千个大型互联网网站处于瘫痪状态，直到黑客关闭了流量才可以缓解。这些摄像头缺少防火墙，无法阻挡别人安装恶意软件。虽然包括这些摄像头在内的很多设备通常都需要密码才能访问，但是生产厂商大都将密码写进了源代码，以便厂商自己能随时访问这些设备。一旦这种所谓的明文密码在互联网黑市上散播开来，那么这些设备将很容易被别有用心之人利用。2015—2020 年间，数以十亿计的类似设备将与网络连通，潜在数量的自动运行型木马足以扰乱互联网本身或任何网站及网络。

全球入侵性

乔·韦斯不是唯一为此感到担忧的人。学术界专家已经忧心忡忡数年了，马萨诸塞州大学的傅佳伟教授就是其中一位。傅教授指出，在波士顿地区的一家医院里,664 件医疗器械仍然使用着旧版的 Windows（视窗）操作系统，而且它们对互联网上流传的恶意软件几乎没有防御力。“这真是令人费解，”傅教授说，“传统的恶意软件在医院内很猖獗，因为医疗设备的操作系统都未打补丁。”那家波士顿医院的首席信息官承认道，他担心“有一天，医院的血液气体分析仪、混合机和放射设备等会被控制、不能正常运转，或者在软件不知情的情况下被篡改数据”。

控制医疗设备的途径之一是利用僵尸网络，黑客以为它们只是私人电脑。僵尸网络是一种预编程的、“自主导引”的恶意软件，它们会在互联网上“挨家挨户”敲门，也就是它们会访问每一个互联网协议地址，这个地址是所有联网的设备都具有的。如果僵尸网络敲了门并且顺利访问了，它就会在电脑主人不知情的情况下留存下来。随后，它会开始执行自己的任务，比如发送垃圾邮件或参与分布式拒绝服务攻击。联网的医疗设备也有互联网协议地址，而且僵尸网络也不一定能识别出什么是医疗设备。因而，僵尸网络可能会感染静脉泵，霸占其处理器，降低其功能，并且利用它们在全球范围内散播垃圾信息。

虽然韦斯等人不断发出预警，但这并不能减缓业界将万物互联的野蛮举动和步伐。最新的竞技场是汽车领域。早在自驾车辆风靡之前，汽车已经成了物联网的一部分。斯蒂芬·萨维奇（Stefan Savage）是这方面的技术专家，他是加利福尼亚大学美丽的圣迭戈分校的教授。他曾在一场会议上演示了如何侵入科尔维特跑车的系统，因而为人所熟知。正如《连线》（*Wired*）杂志报道的那样，斯蒂芬使用的工具是一个两平方英寸的小配件，这个配件原本应该被插入汽车或卡车的仪表板，保险公司和卡车车队用它来监控车辆的方位、速度和效率。斯蒂芬将精心编写的短信发送给一个连接着仪表盘的软件狗（软件保护器），然后就顺利地控制了这辆车。

科尔维特车面临的攻击不是理论性的，甚至也不是无意识的。比如，2015年10月，加利福尼亚州河滨市的高速公路巡逻警察能够追踪并找回一辆被偷的科尔维特跑车，他们采取的方法是：利用跑车与互联网的关联，追踪这辆车，将其减速，然后关掉引擎。迪克有一辆科尔维特，这种关联使其五味杂陈。如果自己的车被盗了，他当然很开心车是联网的；但如果有疯子控制了他的车，让他在州际公路上撞上一辆卡车，那他的想法就会大不一样了。易被攻击的车又何止科尔维特一种？现如今很少有车未加入物联网了。

从某种意义上来说，乔·韦斯成功了。他一直宣称必须要确保电网等联网机器的网络安全，曾经他的声音只能孤孤单单地在荒野飘荡，而现在，人们已经接纳了这种观点，不再质疑电网等设备可能会遭到入侵。2015年10月，在哥伦比亚广播公司风靡的电视剧《国务卿女士》（*Madame Secretary*）的某一集中，为了报复俄罗斯入侵了“空军1号”专机系统，美国总统命令军队切断了莫斯科的电源。大概只有很少美国观众会询问自己的同伴：“我们真的有这样的能力吗？”在过去的10年间，人们慢慢接受了全球入侵性这一概念。

他是卡珊德拉吗？有记者这样问道。他避而不答。“有人开始相信控制系统面对的网络威胁是真实存在的了，但这些人毕竟是少数。我所掌握的只有事实和物理知识，但是有些人只想要胜利，这不是个好兆头。”

韦斯并未宣告胜利。他仍然在敲响警钟。有小部分人意识到了问题的存在，也有极少部分人开始采取些应对措施，但是这样的事实难以令他感到宽慰。他担心整个问题非但未得到解决，反而变得更糟糕了，因为物联网发展的速度太快了。他提出的应对举措很简单：投入巨大的研发努力，以创造切实安全的工业控制系统和设备，这种设备能够在发现漏洞后轻松地更新自身软件，能够快速鉴别跟它交流的对象，并且能够迅速加密和解密信号。他认为，有些设备需要在安全的网络中进行交流，这种网络跟公共互联网是隔离开的。

我们相信乔·韦斯和他针对万物互联发出的预警构成了很高的卡珊德拉系数。他提出的问题难以解释说明，因而也难以被人理解。各种设备与互联网联通的速度快得令人咋舌，但是它们联通的方式鲜为人知。现代社会的脉搏掌握在机器手中，而这些机器的复杂性与日俱增，它们在研发和部署过程中几乎都携带着大量的网络漏洞。然后，会有数不胜数的心术不正之徒学习如何掌握并利用这些漏洞。这一挑战太过巨大，而应对之策既不明朗，也不简单。目前还没有突破性的新技术来纠正这些问题，修补这些漏洞，这会是一个旷日持久、成本高昂的过程。

韦斯的预警指向的人群也很模糊和分散。如果负有责任的一方主要是政府管理者的话，那么具体是哪些管理者呢？软件供应商有责任吗？应用工业控制系统的企业有责任吗？软件工程和计算机科学界有责任吗？管理者迫于政治压力不予管理；企业迫于市场压力，不愿将资金投入这样的非必需品开支上；软件开发者受到激励，想尽快地将产品投入市场并不断降低成本；电脑科学家在本科和研究生学习期间基本很少接触网络安全方面的正式课程教育。

韦斯本人是当之无愧的专家，他在自己的研究领域内钻研了 30 年时间。他以数据为依据和导向，建立并维护着最完整的数据库，记录着所有与网络相关的工业控制系统事故和案例。他不满足于只向前来咨询的客户展示其研究成果，而是把给世界敲响警钟作为自己的任务和使命，他提醒着人们：由于工业控制系统缺乏安全措施，可能会出现难以估量的损失。业内人士在形容韦斯时经常会用到一个词语：痴迷。有些人还会流露出否定和不认可的神情。然而，这不正是卡珊德拉的必要条件吗？

难道真要经历一场网络“珍珠港”事件，才能知道乔·韦斯是否是卡珊德拉吗？他虽然预测到了灾难的来临，其建议却不受重视。对他来说，他并不需要通过灾难性的一天的来临来证明自己是正确的。“我的数据库里记录着750场事故的资料，超过1 000人在这些事故中丧生……几乎所有的工业基础设施领域都发生过网络事故：电力分配系统、传输系统、水电站、化石燃料电站、核电站、燃气轮机发电厂、石油天然气管道、水和水处理系统、制造工厂和交通领域。这些事故并非只出现在美国，而是发生在世界范围内的。它不是理论假设，而是真真切切的事实。”表14–1为乔·韦斯的卡珊德拉系数。

表14–1 乔·韦斯的卡珊德拉系数

卡珊德拉特质	警告	决策者	卡珊德拉	批评者
高	×	×	×	
中				×
低				

第15章
行星守卫者：小行星撞击

一场巨大的爆炸突然出现在苏联位于西伯利亚的防空基地上方，将战机震得七零八落，燃料区着了火，数百人死亡，受伤者人数更多。位于莫斯科的苏联军事指挥处不清楚到底发生了什么，以为这可能是美军的偷袭。他们认为，几分钟以后会有更多的袭击，因此考虑对美国发起核反击。之后才慢慢地了解到，这次爆炸其实是陨石撞击地球造成的，看起来与空中核爆炸相似，只不过没有核辐射而已。这就是天体物理学家戴维·莫里森（David Morrison）在他1988年出版的《宇宙中的灾变》（*Cosmic Catastrophes*）开篇所讲述的故事。这部具有重要影响的著作是他与克拉克·查普曼（Clark Chapman）合著的。而这个故事部分是虚构的。

苏联防空基地并没有遭遇过陨石撞击从而变得支离破碎，但是这个故事中其他详细的描写都是真实发生过的。西伯利亚的通古斯地区上方曾有小行星爆炸，摧毁了2 000平方公里的森林。这次事件的确发生过，不过是在1908年的6月，大约是在日出前一小时发生的。

当时北欧地区数百万人看到一道亮光划过天空，一些在西伯利亚的人，主要是一些不使用俄语的土著驯鹿牧人，他们也看到了这次爆炸。爆炸带来的冲击波将距离现场数英里的人击倒在地。一些距离远的人听到震耳欲聋的声音，被吓得目瞪口呆。当天除了数千人感到大地在震颤以外，当时刚刚安装好的、全球第一个地震测量系统也接收到了震感，并记录下了此事件。奇怪的是，没有一个人立即去察看发生爆炸的地面的情况，至少没有科学家前往。一些放牧人可能小心翼翼地走近了那片区域，但是并没有留下相关的记载。或许这是因为，这次陨石撞击爆炸的震中，也就是发生爆炸的正下方，是一群已经在世界上最茂密的森林中艰苦跋涉了三天的驯鹿。

直到 1929 年，也就是 20 多年之后，才有一支科学家队伍来到了通古斯。这些俄罗斯科学家既惊叹，又失望。惊叹的是数百颗被击倒的树，自震中起，呈放射状，一致向后倒下，都被烧焦了，但是并没有化成灰烬。而让他们感到失望的是并没有发现任何陨石坑。他们之前一直希望能找到一个巨大的陨石，这样他们或许可以将其带回现圣彼得堡的实验室，但是地面上没有孔洞，也没有巨石。在那个年代，6 年后才出现了第一次人为核爆炸，30 年后人造宇宙飞船才首次重返地球大气层，因此他们对于大气冲击波效应或者重返大气层的物理学知之甚少。直到 20 世纪 80 年代，才有了大量的实验数据去补充说明 50 多年前记载的事件，这时科学家与工程师才能够计算在 1908 年 6 月的最后一晚发生了什么。而这一结果着实让他们感到大吃一惊。

他们认为，西伯利亚的爆炸是由于一个 90 米直径的小行星高速撞击上了厚厚的地球大气层，下降过程中受到摩擦，温度快速升高并一直升到爆炸点，因而在地表大约 2 万英尺的上空发生了爆炸。那个高度比今天横跨大陆飞行的航线要低，小行星因为过热而升华了，在升华的过程中，它释放了冲击波，这个冲击波相当于 500 万 ~1 500 万吨 TNT

（三硝基甲苯）炸药的威力。即使是 500 万吨 TNT 的炸药，其威力仍然是在广岛投掷的原子弹的 300 多倍。爆炸带来的向下的压力完全摧毁了 800 多平方英里的土地，大约是华盛顿面积的 20 倍。这是人类历史上有记载的在地球上发生的最大的爆炸之一。

戴维·莫里森在他的书中设想，如果 1908 年的爆炸发生在他写作这本书的期间，会带来什么样的后果。这有可能会引发全球核战争；如果那块陨石到达地球的时间推后几分钟的话，那么它有可能在赫尔辛基或者奥斯陆上空爆炸。在这种情况下，即使是在 1908 年，也会夺走几十万人的生命。莫里森书中所传达的信息是，1908 年的通古斯事件并不像我们认为的那么异常，而且一个相似威力或者更大威力的撞击是有可能再次发生的。

莫里森出生在“二战”前夕，是一名拥有哈佛博士学位的天文学家，他拥有几十年在美国国家航空航天局带头开展太空探索项目的经验。人们常称他为呼吁世界关注小行星威胁的人，他还是“凤凰计划”的领导者。在《宇宙中的灾变》一书中，他缓缓道来，就像一名优秀的公诉人详细地、具有说服力地将他的证据呈献给陪审团一样，他也提出了担忧小行星撞击的必要性。他从整个太空说起。

过去的三个多世纪以来，人类都是通过望远镜观察月球的。他们看到的是一片广阔的区域，上面坑坑洼洼，满地的孔洞。几个世纪以来，天文学家都认为，月球经历过一段混乱的时期，它经历了火山喷发，留下了火山口，之后才安稳下来，变成了我们现在知道的这颗死气沉沉的石头。莫里森解释了科学界为何最终抛弃了这个理论，原因在于他们意识到那些坑洞是由小行星撞击形成的。之后，在人类将摄像机送到其他行星和月球上后，他们也发现了陨石坑，这一证据证明了我们相邻的星球也多次遭到小行星的撞击。那么地球是怎么躲过这一劫难的呢？

莫里森和其他天文学家、地质学家给出的答案非常的简单，那就是地球并没有躲过此劫。虽然听起来像宗教神话一般，地球已经有 42 亿年的高龄了。我们迄今为止找到的人类试图记录历史的最古老的证据就是洞穴上的壁画，它们距今大约 5 万年之久了。最早的人类书写样本距今不到 6 000 年。如果大型的陨石撞击平均每一万年发生一次的话，那么可能不会有人类留下的相关记载。的确，即使在人类书写出现的短短几千年中，大部分时期人口分散在地球上的各个角落，而地球的大部分区域又被水覆盖，即使发生了陨石撞击，可能也没有人看到并记载下来。就像最近的 1908 年，在西伯利亚的那次爆炸也几乎无人留意。爆炸发生 20 多年后才有一支科学家团队到达爆炸的震中地区考察。几百年后，现场几乎不会留下任何证据，因为那里的树还会重新生长出来，但是按理来说，更大的撞击应该会造成陨石坑。为什么人们一个陨石坑都没有发现呢？

莫里森的答案非常的明了：陨石坑其实是存在的。当他呼吁大家关注小行星和陨石时，他讲述了地球上的陨石坑，他提到了亚利桑那州，具体来说是温斯洛这个城市。迪克大学毕业后，摇滚乐队老鹰乐队有一首热门歌曲叫作《放轻松》，在歌词中他们回忆道："站在亚利桑那温斯洛的一个角落，看到了一幅美景。"对大部分美国人来说，这首歌就是他们对于这个小镇的全部了解。在这首歌推出的前一年，迪克与大学好友也加入了当时风靡的国内公路旅行当中，他们曾到过温斯洛。在离开温斯洛之后，他们下了高速路，转向了一条小路，去参观很久之前由陨石撞击留下的陨石坑。当他们走到边上往下看时，他们惊呆了。这个陨石坑非常巨大，比他们预想的要大得多。几乎 4 000 英尺长、500 英尺深，看起来就像月球的表面一样，而人类就在两个夏天之前第一次登陆了月球。而且，那些最近刚刚去过月球的宇航员先来到这里，他们来到温斯洛，在陨石坑中训练，因为这里的环境像月球。

亚利桑那的撞击发生在大约 5 万年以前。在爆炸发生约 4 万年后，人类首次来到这里，但是直到 1908 年才有一名科学家认为这是一个陨石坑。因为毕竟并没有陨石在里面。人们之前认为这是一个火山喷发后的遗留物。在 1960 年以前，科学界并没有真正接受陨石坑这一理论，所以当迪克 1971 年驾车来到这个巨型坑时，陨石坑还是一个刚刚得到认可的概念。他像其他很多来到这里的游客一样，问道："那么陨石在哪里呢？"周围有非常少量的陨石残余，但是并没有大的石块。就像 1908 年飞过西伯利亚上空的物体一样，由于它进入大气层时摩擦产生的热量过大，因此它升华了。这个陨石坑并不是一个陨石冲到地表撞击引起的，而是大气中爆炸产生的冲击波造成的。

肉眼可见的陨石坑，就像在温斯洛附近的这个，在全世界范围内并不多见。在我们的地球上，大的陨石坑很少，包括前面提到的温斯洛陨石坑，还有一个在澳大利亚，一个在巴西以及其他几个。这是不是说明，地球是特殊的，因为它逃过了发生在其他行星和月球上的撞击呢？天文学家、地质学家吉恩 · 休梅克（Gene Shoemaker）在 20 世纪 60 年代研究过亚利桑那陨石坑，并进行了有关地球陨石坑的研究。他的回答是，是的，地球是特殊的，但是它的确也遭受过陨石的撞击。说地球是特殊的，一部分原因是它有着厚厚的大气层，它有着充满活力的生物和地质生态系统。而且，它有大气。大气使得很多即将飞来的小行星直接在大气中爆炸，而不是降落到地表，极大地降低了产生陨石坑的概率。活跃的生态系统抹去了证明陨石坑身份的证据，将它们变得很平整，经过几个世纪的风化和植被的生长，它们已被填平。这些根本不可能在月球或火星上发生，或者在我们通过望远镜或航天器看到的其他岩质行星上发生。

休梅克研究过地球的陨石坑之后，他又将注意力转移到太空，开始研究有可能从天而降的陨石。将近 30 年后，他发现了一枚彗星，并绘制了它的行动路线。他预测，这颗彗星会撞击木星，结果这次撞击如期发生，被摄像机记录了下来，这是人类第一次记载下另一个行星上发生的大型撞击。尽管木星上云雾缭绕，大气密度大，这次撞击还是给木星留下了一个巨大的伤疤。

大自然的遮掩

当美国国家航空航天局的科学家在受到像休梅克、戴维·莫里森和汉森（就是我们第 12 章提到的那个汉森）这些人的催促后，开始通过航天器研究地球，他们发现了数千个“美化”过的陨石坑，一些还非常巨大。其中一些陨石坑非常的明显，比如在得克萨斯州、犹他州和印第安纳州的陨石坑，但是其他的陨石坑太大了，风化太严重了，以至住在陨石坑村庄里的数千个村民都不知道它的存在。莫里森以巴伐利亚州的陨石坑为例，他说里斯陨石坑已经有 1 500 万年的历史了，长达 15 英里，这里遍布着古朴的德国小镇。当爆炸发生、造成陨石坑时，整个地球都感到了这股力量。现在就算走遍这整个陨石坑，也不会发现任何之前爆炸的痕迹，可见地球母亲是一名“化妆高手”。

可能她最高明的化妆术还是体现在希克苏鲁伯，这是我们目前所知晓的地球上最大的陨石坑。它出现在 6 600 万年之前，但是人们直到 40 多年前才真正地认可了它的存在，直到 10 多年前才真正地了解了它的影响。有关恐龙是被小行星撞击而灭绝的这一说法，直到最近才成为被广泛接受的科学理论。它第一次出现在 1981 年的一本科学期刊上，有理有据，但是那个陨石坑的位置在哪里并不清楚。同一年，一直在墨西哥勘探石油的地质学家发布的数据表明，有一个巨大的陨石坑掩藏在尤卡坦半岛的地表下。在经历了 6 600 万年的风蚀和大陆漂移后，它已经被完全掩盖住了。[1]

1980 年的尤卡坦陨石坑以及之后的大规模恐龙灭绝理论这两个发

现，得到了戴维·莫里森的赞扬，因为它们在科学界获得了一致的认同，大家一致认为是小行星撞击导致了恐龙灭绝。他说就是在那时他开始很认真地思考小行星撞击的影响。“在此之前几乎没有人想过这个问题，”他说道，“30 年前还没有近地小行星的研究。当时并没有很多已知的或者任何东西可以被研究。”[2]但是他指出“小行星永远都是在接近我们的”，而且一些也在进入大气层，“只不过没有人注意过罢了”。自那以后，美国空军在轨道中布置了卫星，在太空中巡视，以便发现地球上发生的爆炸。这带来了一个好处，他们也能看到小行星进入大气层的活动。现在我们知道每天都有 100 多吨的小行星和陨石撞击地球，几乎所有的个体都很小，没有任何危害，最后就升华了。

直到 2007 年，科学家进行了足够的跨学科分析，以此证明，一个巨大的小行星的确在白垩纪时期撞击过尤卡坦半岛，接近希克苏鲁伯。实际上，科学家已经开始认定白垩纪后期就是尤卡坦小行星撞击地球的时间，将此称为白垩纪 – 第三纪灭绝事件。爆炸冲击几乎使得测量变得不可能。科学家说这次爆炸的威力比投掷在广岛和长崎的原子弹总和的威力的 30 亿倍还要大。带来的后果就是地震、海啸、大火、酸雨、持续的黑夜以及大气中飞舞的灰尘和碎片，多到足以改变了地球几十年来甚或上百年来的气候。根据大部分的估算，地球上 3/4 的生命形式都灭绝了。莫里森在《宇宙中的灾变》中说道，这次灭绝事件只是很多化石和地质记录中的一次而已。他想知道的是有多少次灭绝是由小行星撞击造成的。

莫里森用冷幽默的方式写道，白垩纪 – 第三纪灭绝事件并非完全是坏事。它使得那些不能飞的恐龙灭绝了，因此哺乳动物才可能出现，包括人类。否则，600 万年以后可能就是一只恐龙后代，说不定是某种聪明的蜥蜴，坐在北美的航天局，试图说服其他蜥蜴去关注小行星撞击的可能性了。如果没有希克苏鲁伯作为证据，那么这只蜥蜴想具有说服力就更加困难了。

一方面来说，小行星撞击，导致恐龙和几乎其他所有生命形式的灭绝这一说法让人觉得恐惧，但是仔细考虑下，经历这种类似事件的可能性还是非常小的。在人类出现之前这种事情的确发生过，但是这个问题几乎就像恐龙存在一样，我们几乎完全不必担心。莫里森和其他人给出的证据是，在人的一般生命时长内，这种事件看起来非常不可能发生。他笔下发生在当代的致命的陨石撞击俄罗斯大陆只是一个虚构的故事，他用它来帮助读者去设想撞击是什么样子的，因为在我们的有生之年，并没有发生这样的现实事件。而之后，在 2013 年就发生了这样的事件。我们再一次将注意力转移到俄罗斯。

那是一个 2 月的周五早上，天气清冷。车里雅宾斯克是一个在西伯利亚旁边的乌拉尔山上的城市，这里有 100 万的人口。上午 9 点 20 分，当时大部分人都在工作或者上学。一道亮光闪过天际，比太阳还要耀眼，因为太亮了，后来有些人称他们被晒伤了，导致身体蜕皮。紧接着的就是噪声、巨大的音爆。铺天盖地的压力击碎了窗户，击倒了房顶。漫天乱飞的玻璃碎片令数百人受伤。

如果就像莫里森在 25 年之前假设的那样，俄罗斯上空陨石爆炸发生在“冷战”最盛的时期，当时苏联的核导弹一触即发，人们可能很容易就认为这是美国的核攻击。实际上，2013 年的车里雅宾斯克爆炸的威力估计是美国在广岛掷下的原子弹的 20 多倍，但是车里雅宾斯克并没有被夷为平地。这次爆炸带来的损害非常小，因为爆炸是在城市上空 3 万米发生的，它在城市的西部，当时这个 65 英尺长、12 000 吨的陨石撞击到大气层并且随之升华了。只遗留了几个足球大小的陨石，散落在数百平方公里的广阔区域。

那天，根据天文学家对一个小行星的长期观测，他们认为地球会躲过（或者更恰当地说是“几乎撞上”）它。他们预计这个小行星会直接进入地球外面的大气层，然后继续进入太空。它的轨迹的确是这样的，但是在 16 小时后，天文学家没有观测到的另一颗小行星就在车里雅宾斯克上空爆炸了。这块巨石将数百名俄罗斯人送往急诊室。它潜伏在地球上，从天空的一角冲进来，由于太阳的照射，天文学家看不到这一位置。当人们确定，陨石“突袭”的确已经发生，这不仅吸引了天文学家的注意，俄罗斯、美国和其他各地政府及联合国的领导人也纷纷关注了此事。这次事件证明，我们对于小行星的位置和轨迹的了解有限，因此我们不能预估小行星的撞击。

对太空来说，意外事件非常常见。在 2016 年 10 月 25 日的夜晚，毛伊岛上的泛星计划（全称为全景巡天望远镜和快速反应系统）发现了一个物体，直径为 5~25 米，正朝着地球移动。经计算，他们认为 5 天内这个物体可能会撞击地球，或者正好错过。很显然它擦边而过了，但是这是另外一次提醒，告诉我们很多物体只有距离我们非常近时才能够被观测到。来自美国国家航空航天局喷气推进实验室的保罗·乔达斯（Paul Chodas）估计，直到 2016 年年底，140 米级的小行星只被发现了 25%~30%。这个大小级别的小行星足以摧毁一座城市。

8 年前，人类才第一次观测到有物体靠近并且预测到撞击。在 2008 年 10 月 6 日，亚利桑那州的一名天文学家观察到，有一个物体出现在可能撞击地球的轨道上，他警告了其他的观察人员。经计算，他们认为这个马上到来的陨石会在一天内撞击地球，大约在 19 个小时内撞击苏丹的北部地区。预测的时间和地点都是准确的。被撞击的区域无人居住。该陨石较小，并没有造成什么损失。很多科学家为拥有这一预测能力而感到高兴，因为之前从来没有进行过任何预测。另一些科学家则表示担忧，因为提出预警的时间仅仅是事情发生的前几个小时，也就是在事件发生的一天之内。

1988 年，莫里森和他的同事并不确定一个大的陨石撞击地球的确切可能性，但是他们做了最大的努力去估算。1981 年美国国家航空航天局的研讨会在科罗拉多的斯诺马斯举行。在一份研讨会未发表的报告中，莫里森写道，像希克苏鲁伯那样的灭绝文明级别的撞击发生的可能性是 30 万年一次。据他所说，虽然可能性很小，但是对个人来说，此可能性仍然是死于龙卷风的 10 倍之多，而且对于龙卷风我们还有相关的预警系统。并且，我们不能只关注灭绝的情况，因为发生对全球带来重要影响、非文明灭绝级别的撞击的可能性更大。可能性更大的是一场陨石撞击后，一整片大都市区域彻底被摧毁。但是，预测的不精准是众所周知的，因为在当时，并没有充足的数据能够显示有可能变为近地物体的小行星和陨石的数目或者它们的大小。

莫里森请求政府去获得更多的数据，配备望远镜和雷达，以便搜索太空中有可能威胁到人类生命的小行星和陨石。他写道：

> 我们只有一些非常枯燥的文字和数据去描述可能想象到的最严重的灾难的可能性，也就是我们认为的文明的摧毁。仅仅在一天内，数千年的文明就会消失……我们是应该耸耸肩，继续看下一个电视节目，还是应该联合世界上的其他国家，建立太空探测项目，以便消除笼罩着我们的威胁呢？或是做一些努力……去保护文明，不让它受到可能能预防的事故的侵害呢？

莫里森是联合其他国家一起行动的小组成员，尤其是将美国拉入这一行动当中来。自莫里森 1988 年的书问世到 2013 年发生的车里雅宾斯克撞击，之间发生了很多的事情。全世界的天文学家、美国国家航空航天局的管理层、媒体、电影制作人甚至国会议员都很认真地听取了他的警告。

在 1990 年，也就是《宇宙中的灾变》问世两年后，莫里森在国会证明了小行星撞击的威胁。在众议院科学委员会，他的受众非常赞同他的观点。该委员会指派美国国家航空航天局去研究此事。由加利福尼亚的国会议员乔治·布朗（George Brown）带领的该委员会在之后反复要求美国国家航空航天局去进一步调查小行星的威胁。

太空守卫计划

1992 年，莫里森起草了一份美国国家航空航天局对委员会的要求进行的回应。在他的《太空守卫报告》（*Spaceguard Survey Report*）中，莫里森说美国国家航空航天局的目标是在今后的 25 年间，也就是在 2017 年前，探测到 90% 的直径 1 000 米或者更大的近地小行星。2016 年，他向我们解释说，他认为发现 100% 的近地小行星是不可能的，因此他们将目标设置为发现 90% 的。之后，尽管太空守卫对目标进行了修改，要求搜寻更小的小行星，美国国家航空航天局仍坚持 90% 作为目标不更改。这是很现实的，而且也是基于科学理论的，但是将目标设置为 90%，也就意味着承认永远都可能会有意外情况。

将这份报告称作《太空守卫报告》，莫里森是在向伟大的科幻小说作家亚瑟·C. 克拉克（Arthur C. Clarke）致敬。他的小说《与拉玛相会》（*Rendezvous with Rama*）出版于 1973 年，在这本书中，克拉克展示了他在天体物理学和工程学方面深厚的造诣，在此几十年前，他在人类历史上第一次提出了轨道通信中继卫星的概念。在《与拉玛相会》一书中，克拉克写道，2077 年一次小行星撞击地球，摧毁了意大利东北部之后，地球建立了一套太空守卫观测系统。

因此，莫里森向国会提出，指派美国国家航空航天局去做这项研究。这也是他之后开展的研究，他还提出了太空守卫计划，在 1994 年，众议院命令美国国家航空航天局去实现这一目标。4 年之后，美国国家航空航天局宣布将执行众议院的这一指令。美国国家航空航天局认为有必要开展这一行动，可能并不是因为它的员工戴维·莫里森，或者国会的监督者乔治·布朗，而是因为一些其他的因素。

好莱坞也参与了此事。在1998年，共有两部上映的电影讲述了有关地球即将被来自太空的巨大物体撞击的故事。第一部是《天地大冲撞》(*Deep Impact*)，影片亮点是一位美国国家航空航天局的科学家在其中扮演顾问一角。戴维·莫里森自然认为这一部更好，因为它比较“现实”。(影片中唯一一个不太现实的情节可能是1998年的美国总统是一位非洲裔美国人)在影片中，有一个11公里直径的彗星马上要与地球撞击。美国和俄罗斯联合起来，派宇航员去拦截并用核武器将其摧毁。当核弹爆炸时，彗星被击碎成两部分，一部分落在了北卡罗来纳州海岸，引发了一场巨大的海啸，淹没了美国的沿海城市。在第二个更大的部分可能撞击地球并造成文明灭绝之前，宇航员英勇地牺牲了自己的生命，将其毁灭。

7月的那部电影是《世界末日》(*Armageddon*)，讲的是小行星即将撞击地球(具体来说是纽约市)，这使得宇航员需要发现这颗“得克萨斯州大小”的小行星的位置，当时它只有18天就要与地球相撞了。在此之前，巴黎和上海也遭遇过撞击(很显然，这些小行星比较倾向于撞击大城市)。美国国家航空航天局的回应是派两艘航天飞机，载着打井工人团队到达小行星表面，在小行星上钻洞，放入核弹引爆。当然，在经历过种种灾难后，核弹被引爆，最后地球得到了拯救。

这两部影片在全球销量惊人，票房收入几乎达到10亿美元。制作这两部电影的公司赚得盆满钵满。电影也使得各地的人开始怀疑，小行星撞击地球是否现实。美国国家航空航天局开始认真地进行研究工作，由麻省理工学院的林肯实验室牵头开展。实验室坐落于波士顿附近，但是使用的望远镜在新墨西哥州。该实验室与在图森的莱蒙山天文中心以及全世界其他的天文中心所做的工作，都是为美国国家航空航天局资助的在马萨诸塞州坎布里奇市的小行星中心服务。莫里森和查普曼预测，近地的直径 1 000 米或者更大的小行星的数量大约是 1 000 个。

莫里森对此并不满足，他要求建立一个新的太空守卫计划。他想去寻找体积更小的、直径在 140~1 000 米的小行星。这些中等尺寸的石头可能会造成毁灭性的影响，虽然极其不可能，但是它们直接撞击城市的话，这种影响更具毁灭性。在他们合著的《宇宙中的灾变》出版 6 年后，莫里森和查普曼又共同发表了一篇科技论文，呼吁我们不能只将注意力放在可能使文明灭绝的撞击上，因为这种情况可能 100 万年才出现一次，我们也要关注小型的撞击，因为这也能带来非常严重的地区灾难，比如将一座大城市夷为平地。据美国国家航空航天局的观测，这种级别大小的近地小行星大约有 13 000 个之多。只要一颗就可能造成相当于 129 兆吨的爆炸（广岛爆炸的 1 000 倍），并造成一个超过 2 000 米的陨石坑。因此，2003 年时，美国国家航空航天局宣布了新的目标，即探测 90% 的直径超过 140 米的小行星。

2 年后，国会再次指派美国国家航空航天局去进行这一活动，并将其收入了《乔治 · 布朗法案》，它是根据前众议院科学委员会主席的名字命名，并由当时的小布什总统签署。那么摆在美国国家航空航天局面前的问题就是应该怎样执行这一任务，对国会来说，问题就在于它愿意提供多少资金。美国国家航空航天局和国家科学基金会联合其他国家和机构共同提议，建设一台大型综合巡天望远镜。目前该望远镜正在智利建造，将于 2020 年正式投入使用。如果单用它执行近地小行星探测任务的话，也能够在 2037 年之前绘制出 90% 的超过 140 米直径的近地小行星。同时，美国空军也在与林肯实验室和夏威夷大学合作，打造一个互补的系统，叫作泛星计划。四台望远镜中的第一台已经可以使用了，但是因为资金困难，整套系统竣工时间尚不能确定。大型综合巡天望远镜以及泛星计划在大部分时间将被用来寻找近地小行星。

其他的科学家也在一直要求建造一台放置在太空的望远镜，用于行星防御，但是该呼吁至今仍然没有得到回应。2013 年，他们得到了一套意想不到的太空系统。2009—2011 年，广域红外线巡天探测器绘制出了小行星。但是，广域红外线巡天探测器最终耗尽了冷却剂，冷却剂是深入探测太空所必需的，因此它就被搁置一旁了。之后就发生了前面提到的俄罗斯的车里雅宾斯克撞击，美国国家航空航天局开始寻找方法，加强对小行星的研究。人们提到了当时被搁置一边的广域红外线巡天探测器，它可能无须使用冷却剂就能对此项工作做出贡献。因此，在 2013 年 8 月，这架卫星得到了重新启动，更名为近地天体和广角红外巡天探测器。自此之后，它发现了 40 多个有潜在危害的小行星，这些小行星在近地轨道内，而且尺寸也足以引起担忧。

美国国家航空航天局至少在部分时间内启用了以上所有的系统，在 1 个月内发现了 8 个近地小行星。当 1988 年莫里森开始提议寻找近地小行星时，美国国家航空航天局只知道少数小行星的位置，自那之后，美国国家航空航天局与其他机构共同发现了超过 14 000 个小行星。这些小行星当中，880 多个直径超过 1 000 米，它们有可能毁掉人类文明。美国国家航空航天局一致认为，还有 70 多个小行星有待人们发现它们的具体位置。最初的太空守卫计划，即找到 90% 大一些的小行星的目标已经达成了。莫里森说，这一些都“非常成功”。他说目前为止这项工作“在过去 15 年非常成功地找到了最大的小行星”，而且结果告诉我们，与这个观测工作刚开始时相比，“我们比想象的要安全得多”。这些已经被找到位置的大的小行星，没有一个在近期内会冲向地球。戴维·莫里森说现在我们可以非常有信心了，那些灭绝级的小行星不会撞击我们，至少在下一个世纪左右的时间内不会。

尽管在我们的有生之年，人类文明不会受到体积大的小行星的威胁，但是一些城市可能不会幸免。莫里森说 1908 年在通古斯爆炸的小行星直径为 90 米。如果一个相似大小的陨石在旧金山上空爆炸，那么死亡人数可能会达到几十万人。如果它撞击的地点往东几百英里，即在内华达沙漠，那么“它就会变成一个旅游景点”。相似大小的小行星据说有 100 多万个。超过 90% 的还没有被研究过。我们不知道它们在哪里，也不知道它们是否会撞击地球。

另外还有彗星的存在。小行星的轨道众所周知，而长周期彗星不同，它们是轨道周期在 200 年或者更长时间的彗星，探测起来是有困难的。一些小行星在几十年甚至几世纪间的轨迹都可以被预测，彗星还是会让我们吃惊，因为它们会突然出现在木星的轨道内，与地球仅有数月的距离。彗星的行进速度是小行星的 3 倍，同样大小的彗星撞击一个星球的能量是缓慢移动的太空物体的 9 倍。

2016 年，美国国家航空航天局宣布设立一个行星防御办公室，去协调力量，发现并应对处在可能撞击地球轨道上的大型的小行星和彗星。在同一年，美国国家航空航天局宣布最早在 2020 年开启小行星变轨计划，这个理念是很有创意的。它设想一个自主运行的宇宙飞船，到达一个小行星并着陆，找到一个大的石头，将这块石头连接到宇宙飞船上，再从小行星上发射，沿着小行星飞行数月，利用宇宙飞船与石头联合起来的重力逐渐改变小行星的轨迹。

然而，莫里森称这项计划是“奇怪的”，并告诉我们，他对于这个项目能够得到充足的资金甚至能够启动“不抱任何希望”。他指出，这项计划起初的目标并不是保护地球不受危险小行星的撞击，而是去探索小行星，希望可以在上面发现稀有金属并开采。为了获得资金支持，才重新将其定义为一个防御项目。目前，美国国家航空航天局认为将一个项目贴上行星防御的标签就能帮助它获得资金，这在很大程度上说明，与莫里森请求美国国家航空航天局寻找小行星的时候相比，这项工作已经取得了很大的进展。

再度检验

因此，我们或许认为戴维·莫里森的努力是成功的。的确，他告诉我们，他和他的同事“取得了他从未企及的成就”。这听起来并不像一个自认为是卡珊德拉的人说的话，因为卡珊德拉指的是那些仍然努力在来得及的时候让世界认真看待其提出的问题的人。莫里森说，“人们的确把我叫作毁灭博士”，起初是因为他在小行星威胁方面的先驱工作。然而这个名字就跟着他了，不过现在是因为他是一名天文物理学家，最能够回应很多“荒谬的”、有关来自太空其他威胁的恐怖故事。

他花费了很多的时间揭穿神话，解除关于遥远未来的危险的疑虑，比如太阳正在变成一个大的红球，最终吞噬掉地球。（“它会的，”他说道，“但是不会发生在未来几个世纪内，反正到那时人类这个物种也已经消失了，或者已经搬到别的星球上去了。”）

我们认为，戴维·莫里森的卡珊德拉系数是相对较高的，尽管他可能并不是。他提出的问题看起来像科幻小说或者好莱坞电影中才有的情节，一方面是因为事实曾经的确如此。尽管地球曾经被大型天体撞击过，而且产生了灾难性的影响，但是这是很久之前的事情了，而且这种事件是非常罕见的。上一次灭绝事件发生时离现在太久远，那么现在的警告自然面临着“第一次综合征”的难题，因为这样的事件在人类现代历史上从来没有真正发生过。

然而他的受众的反应在一定程度上还是比较积极的。莫里森说，在过去 30 年间，科学界在接受度方面取得了长足的进步。没有人在事情发生的概率或者后果上与他持不同意见。甚至连政府也有所响应。他说，至少有一个政府采取了行动，提供了一些资金，让他们能够绘制出许多存在潜在危险的小行星。但是，还没有一个政府建立起一个地球综合防御体系，如果发现有较大的、危险性的物体，该系统就能够迅速采取行动，使其偏离轨道。

莫里森本人展现出了很多卡珊德拉的特征。他是一位颇有名气的专家，利用科学的手段进行研究，且有数据作为支撑。他是第一个发现某件事并大声发表看法的人。尽管作为一名政府职员，他还是影响了这个系统，使得国会告诉他所在的机构应该做什么。他并没有像其他人一样，遭到来自同事的激烈批判。没有人怀疑过他的判断，不过有些人有更优先要做的事情，人们不想耽搁他们手上重要的工作，尤其不想因为不太可能发生的灾难这种事情而分神。

莫里森与其他卡珊德拉的不同在于，相对于其他人，他可以接受系统为他提出的问题给出的有限的解决办法。他没有在这个问题上更进一步研究，但是他花费时间，在天体物理学和太空探索这些领域取得了很大的进展。他对于行星防御并没有十分痴迷和执着，可能因为已经有人着手开展此事，而且他们更关注对变轨或者防御能力的需求。

他的论文相对快速地得到了同行的广泛认可，对此他说自己很“满足”。但是他也说道，美国国家航空航天局的确花了 6 年时间才接受他第一次提出的太空守卫计划，即调查近地行星。而且又用了 10 年的时间才开始展开首次研究，接下来的探测工作，去发现更小的但是也依然致命的小行星的任务，还要花费今后几十年的时间。但是不论怎样，他的警告得到了人们充分的重视，美国政府也在探索小行星的工作上投入了亿万美元，只不过在发掘可能摧毁一座城市的小行星方面还有很多工作要做。几十万近地小行星足以摧毁掉一座城市，在莫里森于《宇宙中的灾变》一书中提出重要警告的这些年，这些小行星的位置还是未知的。

就像其他的很多卡珊德拉，莫里森的警告并没有真正打败体制阻力。因为他一直至少有一个国会的支持者，所以他才能够迫使美国国家航空航天局去解决小行星的问题，但是美国国家航空航天局并没有构建出预防的能力。如果明天就有一个 140 米直径的小行星冲我们而来，太阳将我们的眼睛照得什么也看不见，这个小行星撞击地球前几乎或者完全没有预警，直接将伦敦夷为平地，我们是否会认为各国政府足够重视戴维·莫里森在1988年提出的警告？或者我们会将莫里森看作一位——能看到灾难即将来临，可作为某领域专家的，有数据支撑，但是仍然只得到了口头上的承诺，没有得到足够的重视，最后并没有能力阻止一个真正宇宙灾难的——卡珊德拉吗？

在讨论有关“奇怪的”小行星变轨计划提议时，迪克问莫里森，没有一种能力能使已经朝地球而来的小行星改变轨道，莫里森是否为此感到苦恼？“当然了，”他说，“非要等到看见一个冲过来的小行星时才想到去开发这种能力，这是有点愚蠢的。”

如果他对于小行星变轨计划将一块大石头从小行星上举起的概念并不是非常支持，那么他会有什么提议呢？“动力撞击器。”他很快地回应。这是一个从地球发射的导弹，它能够通过撞击的力量或通过爆炸产生的冲击波拦截一个小行星，从而改变它的轨迹。这种方法可行吗？“理论上是可以的，但是我们也不是非常确定”一个特定的系统是否可以不经检验就能完成这项工作。开发加试验会“花费至少10年的时间”，而我们现在还没有开始。

为什么没有呢？莫里森列举了三个原因，前两个原因对卡珊德拉来说是很常见的问题。第一个原因是，美国国家航空航天局现在的经费比之前少了很多（用定值美元对比），而且有限的资金还要用在其他优先的工作上。这就是我们在这本书中所说的体制性失灵的一种表现。它还有“宠物石”难题的特征，不想将资金从政府选定的项目或者是从“宠物石”中抽离，因为抽离资金为的是解决一些令人不愉快的、没有计划的、不受欢迎的工作。一些面临影响它们重要工作的问题的机构通常会认为其他人应该在风险降低上做些工作，也就是经费应该从“国家预算”中出，而不是要它们自己掏腰包。这就是“旁观者效应”，或者是责任分散的经典例子。

莫里森说，第二个原因是，我们讨论的是“一个假设的危险”。在人类历史上，从来没有出现过带来大规模人员伤亡的小行星撞击事件。这就是我们在这本书中称为“第一次综合征”的鲜明例子。即使拥有具有说服力的数据，还是不能去充分地评估风险，因为“它从来没有发生过”。

第三，莫里森说是由于政治门槛的限制。可能直到一个小行星马上要撞击地球时，我们才能够非常有信心地预测这个撞击将发生在哪个位置。如果我们并不知道，一个小行星很可能即将撞击一座美国的城市，或者别的我们关心的城市（如伦敦），那么到时会有足够的政治利益支持行动吗？如果它有可能撞击海洋，沙漠，或者一个我们最不喜欢的国家，我们为什么还要费心去做那么多的工作呢？莫里森说，这个问题非常复杂，因为“你总是要与不确定性较量”。可能你并不能给白宫打电话，告诉工作人员一个小行星正冲着地球而来，即将撞击一座美国城市。就算你可以打电话，在你确定撞击地点后，再去开发动能撞击器或者任何其他行星防卫设备都为时已晚。

致电白宫对他来说现在也仍是一个难题。美国国家航空航天局不允许他给总统行政办公室打电话，去游说争取资金。只有美国国家航空航天局总部才有权这样做，而且只在提出美国国家航空航天局正式的有优先顺序的预算申请时才打电话（这一预算申请不包括动能撞击器或者其他任何真正的有关行星防卫系统研究与开发的预算）。莫里森向我承认，“我从来没有与白宫的任何人有过我和你之间的这种交谈”，从未与其谈论有关仍然存在的风险和建立应急能力的需要的内容。

这就是戴维·莫里森的三个对于为什么仍然没有资金支持行星防御问题的原因，我们要加上第四条。对小行星威胁的响应目前来看就是一个非常鲜明的体制满意解例子。60 多年前，当诺贝尔奖获得者、经济学家赫伯特·西蒙创造“满意解”一词时，他认为当决策者缺乏完整的数据时，这种情况就会经常发生。后来，他补充说，“一个复杂机构的‘周边视觉’是有限的，所以对环境中新奇事物的回应可能不恰当、不积极，这会造成重大失误”。

在对近地小行星进行防御的这个案例中，美国国家航空航天局可能就是这么做的。这个机构在应对国会的施压时，为小行星调研提供了资金，尽管几十年中取得了重大的进展，但是得到的结果是不完整的，而且从来没有将任何望远镜充分调配过。有关地球遭遇撞击风险的数据是不确定的。尽管如此，美国国家航空航天局还是可以说，它正在开展行动。现在它的一间办公室被命名为行星防御办公室，重新设计了小行星探索和采矿的任务，用于行星防御。它没有做到的是计划、设计、请求资助、测试或者部署任何系统去应对可能威胁地球的小行星。在回应“环境中的新奇事物”时，美国国家航空航天局的做法可能“会引发重大失误”。

如果美国不建立行星防御能力，别的国家也不会这么做。尽管联合国委员会有关近地小行星威胁开过多次会议，尽管欧盟的和其他各地的宇航员对此担忧，尽管车里雅宾斯克的事件的发生给俄罗斯敲响了警钟，莫里森说,“没有任何国家有所行动”。美国目前发现了很多小行星，美国创建的系统能够追踪它们。其他国家对这个问题谈论了很多，但是目前为止“它们没有发现任何一个不祥的小行星”，而且很多国家缺乏开展这项活动的专业技术知识和资源。我们只能依靠美国去开发一种能力，去拦截一个威胁地球的小行星，但是至少截至目前来看，美国也不会这么做。

同时，莫里森相信，可以借助意外的到访者，“大自然很可能会让人关注这件事”。他希望当下一个小行星到来时，它不会摧毁一座城市或者扬起太多的尘土，遮挡住阳光，造成核冬天效应。虽然他感到挫败，但是莫里森没有放弃。他相信在这件事上要想取得更多的进步，就需要更清晰地描述小行星撞击的风险。可能美国国家航空航天局或者总统行政办公室会明白这个威胁的严重性，为行星防御能力提供资金支持。他想要与他的美国国家航空航天局同事一起，去发现“一个更好的展现风险的方式，更好的危害分析”方法论。为什么呢？因为“最终还是取决于你愿意承担多大的风险”。

我们目前面临的风险正逐渐被更多的人接受。2016 年 10 月，美国政府的灾难应急与响应机构（联邦紧急事务管理局）进行了一次小行星危机的模拟演练。与这个机构合作的代表来自美国国家航空航天局和加利福尼亚州。模拟的情形非常简单：他们发现一个直径 100 米（330 英尺）的小行星在朝地球移动，预计会在 2020 年撞击洛杉矶。在这次演练中，美国国家航空航天局确定 4 年的时间不足以设计、建立、发射和利用导向装置，以便将小行星推到一边。因此在这次演练中，最后他们做的决定是让人们立即撤离洛杉矶，部分原因是撤离 1 000 万人以及让他们适应新的环境可能需要 4 年时间。

从这个演练中得到的重要的教训应该是，撤离是必须的，原因是美国国家航空航天局没有正视构建防御能力这件事。莫里森警告的危机并没有完全深入决策者的心中，因此没有资金去支持应对能力的提高。[3]表 15–1 为戴维 · 莫里森的卡珊德拉系数。

表 15–1　戴维 · 莫里森的卡珊德拉系数

卡珊德拉特质	警告	决策者	卡珊德拉	批评者
高			×	
中	×	×		×
低				

第 16 章
生物学家：基因编辑

“自然选择”，我们以后将看到，是一种不断采取行动的力量，它无比优越于微弱的人类努力，就像自然的作品比艺术的作品优越一样。

——达尔文，《物种起源》（*On the Origin of Species*）

寒冷的夜晚里出现了排成纵队的士兵。经历了白天长久的训练之后，他们的表情都变得严峻起来。每一张脸上的表情都是一样的。一模一样。这些美国步兵的设计出自一个实验室，他们的生物基因在感知和耐力方面都达到最优，并且在 2088 年被派遣至战场。那些飞行员、潜水艇人员和情报专家亦是如此。不管是莫斯科方面还是华盛顿方面均认为基因优化对于国家安全至关重要。巴黎人、首尔人和纽约人都将其视作社会和金融安全的关键因素。有钱的父母不仅可以指定他们孩子眼睛和头发的颜色，还可以要求将基因进行拼接，以提高后代的体育运动和学术能力。这一切都要归功于N国。

N国的科学家在21世纪上半叶已暗中完善了一项修改人类胚胎基因的技术，被称作CRISPR–Cas9，该技术不仅高效而且成本低，此前已获赞誉，在全球广泛应用于治疗人类的遗传性疾病，加快牲畜的生长速度和增加其体积，使农作物富含更多的营养。众多国际协定禁止在医学范围内没有必要的情况下进行人体强化。但是N国在2036年就已经开始偷偷将该技术卖给全球精英人士，这些人希望自己的孩子能够有别人无可比拟的优势：优越的DNA。

在那时，用CRISPR–Cas9来解决人类的疾病在全球早已司空见惯。于是，一些消息说21世纪40年代早期将出现基因改良的CRISPR婴儿时，人们并没有感到惊讶。原有的国际监管体系迅速崩溃。之前因价格高昂常常使大众却步的CRISPR诊所很快便成了全球医药行业里赢利最多的地方。出于对国家安全的考虑，各国政府也纷纷开始接纳并采用CRISPR。一个新阶层的精英人士自此诞生，并将主宰各物种。对在2012年创造该技术的那位女性来说，这完全不是她的初衷，不过她确实曾经想过会出现这样的局面，并深受该噩梦的困扰。

珍妮弗·杜德娜（Jennifer Doudna）博士自小在夏威夷的希洛长大，那是一个经常下雨的海滨小镇，坐落于夏威夷群岛最大的岛屿，那也是人烟最稀少的岛屿之一。当她父亲前往夏威夷大学任教担任英语教授时，杜德娜和家人一起搬到了这里。她年纪很小时就很喜欢看书，成长的环境中随处可见各种各样的热带植物和动物，于是她对于世界如何运转逐渐产生了浓厚的兴趣。究竟她周围丰富的物种生活是由什么样的过程演变而来的？从热带雨林中的蘑菇到潮涨潮落中的贝壳，周围所有的一切都深深地吸引着她，持续不断地推动着她职业生涯的发展，直至今日。

“我父亲爱看书，他喜欢读科学类书籍。”杜德娜说道。此时我们在其加州大学伯克利分校办公室里坐着交谈。她现在是该校的一名生物学教授，负责管理一个很大的实验室。“我父亲经常买书并扔到我的床上。我记得在我很小的时候，当时我大概读 6 年级，我读到一本书叫《双螺旋》（*The Double Helix*）。当读到科学家能设计实验探索 DNA 的结构时，我完全震惊了。那时还是小孩子的我无比兴奋激动。”[1]

从那时起，仅仅观察大自然对我来说是远远不够的。“我想要知道存在于其中的化学物质；想知道 DNA 之间的何种差异导致了同一物种间的差异——什么差异使一个蘑菇不同于另一个蘑菇？”杜德娜教授一边回忆，一边笑着说道。显然，她少年时期产生的强烈科学求知欲直至今天依旧丝毫未减。“再加上我知道了可以通过做实验来了解那些化学成分的差异。当时我就想好了，我要将自己的一生都投入这一事业当中。”

在她的办公室里能看到令人震撼的旧金山海湾风景。办公室的墙上和书架上布满了各种大奖、荣誉以及纪念品，充分记录和展示了这位科学家的成功职业生涯，让人艳羡不已。现年 53 岁的她距离退休还远，接下来她还会有越来越多的科学发现。2016 年，她跻身于全球最有名的科学家行列之中。很多人坚信她对于 CRISPR 的发现将会把她送至斯德哥尔摩——赢得诺贝尔奖。

杜德娜教授早年对于科学的兴趣在日后演变成满腔的学术热情，在导师和同伴的引导下一步一步发展成为对生物化学深层次的兴趣。最初在波莫纳学院的时候，她在本科导师沙伦·帕纳先科（Sharon Panasenko）的实验室工作，她将导师视作自己在科学领域的强大女性偶像。后来杜德娜进入哈佛学习，师从杰克·绍斯塔克（Jack Szostak），并获得博士学位。杰克·绍斯塔克凭借其在基因方面的研究获得了 2009 年的诺贝尔奖。就在那时，杜德娜逐渐迷上了 RNA，它与更著名的 DNA“关系密切”。

DNA，正如高中生物课上老师所教的那样，是携带所有生物物种遗传信息的分子。其著名的双螺旋结构看起来像一段很长的螺旋状楼梯，围绕着自身旋转，这些“台阶”上则含有被叫作“碱基对”的编码信息。重要的是那些“碱基对”的排列顺序，它们像是一幅我们设计时做的蓝图，控制调节着我们所有细胞的产生和功能，让我们所知的生命成为可能。

杜德娜在哈佛求学之时，RNA 就已经被普遍认为是 DNA 的“秘书”：RNA 执行 DNA 发出的指令。但是越来越多的人开始认为 RNA 的功能远不只是替 DNA“跑差”、“端茶送水”。杜德娜的博士和博士后研究聚焦的正是这一新理论。不久之后，RNA 即被证实有多种功能，一些类型的 RNA 甚至可以起到酶的作用，加速催化作用。[2]

当杜德娜在科罗拉多大学作为一名博士后研究员工作时，她使这些核糖酶（可以作为酶的 RNA 分子）结晶。就像之前 J. D. 沃森（J. D. Watson）和 F. 克里克（F. Crick）对 DNA 的处理一样，杜德娜采用 X 射线衍射，揭示了核糖酶的三维结构。“当我在研究生院的时候，我记得当时我就不想那样做。”杜德娜教授大笑着说道。但是科学家正日益倾向于认为能起催化作用的 RNA 将其自身折叠成了错综复杂的三维形状，它也许参与了生命的起源。“这是一个令人着迷的问题，但是在那时，没有人看到过这些 RNA 分子真正的样子。我突然意识到我必须采用结晶技术，这样一来我便可以看到它们的样子。”

这是该领域内史无前例的重大突破。2000 年，年仅 35 岁的她获得了享誉盛名的美国国家科学基金会的沃特曼奖。沃特曼奖由美国国会创设，每年授予一位在科学和工程领域做出杰出贡献的研究人员。在那时，杜德娜教授在耶鲁任职，在那里她是一个全神贯注的、有创造力的、注重细节的、杰出的研究员，其声望不断提高。2002 年，她成为加州大学伯克利分校的一名教授，继续探索研究病毒的 RNA。[3]

通过非自然选择进化

尽管杜德娜教授将研究的重点放在了病毒上，但在2005年的时候，伯克利分校的一位同事吉尔·班菲尔德（Jill Banfield）博士主动找到了她。吉尔·班菲尔德博士当时在研究一个于高度酸性废弃矿井中发现的独特细菌，她说这些细菌的遗传物质包含了大量的“成簇的规律间隔的短回文重复序列”，英文缩写为CRISPR。也就是说，一些DNA能够自我复制。这些年来，科学家开始意识到这些复制部分之间存在着“间隔区”，这些间隔区中包含了来自病毒的DNA序列，这些病毒曾入侵过细菌。科学家发现存储在复制部分里的遗传密码在一些细菌的免疫系统中扮演着特殊的角色，允许细胞的防御机制迅速识别重新入侵的病毒、削减原有的遗传物质。

对科学家而言，似乎一项重大突破呼之欲出，却仍无法解决关键性的难题使基因工程发生革命性的变革。于是2012年，一场新的革命开始了。艾曼纽·沙尔庞捷（Emmanuelle Charpentier）博士在前一年举办的微生物学大会上找到杜德娜教授并提议合作。沙尔庞捷博士是一位在瑞典于默奥大学工作的法国科学家，致力于研究食肉细菌的基因组。她和她的同事一直在探究细菌的CRISPR序列与CRISPR相关基因蛋白质结合到一起保护细胞免受病毒入侵的过程。沙尔庞捷想要招募知名的结构微生物学家共同努力，分解出CRISPR–Cas复杂系统的结构。杜德娜博士同意了。

经过一年的努力，杜德娜和沙尔庞捷的团队已经确认：在一种特殊类型的CRISPR–Cas系统type–II里，两条由细菌的遗传物质复制得到的RNA会与一种被称为Cas9的蛋白质结合。一条RNA起引导作用，匹配、锁定入侵的病毒DNA，另一条RNA则是激活链，并不会与目标DNA结合，但是对系统的正常运作起必要作用。总之，该CRISPR–Cas9结构能准确有效地切断来自入侵病毒且与系统匹配的 DNA。[4]

正如杜德娜教授描述的那样，当一个项目从“很酷”变成“哇！这将会是变革性的”时候，灵光乍现的时刻就降临了，也就是当科学家发现即便是采用相对简单的技术，人为地将两条 RNA 改造成一条时，那个复杂的系统结构仍旧有效。[5] 简而言之，杜德娜教授、沙尔庞捷博士和她们的科研团队创造了一种能够将任何机制的 DNA 在指定的任意一点切开的工具，人造的 CRISPR– Cas9 系统也能够像原始系统一样高效运作。在那一刻，她们意识到自己的探索已经超越了基础研究的范围，成了一个遗传分析工具，能够重塑和构造任一已知的以 DNA 为基础的生命形式。

过去几十年以来，科学家已经知道当不同的 DNA 链被一种酶——DNA 连接酶切断后，如何将不同的 DNA 链粘贴在一起。一直以来，廉价而且能够简单准确地切开现有 DNA 链的方法十分稀缺。CRISPR– Cas9 正是这样一种方法，可被用于编辑任一细胞类型的 DNA，包括植物和动物。

数千年来，人类为了自身的发展总是以这样或那样的方式改变着生物体的遗传机制。农耕时期的人在种植农作物、养殖动物时，会筛选好的种子、培育那些具有更多理想特点的植物，如那些能长得更大的植物，口感更好、更有营养价值的水果和蔬菜。有选择地培育这样的农作物，经过一段时间之后，人们得到的是经过遗传进化后具有理想特点的农作物。这就是为何现代玉米是从野生植物种子中演化而来的，为何东南亚的野生禽类遍布各大专门产蛋的工厂，为何狼能够演变成人类最好的朋友，更不必提当下流行的拉布拉多德利犬与可卡颇犬的混种了。在所有这些例子当中，好的特质编码存在于潜在的遗传物质当中，然后跟其他好的特质结合在一起，共同传给下一代，得到的是越来越多更为理想的生物。[6]

CRISPR-Cas9 最具有变革性的方面在于科学家现在有可能将一代人的基因分解出来进行编辑。在这之前，通常经过十几代之后，基因才能发生改变。现在科学家能够将基因进行拼接然后导入农作物，使其能够抗旱、抵御害虫和疾病。科学家也可以修改牲畜胚胎里的基因，使其能够以更快的速度长大、更好地抵御病原体，从而为人类提供更健康的肉类。如今科学家已经在羊的胚胎中采用该技术，剔除抑制毛发和肌肉生长的基因，结果得到的是有着更长毛发和更多肌肉的动物，从表面上看，这样就能够生产出更好的肉和羊毛。事实上，一些实验室正专注于 CRISPR-Cas9 的实验，涉及领域从动物到农业，到生物医学，再到人类基因编辑。[7]

个性化医疗和家族遗传性疾病的消除是未来 CRISPR-Cas9 应用的一个潜在亮点。科学家现在可以剪掉那些诱发疾病的有缺陷的基因，用健康的基因取而代之。如果是由单一的基因突变引发的状况，如镰状细胞性贫血、亨廷顿病、囊性纤维化等，那么这样的步骤是可以轻易被实现的。一个以 CRISPR 为基础的治疗是用一个正常运作的基因去替代病人细胞中有缺陷的 DNA 部分。

在 2013 年一个与众不同的实验中，麻省理工学院的科学家用该技术治疗患有酪氨酸血症的老鼠，这是一种会影响人类的罕见的肝病。遗传密码中的一个基因突变阻止肝脏产生一种重要的酶，这样一来会导致毒素在身体里聚集，以至发展到病人需要进行肝脏移植手术。采用 CRISPR-Cas9 的方法，研究人员能够将有效运作的 DNA 序列进行拼接，将其导入老鼠的肝细胞中，从而使肝脏恢复正常的功能。[8] 在 2015 年，得克萨斯大学西南医学研究中心的研究人员成功地将 CRISPR-Cas9 用于治疗杜氏肌营养不良症，这是一种常见的无法治愈的疾病，平均每 3 500 个男孩中就会有一个患有这种疾病的孩子。这种疾病引发身体肌肉的分解，导致患者瘫痪和过早死亡。研究人员在实验中将老鼠作为实验对象，移除其身上有缺陷的 DNA 序列，正是这些 DNA 序列中断了一个重要肌肉蛋白质的细胞生产，结果这一做法在一定程度上缓解了状况，给人们带来了希望，也许几年之后的某一天，人们能够找到治愈这种疾病的方法。[9]

在治疗由多种基因引发的人类遗传性疾病方面，比如肌萎缩性脊髓侧索硬化症以及各种不同类型的伴有额外并发症的癌症，CRISPR–Cas9 已经被医学研究人员应用于治疗动物患有的类似疾病。这些以动物作为研究对象的实验为日后开展有效精确的研究起到了极大的促进作用，有助于研究人员识别究竟是哪些基因参与其中，它们起了哪些作用，加快类似疗法的研发，这成为治疗类似人类疾病的最有效的手段。除此之外，最终的希望便是 CRISPR 能够提供彻底治愈的手段。[10]

这些可能性让人激动不已，潜在价值高达数十亿美元。全世界范围内已成立多家致力于研发以 CRISPR 为基础的生物治疗技术公司，它们得到了数百万美元风险投资的支持。杜德娜教授在伯克利分校创立的 Caribou Biosciences 公司，沙尔庞捷博士创立的、总部设在巴塞尔的初创公司 CRISPR Therapeutics，是在该新兴领域最早成立的两个商业风险投资公司。

尽管 CRISPR 或许是找到众多世界性疾病解决方案的关键，但其也极有可能成为人类未来的一股危险的分裂力量。

从细菌到种系

如果在医学研究中，修改之后的病毒使实验动物患上侵袭性癌症，然后这些动物偶然逃出了实验室从而引发了癌症的流行，接下来会发生什么呢？如果改造后用于阻止疟疾的基因同时致使携带疟疾的蚊子无法继续繁殖，引起全球范围内蚊子数量锐减，那么食物链又会发生什么变化呢？还有再想想公众对传统转基因生物的强烈抗议，试想如果科学家开始使用CRISPR来调整我们杂货店产品的DNA，使三文鱼的颜色变成明亮的橙色，使西红柿和黄瓜的保质期更长，那么公众会有多么抓狂。[11]

另一个严重的隐患源自所谓的脱靶效应。CRISPR–Cas9被发现之后，科学家发现其系统有时会在非预期位置与目标DNA结合或者被切断。尤其是在处理人类的细胞时，科学家发现有时甚至会出现被向导和目标DNA错误匹配的核苷酸高达5个的情况。如果一个DNA片段被错误地切断然后重新放回，会怎样呢？这会有什么样的影响呢——不管是对遗传特性的直接影响还是其进一步发展的影响？在受控的实验室环境中用植物或者老鼠细菌做实验是可以被接受的，如果当研究人员开始用某一工具将一个人的DNA切断时，此时可接受的误差水平是多少呢？如果确实犯了一个错误，还有没有潜在的方法修复该错误呢？[12]

此外，考虑改造基因的细胞类型同样重要。基因改造有一天可以用于治疗机体内的、身体内的或者细胞内的疾病。但是那些机体内的基因编辑仅仅只是留存于单个的个体中，随着个体的死亡而消失，并不会影响后代。例如，想要使用CRISPR治疗患有酪氨酸血症的妇女，可以对她的肝细胞进行基因改造，但是如果她后来怀孕了，她的孩子仍缺少改良的基因。然而，CRISPR还可以修改受精卵或胚胎的DNA。当其细胞分裂成一个完全成形的人类时，每个细胞，包括那些可能有一天用于繁殖的细胞，都将包含一个经过改造的DNA副本。这样的“种系”修改意味着任何改变都将传递给那个个体的后代，成为更广泛的人类基因组的一部分。

如果这样的修改能防止儿童患上一种可怕的疾病，比如肌肉萎缩症，那么则很少会有人反对。如果治疗带来了意想不到的并发症，也许是一个脱靶事件，直到生命后期，甚或是一代人之后才显现出来呢？为了防止修改过的DNA被合成到更广泛的人类基因组中，难道可以禁止个体进行生育吗？这样的限制可行吗？更别提道德约束了。

这些问题不只是简单的思考实验。2014年，研究人员采用CRISPR–Cas9对食蟹猕猴的胚胎进行了基因编辑，这是史上第一次成功在灵长类动物中使用这种技术。食蟹猕猴因其基因与人类相似，常常被用于生物医学研究，用来模拟人类疾病。这个实验的总体成功率很低，但它预示着未来实验的方向：现在是灵长类动物，接下来是人类实验。[13]

虽然杜德娜教授的研究集中在微小细菌和病毒中最小的分子上，但她知道CRISPR的意义巨大。每当她帮助创造的工具又有了新的发现，指向的是不可避免的后果时，她便会感到不安。起初，她认为这个问题最好还是留给其他人去解决。“我不是人类遗传学家。”她强调。她的职业生涯都致力于基础科学研究。她把这个问题留给其他人处理：如何调节CRISPR的使用细节，尤其是在人类中的应用。然而，沉默完全不是杜德娜教授骨子里的品质。

当我们问她是否有一个转折点迫使其发出关于CRISPR–Cas9的警告时，杜德娜教授回答道：“我想是因为那些猴子吧，2014年2月，一位记者来到这里，在这个办公室里问我关于（食蟹猕猴）实验的事。当时我就在想，天啊，这发展得太快了！我有一种强烈的感觉，那就是公众所知道的和我们所有参与这项技术的人所做的是脱节的。”尽管她没有生物伦理学或公共政策方面的技术背景，但她觉得自己有义务采取行动。

“我甚至想，可能我们的政府、我们的监管机构都不知道这是怎么回事。然而，也许在这几周里，我将接到一个电话，说某人刚造了一个CRISPR婴儿。这个想法真的把我吓坏了。”杜德娜教授停顿了一下，然后接着说道：“我告诉自己，不应该坐视不管，认为这是别人的职责。除了我们这些投入科学的人以外，谁还能更好地解释 CRISPR 是什么，它是做什么的，以及它未来的走向？”她和她的 15 个同事一起组织了一次会议，讨论该技术。会议的核心是如何处理杜德娜教授的担忧——面对该技术的快速发展，下一步该怎么办。“很显然，这种技术在任何类型的细胞中都起作用。合乎逻辑的下一步是，你能在人类胚胎中使用它吗？”

“CRISPR 之母”成为又一个卡珊德拉

2015 年 1 月下旬，一群生物学家聚集在加利福尼亚州的纳帕，其中有些人可能会意识到这与 40 年前召开的一次会议颇有相似之处。

1975 年 2 月，大约 150 名顶尖专业人士聚集在阿希洛马会议的场地上，俯瞰着加州蒙特里半岛的太平洋。会议的召开是为了讨论当时的一项突破性发现，让科学家可以人工操纵基因组。当时出席会议的大多是分子生物学家，但会议上的广泛讨论及其深远影响也将医生、律师、记者和政府政策制定者带到了阿希洛马。[14]

会议讨论的主题是重组 DNA 技术。几年前，科学家发现了限制性内切酶，即在单个特定的核苷酸序列中切割 DNA 的酶。每一种限制性内切酶对某个 DNA 序列来说都是特定的，CRISPR 则可以被修改，根据需要自定义，任由你在任何位置切断 DNA。大约在同一时间，科学家还发现了一种叫作 DNA 连接酶的酶，这种酶可以将 DNA 片段粘在一起。生物学家现在有了基本的工具，可以将两种不同的 DNA 链切断，并把它们放在一起。[15]

1972 年，斯坦福大学的生物学家保罗·伯格（Paul Berg）博士和他的学生珍妮特·默茨（Janet Mertz）做了这样的研究，将两种不同的 DNA 分子结合在一起，形成了第一个人工合成的再合成 DNA 分子。然而对安全问题的担忧让伯格犹豫了。科学家讨论了这样一个问题：假如一个有机体——如一种具有高度毒性、会引发癌症的细菌从实验室中逃出来可能会带来生物危害，是否应对开展重组 DNA 实验提出疑问？[16]

3 年后，伯格博士担任重组 DNA 国际会议组织委员会的主席，负责制定指导方针和建议，同时人类在基因试验方面不断取得进展。帮助伯格组织会议的是著名的麻省理工学院生物学家戴维·巴尔的摩（David Baltimore）博士，他本人是研究 DNA 和 RNA 的专家。

会议提出了一系列建议和自愿指导方针，这些被写入了总结声明，被发给美国国立卫生研究院，并被发表在美国国家科学院院刊上以供其他科学团体参阅。它将基于风险的实验分类，并描述了随着风险增加而应采取的一系列防范措施。该声明还呼吁全球范围内的实验者自愿暂停基因试验，因为这类实验可能会严重地危及公共卫生安全，例如那些涉及高致病性有机体和有毒基因的实验。[17]

这些指导方针成了美国国立卫生研究院准则的基础，这些准则后来被应用于该技术的使用中，并且从那时起，它们就成了安全开展 DNA 重组实验的成功模板。对于重组 DNA 实验可能会引发一场公共卫生灾难的担忧从未成为现实。此外，早期人们对于 DNA 重组的未来信心满满，相当兴奋。但这种美好憧憬不得不让位于现实，那就是操纵 DNA、准确地指定切割位置被证明是非常棘手的问题。这一现实情况持续多年，直到杜德娜教授在 CRISPR 上取得重大突破才得以改变。

不过，阿希洛马会议仍被认为发挥了更为重要的作用。伯格博士仍担任斯坦福大学的名誉教授，他在其斯坦福大学的办公室里向我们解释道："阿希洛马会议取得的重大成就就是建立起了大众与科学之间的信任。"超过 10% 的参会者来自媒体行业。"当时到场的媒体人士都是真正意义上的参与者，"他强调着，"而不仅仅是旁观者。"记者们也参与了所有的讨论，他们向专家组成员提问，在深夜里与科学家和生物伦理学家一起喝啤酒。他们可以自由地写自己认为恰当的会议报道。他们发表了大量详尽的报道，这其中包括《滚石》(*Rolling Stone*) 杂志的一篇专题文章，复述了会议期间的辩论、争吵和争论以及最后达成的共识。伯格博士回忆道，结果就是“公众的担忧就这样得到消减”[18]。

很多人认为阿希洛马会议之所以取得这些成功是因为其召开恰逢其时：标准的设定和广泛共识的达成是因为参与技术构建的科学家呼吁早日全面的公开讨论。假如他们将此事延后，他们将不得不努力尝试在世界各地实验室中的多种不同程序中制定新规则。让公众参与其中有助于避免因被伪科学误导而导致的反弹作用。

40 年过去了，伯格和巴尔的摩一定深深地感受到自身的处境多么具有讽刺性。尽管能够确保重组 DNA 技术实验在未来几年具有一定的安全性，但许多人早先预测的革命因缺乏更有效的 DNA 切割方法而受到阻碍。现在的情况是，这样的工具已经出现了，科学界需要再次找到继续前进的道路。像伯格博士和重组 DNA 技术一样，CRISPR 的发明者——杜德娜教授现在是一个领导者，致力于理解和防止由于该技术不受约束的应用而可能产生的意外后果。

鉴于目前使用 CRISPR 进行的实验正如火如荼地开展着，来纳帕参会的科学家要解决的问题与之前阿希洛马的问题截然不同。“我们从未讨论伦理问题，”伯格博士告诉我们，“我们是有意这样做的。”那些更黑暗的问题距离我们依旧很远，对生物灾害的担忧在当时才是最重要的。阿希洛马会议关注的是建立广泛的安全协议，聚在纳帕的科学家则要讨论改变人类基因组的风险。

杜德娜教授和其他与会人士将他们的纳帕会议视为一场更广泛的国际和公众对话的序曲，讨论的是 CRISPR 的实际、伦理、社会和法律意义与启示。他们发表的两页评论，呼吁全世界暂停使用 CRISPR 来进行人类种系编辑实验。但是，为了更好地了解 CRISPR 的潜力和风险，他们还鼓励继续扩展正在进行的基础研究，这些研究可能有一天适用于设计人类基因遗传。

同样重要的是，纳帕的参会人员呼吁加强相互间关于 CRISPR 的沟通和讨论。杜德娜、伯格、巴尔的摩和其他与会者认为，公众、科学家、法律专家、生物伦理学家和其他利益相关方之间进行公开和坦诚的讨论是解决这些问题的必要条件。他们最后还总结了阿希洛马会议，他们认为："在重组 DNA 时代的初期，最重要的教训是，公众对科学的信任始于透明和公开的讨论，并且必须将这种透明和公开讨论延续下去。随着 CRISPR–Cas9 技术的出现以及基因组工程的前景，这一教训被放大了。主动发起这些引人入胜而且富有挑战性的讨论将会优化社会在生物学和遗传学新时代到来时做出的决定。"[19]

虽然会议规模很小，但与会者都是具有影响力的人物。纳帕的与会者希望他们的评论能够争取到一些时间，就如何使用 CRISPR 达成更广泛的共识。至少，他们希望人类种系编辑仍然只是一个谎言。

纳帕会议评论发表后，一些科学家宣布他们已经采用 CRISPR–Cas9 技术改造了人类胚胎的 DNA，他们试图纠正一种导致罕见疾病的致病基因。[20]

该实验受到了很大的争议。在他们一开始采用的 86 个胚胎中，研究人员发现 CRISPR–Cas9 只是正确编辑了其中的 4 个。这 4 个均被发现产生了脱靶事件，这表明如果他们一直试图编辑可行的人类胚胎，治疗将不会起作用，但科学家真正改变了人类胚胎的 DNA 这一事实本身就具有重大意义。[21] 不管怎么说，这项研究正是杜德娜教授希望避免的：它似乎以一种令人不安和令人担忧的方式将 CRISPR 带入公众的视野中。《华盛顿邮报》的报道采用了如下标题：传闻是真的，科学家首次编辑了人类胚胎的基因组。《纽约时报》的报道标题则为：科学家编辑了人类胚胎基因，引发担忧。

杜德娜教授和她的同事加大了对公众的宣传攻势，答应了杂志和报纸的采访请求、发表评论，甚至向国会和白宫的官员作证。她的努力成功地吸引了立法者的注意力。“我感觉到一种渴望，就是既想要理解这种技术又想要了解这种技术是否需要新的监管。”杜德娜教授在其向众议院科学技术委员会汇报情况时如此说道。

在她第二次去国会的时候，杜德娜教授和她的一些同事参与了在华盛顿特区举行的一整天的公开会议。出席会议的有国会议员、工作人员和包括学生在内的普通民众。“令人震惊的是这次会议上大家都是站着的，就这样持续了一整天，”她回忆道，“我有一种感觉，人们意识到我们正处在能够编辑人类基因组的边缘，这将改变人类的进化，这是科学领域正在发生的具有深远影响的事情。”

他们想要传递的主要信息仍然是 CRISPR 不应该被用于修改人类的种系，尽管关于治疗人类疾病的研究一定要继续下去，但公众应该意识到这种疗法存在的风险和益处。许多相关问题的答案仍旧未知。政策制定者已参与其中。公众对此颇感兴趣。也许杜德娜教授能避免卡珊德拉式的命运？

CRISPR 的未来

尽管人类胚胎实验算不上成功，但研究人员已经在降低 CRISPR 的错误率方面取得了重大进展。一些人认为，如果我们还没有达到这一目标，那么对这项技术的改进将很快使它变得足够安全、足以对人类进行实验。哈佛大学的遗传学家、纳帕会议建议评论的签署人之一，乔治 · 丘奇（George Church）博士估计技术进步之后，300 万亿“碱基对”中只会出现 1 个错误（整个人类基因组的错误率则为这个数值的 1/100 000，仅供参考），与自然发生的基因突变概率是一样的。

尽管如此，围绕着 CRISPR 未来应用的更黑暗的问题仍处于边缘地带，而不仅仅是在阴谋论者的头脑中。在 2015 年 11 月接受《纽约客》（*The New Yorker*）采访时，杜德娜教授说，她最近梦到自己的一个同事带她去见了一个人。“我走进一个房间，希特勒就在那房间里。他有一张猪脸，我只能从后面看到他，他正在做笔记，他说，‘我想要理解这一惊人技术的使用和影响’。我醒来时一身冷汗。那个梦从那天起就一直萦绕在我的心头。因为如果像希特勒这样的人能够接触到该技术，那么我们不难想象他会把这种技术运用到某种可怕的事情上。”[22]

可能某一天 CRISPR 会是治愈绝症或者终身性疾病的关键，那么其他的个人特质呢？比如阿斯伯格综合征、暴饮暴食倾向，甚至是性格内向。我们正进入一个时代，在这个时代里 CRISPR 将被用于将基因拼接到胚胎中以提高智商，使儿童更高，并增强其运动能力。在不久的将来，CRISPR 很有可能让父母可以选择他们孩子的眼睛、皮肤和头发的颜色。人类基因组的排序和 CRISPR–Cas9 的力量结合到一起，让优生学从令人不安的虚构小说中走出来，成为现实。甚至连那些被成千上万基因影响的个人特质也会在不久的将来被解码。

一旦研究人员确定了这些基因，社会将如何界定在哪些情况下基因编辑是合适的，哪些情况下它是不合适的呢？是否还有可能继续禁止实验呢？

想想以下两个不相关的问题：首先，基因改造胚胎以选择智商、身高、眼睛颜色和其他改善为方向的做法是否合法？其次，如果它是合法和安全的，你会选择采用这些增强措施来改善你自己孩子的这些方面吗？

杜德娜教授回忆说，在纳帕会议上，有人指出：“‘未来，这样一种时刻必然会来临，那就是在道德伦理上，我们不得不这样做。’这让我们每个人都坐在自己的位置上，认真思考这个问题。”试想一下，当 CRISPR 不会产生任何误差的时候，如果一个医生发现一个胚胎出生后会有威胁生命的疾病，那么他或她会觉得有必要利用 CRISPR 来纠正胚胎 DNA 的相关部分吗？[23]

2003 年，在经过 13 年的国际科学合作之后，整个 30 亿“碱基对”人类基因组测序得以完成，耗资近 30 亿美元。今天，这项技术已经有了很大的进步，对一个人的基因组进行测序需要花费大约 1 000 美元，并且大约可以在一天之内完成。

密歇根州立大学的史蒂夫 · 许（Steve Hsu）博士认为，这些进步将使我们能够在 10 年内识别出影响智力的基因。虽然智力可能与遗传密码的约 1 万个不同部分有关，但许博士相信，我们可以开始通过比较不同个体的基因和智力指标来找到相关性，比如标准化测试分数。积累足够多的此类数据再运用统计分析，将能得到一个高度确定的结论，那就是基因变异的位置与优越的智力具有相关性。虽然这并不完美，但这些数据的聚合将使科学家能够找到父母可能想要在后代中优化的任何与遗传相关的特质：优化运动能力、视觉灵敏度，或降低患阿尔茨海默病的可能性。[24]

以上正是杜德娜教授和纳帕参会者所提及的社会担忧。简单的体外受精目前的成本是 1 万美元以上，但是基因编辑的成本可能要高很多倍。CRISPR 是否会成为给富有精英设计基因优良婴儿的工具？我们已经处在一个财富分配不均衡的世界里，并且贫富差距日益明显，基因增强将加速贫富差距的扩大，并使富人和穷人之间的鸿沟越来越大。在 1997 年的电影《千钧一发》（*Gattaca*）中，基因信息和修改成了一种用来纠正不完美的工具，同时使大众实行了事实上的种姓制度。CRISPR 是否会创造一个永久的具有优越智力、外貌和健康的社会特权阶层，通过一个自我选择的循环过程永恒延续，无法逆转呢？

遗传技术的早期发展曾引起对优生学的担忧，但以前从未有过像 CRISPR–Cas9 一样简单高效、充满希望的工具。如果精英能够利用基因编辑的力量为后代造福，政府也可以将这一能力作为一种手段来增强国家的力量，使其人力资本最大化，更具体地说是使其智力能力最大化。未能利用 CRISPR 可能会导致国家安全隐患。

杰米 · 梅茨尔（Jamie Metzl）是大西洋理事会的小说家和生物技术政策专家。梅茨尔曾是我们在白宫国家安全委员会的同事，他预测，有朝一日人类基因改良将成为国际军备竞赛中的核心部分，即使不是最重要的一部分。他写了两本小说，探讨了在控制和利用技术的背后所需要的现实政治的必要，以及这些技术将带来的无可比拟的竞争优势。人类的基因被设计后，将出现更好的科学家和工程师、数学家和数据分析师、政策制定者，甚至高级士兵。

现在已经有了先例，尽管还是小规模的。“一些人已经在小孩子中寻找那些将来有前途的运动员，把他们从父母身边带走，培养他们成为奥运选手，”梅茨尔在午餐交谈中告诉我们，“这是下一个进化。”更令人不安的是：“一旦有人开始这么做，其他人也会为了跟上步伐而将伦理道德的考虑抛诸脑后，到那时该如何阻止他们这样做呢？”[25] 从博弈论的角度来看，不难想象，如果要提供一些衡量社会优势的指标，所有国家都将有动机参与实践。

由精英决策者控制的一群超级士兵的基因被强化了，他们拥有更强的逻辑和解决问题的能力。再过几十年，这一切才可能成为现实。但杜德娜教授和她的许多同事仍然担心，更多的公众还没有准备好去理解这些事，更别提讨论 CRISPR–Cas9 的影响了。这些问题不只与美国人有关，相关的对话必须超越国界。

2015 年 12 月，即在纳帕会议 10 个月后，科学家发表关于用 CRISPR 编辑人类胚胎的论文近 8 个月后，人类基因编辑峰会在华盛顿召开，由美国国家科学院和国家医学研究院、中国科学院和英国皇家学会主办。纳帕会议仅仅是一个讨论 CRISPR–Cas9 未来和影响的起点，纳帕会议的几个参会成员，包括杜德娜博士、巴尔的摩博士和伯格博士，都是此次峰会组委会的成员。

在举办峰会的三天里，科学家、政策制定者、生物伦理学家、律师和记者讨论了体细胞和种系的修改、CRISPR 技术的国际管理、基因编辑技术的社会影响以及下一步的措施。CRISPR 会带来一个更平等、更健康的社会，还是会加剧全球不平等？目前的国际机构和机制是否能够建立起一个全球化管理的基础设施，用于监督和使用 CRISPR ？或者说国际监管只是一个白日梦？[26]

与纳帕会议一样，峰会产生了相互对立的观点，也没有得到明确的答案。就像纳帕会议一样，这次峰会发布了一份最终声明，作为另一种未来的指导方针，更强有力地指导日后的伦理和监管辩论，呼吁持续开展基础研究，采取谨慎的预防措施，推动在人体细胞中运用 CRISPR–Cas9 的治疗方法向前发展，继续开展国际讨论，探讨基因编辑技术的运用和在未来扮演的角色。[27] 杜德娜教授认为这是一个良好的开端。“这次会议对像我这样的美国人来说是非常有帮助的，帮助我理解我和其他国家同行之间的文化差异。”她说道。随着世界各地的官员开始讨论 CRISPR 是否应该被监管的问题，科学家也必须沿着平行的轨道继续前进。“试图就我们如何使用科学达成一致。”

她的努力同时还受到了另一担忧的驱动，那就是一个令人震惊的 CRISPR 实验引发的公众反对将会对整个领域产生寒蝉效应，从而削减整个董事会的资金和资源。“我希望能够阻止一些东西的发表，它们可能是关于人类胚胎的，会在公众中引起负面影响，结果是相关监管的出台阻碍了创新的发展和合法研究的继续开展，”她说道，“我认为，即便我们没有所有问题的答案，科学家通过参与公众的讨论，至少可以在很长一段时间里避免负面结果出现。”

“潘多拉的盒子已经被打开，”她承认道。“这项技术的优点在于它的使用非常简单，但这也正是其令人担忧的地方。即使监管机构今天说我们不能再使用 CRISPR 了，但它们如何能够强制执行这个措施呢？所以我们希望邀请科学家参与我们的讨论”，以制定行为规范而不是监管条例，并使非科学世界的人也参与对话。

她最近努力的势头缓解了一些担忧，但她希望政策制定者、监管者、科学家和其他人继续“对该技术保持密切关注”。仅仅依靠希望不是一个有效的策略。“科学现在是全世界的事。人们聪明且有创造力。现在一切皆有可能。”

如果 CRISPR 变得越来越好，越来越简单，我们怎么能保证不会有人做流氓，做一些以前无法想象的人类实验呢？杜德娜教授停顿了一下，转过身去看了看在这样一个异常晴朗的日子里，阳光下闪闪发光的旧金山海湾。“阻碍我们的是我们对人类基因组的理解。当然，这种情况会随着时间的推移而改变。”她仍然担心有一天她会醒来，听到一个 CRISPR 婴儿出生的消息。但她希望，她自己和其他人的努力已经开始为社会理解和讨论 CRISPR 的风险和益处搭建平台，并据此制订相应的计划。

走向美丽新世界

CRISPR 和基因工程带来的意想不到的潜在后果，有一个适中的卡珊德拉系数。尽管这个问题很复杂，而且有一些方面被认为很怪异，但研究人员和生物伦理学家已经开始与政策制定者就这项技术可能的影响展开强有力的讨论。关于 CRISPR 的头条新闻已经开始引发公众的强烈关注，科学家意识到必须通过公开来自学术界的准确信息让公众了解这一领域。

杜德娜教授乐于与他人开展极具建设性接触的意愿和能力，是本书中很多其他卡珊德拉式人物所缺乏的品质。这反映出她除了作为一名研究人员，还承担着一名教育工作者的重要责任。她善于沟通，甚至能够轻松地解释那些很难的科学概念，她甚至完全不需要告诉我们："我喜欢人们！"她把这部分原因归结于自己在夏威夷一个具有多元文化的小镇上长大，这也是她离开小岛后所怀念的。"我学会了欣赏来自不同文化的人对生活的不同看法，我们应该了解它，理解它，并相互谈论。我对待科学对话的方式是这样的，'我知道这些，你知道那些，让我们聚到一起好好讨论吧'。"

虽然事实证明我们的卡珊德拉是一位受人尊敬的科学家，并且在很大程度上可以说是这项技术的创造者，但她还是坦率地承认了这样一个事实："有时候我会觉得自己在基因组学领域是个局外人。我的研究一直都是基础生物学和生物化学领域。"不同于其他卡珊德拉，她并不缺乏向公众传递信息的社会能力。杜德娜教授告诉我："在我的职业生涯中，我已经足够了解很多人，并且他们也认识我。"可以说这毫不夸张。她的关系帮助她迅速地把其他人凝聚起来，投身到这一事业中。那些加入她的事业的人是世界上最受尊敬的生物学家和生物伦理学家。

担忧往往源自未知因素：CRISPR 是否能被用于编辑人类细胞？如何将其用于编辑人类细胞？如果它被用于编辑种系呢？如果它将被用于增强种系而不是简单的修复呢？另一个未知的问题有关国际社会围绕 CRISPR 采取的新一套全球规范的有效性。正如我们在人工智能、流行性疾病和其他警示中所看到的那样，责任分散才是真正的挑战。能实行对 CRISPR 的全面监督吗？像许多其他的新兴场景一样，目前不存在明确的决策者。CRISPR 的监督和控制必须来自一个各行业领域人员组成的联盟：公司、大学、政府和国际机构。当 CRISPR 因其潜在的巨额利润或者是因其引发的新一轮全球军备竞赛被证明是一个能够改变游戏规则的事物时，那些原本制定的监管规则又将发生什么样的变化呢？

这似乎不再是一个关于 CRISPR 婴儿是否会出现的问题，而是婴儿会在什么时候出现的问题。当这种情况发生时，婴儿将会出生在一个什么样的美丽新世界呢？表 16–1 为杜德娜博士的卡珊德拉系数。

表 16–1　杜德娜博士的卡珊德拉系数

卡珊德拉特质	警告	决策者	卡珊德拉	批评者
高	×	×	×	
中				×
低				

第 17 章
现在你能听见她了吗

在前面 7 章中，我们已经运用了卡珊德拉系数，通过分析一系列因素来确定有些专家是否可能会是真正的卡珊德拉——即使他们的警告是正确的，但是没有受到关注。在每一个案例中，我们都找出了涉及该议题的相关特征、决策者的受众、卡珊德拉以及批评者。对于这些警告的回应可能是充满希望的，如努力在 CRISPR–Cas9 的问题上创建全球规范，也有可能是微弱无力的，如对人工智能威胁人类的初期反抗。

我们的目的不是选边站队，而是要说明这些有可能是卡珊德拉的专家以及他们的警告应该被听到。这些人的预言不仅要说给潜在的观众听，我们更要用一种深思熟虑并且全面的体系判断它。这不是在帮助卡珊德拉，这是对整个社会安全的潜在贡献。

其他可能的当今卡珊德拉

本书不是对每个具有高卡珊德拉系数警告的完整研究。例如，前众议院议长纽特·金里奇（Newt Gingrich）以及前中情局局长詹姆斯·伍尔西（James Woolsey）都曾公开表示担忧电磁脉冲（核爆所释放的能量）的威胁。核武器除了具有强大的爆炸威力以及扩散放射性尘埃，它还能破坏或者摧毁电路系统，包括输电线路和电脑集成电路板。如果在高空引爆，电磁脉冲的破坏力将更广。国会授权成立了调查委员会对电磁脉冲问题进行了研究，并在 2008 年发出了明确警告。

一些缓解措施，比如为电线加涂层，为数据中心加防护盾等，可以减少或者抵挡电磁脉冲的影响。然而，这些措施非常昂贵。所以，到目前为止，还没有哪一届美国政府为这些重要的缓解或抵挡措施制定必要的预算。尽管金里奇和伍尔西不像通常的卡珊德拉，因为他们都不是资深技术专家，也不是一流的思想家，但是他们传递的信息确实是卡珊德拉警告。他们称脉冲攻击是灾难性的。其他人则认为这样的风险被夸大了。辩论仍在继续。

另外一个警告则质疑美国应对太平洋西北地区发生灾难性地震的能力。克里斯·戈德芬格（Chris Goldfinger）是俄勒冈州州立大学地理学教授，他对这一问题进行了广泛的研究，得出一个结论：美国太平洋西北地区早应发生灾难性地震。他预计在未来 50 年里，该区域有 1/3 的概率会发生地震。这片区域居住着 700 万人。想象一下世界上最大的建筑物——西雅图附近的波音公司工厂被夷为平地的场景，想象一下汉福德场中的核废料污染地下水几千年的情形。戈德芬格表示地震肯定会发生，但是不知道何时会发生。

破坏程度难以估量，但是缓解措施的成本巨大，这部分解释了为什么我们还没有采取行动。事实上，我们没有做丝毫的准备。上一次太平洋西北地区的重大地震大约发生在 1701 年，早于当地出现书面记录的时间。科学家过去几十年才开始理解这场灾难的严重程度。尽管有实际经历，但是目前还没有人采取保护和应急措施。使用防震结构的做法应该成为常态，迅速恢复电力的计划应该被制订，贵重财产应该被重新安置，核导弹和弹道导弹设施也应该被加固。时间正一秒一秒地消逝。

前景黯淡，抑或让进步变得可能

现在，有一些读者会质疑我们沉迷于未必会发生的事情，对未来过于悲观。事实上，我们仍然是非常乐观的人，我们相信科学和工程能力，相信领导人能够带来变革，我们也希望明天会更好。但是，更加光明和美好的未来不会自己凭空出现，进步也不是必然的。

出于对进步的渴望，所以我们推荐这本书。应该在大学、公司、政府和国际组织内设立机构体系来应对卡珊德拉。这样的体系必须明确包含 4 个功能。第一，它必须能扫视地平线，为新的警告响起警报而不是忽略它们；第二，它必须能去伪存真，从噪声中分离出信号；第三，它应该拥有连贯的方法来评估对警告的应对措施。第四，它必须具有能有效执行所需应对措施的战略。

作为像美国总统比尔·克林顿和联合国秘书长科菲·安南这样一些人的顾问，我们要找到诸如恐怖主义、武器扩散、网络安全、全球人类免疫缺陷病毒蔓延等问题，并且要为这些问题制定应对措施。尽管这些问题在我们看来从来没有被成功解决，但是我们共同的经历为我们提供了一些想法，有助于我们建造一个系统，更好地处理注定会发生的灾难。本书呈现了许多这样的案件和教训，我们建议要处理以下 4 个必要的功能。

1. 检测问题

稳定地接收和确定警告需要的体制性方案。在我们的经验中，对任何组织机构的决策者来说，工作的挑战性都很大，这让他几乎没有时间来进行常规的、广泛的研究，从而找到额外问题。我们认为，执行这项功能最有效的方法是成立一个专门用于未来预测和警告的办公室。我们这里讨论的解决方式是为美国政府服务的，但是其他组织机构也可以采用类似方法。

政府一些部门已经具有确定未来问题的程序，但是警告功能仍然缺失或者没有被体制化。美国卫生及公共服务部有一个不知名但极为重要的部门——流行病学情报服务部。流行病学情报服务部的工作人员被人们称为“疾病侦探”，他们的任务是寻找新的疾病。但是多数情况，政府部门或机构只会在疾病发生后，才设立专门的办公室解决问题。美国国家航空航天局在戴维·莫里森多次对小行星发出警告后，才设立了太空监测项目。查理·艾伦办公室也是在“偷袭珍珠港”发生后才设立的，目的是整合行政体系，为战争提供预警。几十年后，该办公室被撤销。

当政府里没有寻找潜在的或者看不见的问题的部门时，当这样的部门被其他任务占据了时间时，或者当这样的部门被传统智慧蒙蔽，看不到一些异常情况或者早期现象时，问题就会出现。更糟糕的情况是，相关机构把紧急的问题放到常规程序中，排队等待处理。在美国，理论上，国会的监督委员会负责纠正这样的问题，但是它很少花时间做真正的监督，除非它看见这样的监督能让他党蒙羞。

白宫具有决策权力，白宫是建立和负责这样一个预测办公室的最佳选择。在过去，我们没有意识到这样做的意义。一些有警告信息的人能通过不断的努力或者通过个人的关系，接触到白宫工作人员。埃利泽·尤德考斯基不是第一个对人工智能发出警告的人。大概 20 年前，电脑工程师比尔·乔伊（Bill Joy）用他在硅谷的影响力，得到了与白宫办公室负责人会面的机会。在会面中，他提出了对人工智能和机器人的担忧。尽管进行了这次会面，会面之后白宫方面却没有任何措施。他的警告似乎很奇怪或者超出时代范围，未来人类才需要面对。

要在总统行政办公室中成立正规的国家警告办公室，使其成为帮助政府确定即将发生的灾难的部门。与查理·艾伦办公室不同，这个小规模的精英团队不应该是情报机关的一部分，尽管它可以让情报机关搜集和分析信息。该办公室应该有宽泛的甚至是意图模糊的授权，从而让它能够跨越部门界限，找到新的威胁。办公室不应该解决现存的、慢性的问题，比如肥胖问题。它的焦点应该是未来有可能发生的灾难，这样的灾难还没有任何政府部门处理。

国家警告办公室应该跨部门工作，它有两个目标：第一，创造管理和决策环境，从而培育而不是排除资深专家的异见和警告；第二，从各部门抽调人员组成团队，建立信息共享程序，形成哨点情报机制。

世界500强公司和工业部门，尤其是关键基础设施与工业部门，能够建立未来团队来扫描没有受到重视的风险，尤其是新风险。

在国际层面，联合国秘书长或许也应该努力打造这样的团队，尽管从我们在联合国的经历来看，还没有新办公室能够长期保持小规模或精英性质。

2. 从噪声中分离出信号

这样的办公室如何找到值得考虑的问题，把它们从诸多不值得考虑的问题中分离出来呢？通过写这一本书，我们认为部分过程应该是听取别人的警告。发出警告的教授和专家并没有藏在石头底下。他们会发表期刊文章，会在学术会议上发表论文。如果他们工作繁忙，他们会联系我们所提出要建立的办公室——如果他们非常愿意成为我们的卡珊德拉的话。

我们不像一些人倾向于数据分析或者把人培养成好的预言者，我们也不像另一些人一样，认为我们不得不接受“事情会发生”这样的观点，我们认为我们可以在诸多警告中进行分离筛选，方法是聚焦警告人，运用我们的卡珊德拉系数。我们可以思考：警告人是否具有卡珊德拉特征？警告人是否是领域内资深专家？警告人是否有专业开发的数据？警告人过去的警告是否没有错误？警告人是否不存在金钱利益或其他利益，例如，他们是否在可能会获益的行业工作？

之后，把问题和受众与卡珊德拉系数及特征进行比较。如果个人、问题、受众三者都具有高卡珊德拉系数，那么国家警告办公室会把该问题放入“快速失效”程序进行检验。这样的检验包括检查数据，组建相关专家队伍与卡珊德拉和卡珊德拉批评者进行对话，从而全面检测该预言的合理性，检查该预言是否有错误或者是否存在矛盾之处。

如果在严格审查下，该议题就此停止，国家警告办公室应向高级咨询委员会提供审议结果。该高级咨询委员会是跨部门临时性组织，负责审查“快速失效”评估，进行额外问询或者查询更多信息，为高级机构间的决策层对该议题是否要采取立即措施提出建议。在极端情况下，“快速失效”评估能够立即形成正式警报，立即将其呈送总统和他的高级官员。

灾难预言需要客观分析，其中的例子涉及小布什和伊拉克战争。小布什说他被他所认为的专家告知伊拉克正在开发大规模杀伤性武器，并且这些武器将被用来对付美国或以色列。小布什的顾问说，阻止伊拉克开发大规模杀伤性武器的战争的代价与遭受大规模杀伤性武器打击的代价相比，可谓微乎其微。

我们相信通过使用卡珊德拉系数，我们能够向理性的决策者表明那些提供警报的人并不是真正的卡珊德拉，他们的数据是错误的。他们不是中东问题专家。事实上，中东问题专家对小布什顾问的提议感到震惊。如果有一个国家警告办公室，对于证据进行真正的检验，那么它就会发现当时一些情报专家提供的证据是被捏造的或者是被夸大的。

先抛开这个糟糕的决策，如果一个卡珊德拉警告被认为是有效的，该怎么做？正如查理·艾伦和入侵科威特案例中所显示的那样，即便存在一位警报官员，或者存在一位愿意发出战争警报的人，这依然不足以说服决策者。这就需要一个制定和评估应对战略的体系，这样的体系比较了解过去那些没有效果的应对措施。

3. 应对措施：监测、对冲、减缓和阻止

体系的第三个功能包括创建和严格评估对卡桑德拉问题的应对措施，建立应对措施资源库。不论是白宫还是其他地方的行政长官，一旦收到警报，他便可以立即询问有关行动措施或者行动选项，处理灾难。

我们认为，实现这个目标，最好的途径是要有协调的工作机制，这样的工作由国家警告办公室领导并且与任何同该议题相关的部门合作。国家警告办公室的关键贡献和责任是提供智力支持，从正方和反方的角度来形成和评估不同的应对措施，从而能够从多角度提供解决方案。相关部门提供专业技术，它们有能力联系相关领域专家。通过合作，这些团队能够制定应对措施选项，从而处理卡珊德拉警告，并且能够把围绕这些应对措施选项的四大战略连到一起：监测、对冲、减缓、阻止。

在进一步探讨之前，我们要提醒一句。在第 9 章，我们把满意解作为与“卡珊德拉事件”相关的特征。因为对很多我们检测到的问题进行减缓和阻止的战略成本高昂，它甚至要求我们的生活方式发生根本改变。只让采取措施的必要性降低而没有真正解决问题的做法可能是最简单的方案。在定义层面上，将满意解作为解决方案是不够的，但它是有吸引力的。为避免这样的情况，必须按以下要求进行实际的分析。

- **监测**：监测是第一条应对战略，工作量小，应对可能灾难的效果

好。监测战略类似于情报领域的"I&W"过程，关于此，我们在第 2 章有所讨论，监测和衡量与灾难发生的风险的增加相对应。如果一个警报被证明是真正值得关注的，但是还需要更多证据来证明它是威胁且需要应对措施，国家警告办公室应该把所需要的信息搜集任务分配给政府相关各部门，让这些政府部门关注并汇报上述信息。为了能够预报突发事件，比如海平面突然下降，国家警告办公室或许可以指导关键指数的衡量，比如阿蒙森海冰川底部融化情况。国家警告办公室可以与私人部门和非线性思想家合作，从而为办公室监测汇报中的潜在威胁提供创新性指标。

这样的回应措施是充足的，只要它满足下面的条件。当风险指数达到一定水平时，情景模拟和其他分析技术表明我们有时间进行反应。这样的判断非常重要。我们会有多少时间？珍妮弗·杜德娜教授希望现在使用 CRISPR–Cas9 的技术建立规范的工作能够取得成功。或许对于该技术使用的监测将会更加充足。在监测飞向地球的小行星的问题上，戴维·莫里森警告我们，我们几乎没有时间进行反应。詹姆斯·汉森担心人类已经不再担心海平面上升的灾难了。

在投入不断增加的监测和衡量的工作中时，国家警告办公室及其相关合作机构也应该开始分析替代性应对措施，以及措施的实施路径。确定应对措施，计算出措施成本，说明实施的必要性，这些在监测战略中同样重要。

- **对冲**：这些行动很快进入下一个应对潜在灾难措施的环节：对冲。对冲与监测同时存在，但是更加重视为形成更有效的减缓或阻止措施做好准备。它是过渡环节，包含了有准备的监测，直到监测体系确认必须采取有效应对措施。

除了知道何时扣动扳机，对冲战略有一个关键的问题，这个问题就是阿兰·恩索文（Alain Enthoven）1971 年出版的作品的书名：《多少才算够？》（*How Much Is Enough?*）。在确定“多少才算够”这一问题时，政府会寻求分析人士的帮助，这些分析人士从事成本研究，他们通常以货币价值来计算人的生命。在做这样的决定时，考虑现实因素，比如政治、媒体、公众反应是有帮助的。

戴维·莫里森在分析判断来自小行星撞击风险的成本收益时，感到十分纠结：一次小行星撞击地球的死亡人数除以两次撞击之间的年数得出的结果并不惊人，这样的风险不值得投入巨大代价。在现实世界中，如果一次重大的外行星撞击地球，杀死数百万人，没有人能够感到心安。如果从成本收益的角度来看，反对恐怖主义消耗了过多的资源。“9·11”事件以后，在美国很少有人死于极端恐怖主义。在同一阶段，国内的右翼团体杀死了两倍于在恐怖袭击中丧生的美国人。这种数字处理方法忽略了政治现实——人们被杀害的方式，以及我们被迫接受的生活方式。这种政治现实很重要。

计算出的数据很冷峻，但是作为公共政策，一些可能的灾难性事件应该得到必要的资源。在一个团体中，事实上那些受到公共审查和质疑的问题并没有在很大程度上影响底线，但是这种情况下，如果团体领导人在应对灾难问题上没有竭尽全力，那么他们会不断地受到选民、历史或者利益相关方严厉的批评。

确定合适的投入力度的方式之一是通过评估应对挑战的代价，然后将评估的代价与灾难发生后重建项目的代价进行比较。对冲策略涉及确定准备灾难所需分配的资源，同时为未来减缓或阻止灾难再次发生奠定基础。

· **减缓和阻止：**在时间和成本允许的情况下，阻止灾难是最好的行动。如果阻止是不可能的或不能保证的，那么减缓就是合理的应对措施，但是，即便我们在寻求阻止策略，减缓也应该被认为是一种双重保险。相对于灾难发生后重建的代价，这些成本是微不足道的。但是如果缺少可靠的高可能性数据，在量化的基础上做决定是非常困难的。

知道什么时候数据是丰富广泛且值得信赖的，什么时候数据是缺乏的，这非常困难。如果数据量少，不用担心高可能性。在处理从未发生过的灾难或者间隔较长时间的灾难时，高可能性不是一个很好的判断标准。即便是常规性的灾难，也非常有必要检测是否有新的因素产生，从而改变其发生的可能性。气候变化可能会让百年一遇的洪水隔几年发生一次。

我们应该关注一般可能性。有可能吗？它可能发生吗？它的发生需要什么条件？什么阻止了它的发生？我们对于我们的阻止系统有多大信心？我们对它们的测试程度如何？好的分析应该考虑到阻止措施为何失效或被规避。乌克兰电网失效让乔·韦斯感到不安，当时在监控室中有画面和气味警报系统，但是黑客控制了控制板，让控制板在系统崩溃时仍然显示一切正常。

在“卡珊德拉事件”中，计算风险的一般合理性标准可能不再合理。最坏的情形在成本计算中经常被排除，因为它们从来没有发生过，或者在数据上不具有可能性。但是如果最坏的情形不是完全不可能，那么它的实际成本也应该被考虑。风险经理人越来越意识到许多重大事件的可能性基本属于不可知范畴。外行星撞击地球，恐怖分子劫持飞行器撞击高楼大厦，或者病毒造成流行疾病，这些事件发生的概率是多少？目前的数据对于做这样的预测是不充足的，但是最坏的情形确实会发生。

本书的前半部分没有考虑到最坏情形的代价是一个常见的重复。在每一个讲述的事例中，灾后重建的代价远远超过减缓或阻止措施的成本，二者的差别常常不能以一个数量级衡量。这样的“阻止经济”既包括有形的资产和货币，也包括个人的和政治的因素。前者如福岛核电站更高的防波堤和上大布兰奇煤矿通风更好的工厂，后者如了解麦道夫事件的数学问题和了解为叙利亚反对派武装提供武器的情况。回头来看，正确的选择是显而易见的。我们的希望是我们所描述的体系未来能够在灾难发生前，在警告成为“卡珊德拉事件”前理清这些选择。

4. 说服

我们所建议的系统的第四部分，也是最后一部分，关注的是如何成功建议和实施应对策略，这样的应对策略可能是有争议的、昂贵的、会带来混乱的，甚至三者兼具。正如卡珊德拉发现让特洛伊人意识到危险是不可能的一样，国家警告办公室在说服领导层认真对待警告（此前忽略过）时也很可能面临重大困难。

很有可能，警告面临的结果是直接的拒绝或者“满意解”解决方案。国家警告办公室需要制定有效的策略，在决策者、拨款人、公众和其他国家间建立共识和承诺。强大的说服团队应该具有无可争议的数据，应该雇用可信的支持者。最好的情形就是相关内阁机构能尽早承担起说服者的角色。

决定是否能成功实施应对措施的关键因素在于领导者的水平。我们过去 60 多年的政府和私人部门的经验告诉我们：只有领导者确信一件事情具有紧急性，这件事情才能被解决。不论是政府还是企业的领导者，他必须相信在系统分析可利用的证据后，他的做法是最优的。

正如我们在第 1 章里提到的，丘吉尔是卡珊德拉。他的强烈警告没有阻止“二战”的发生，但是在战争爆发后，他所具有的鼓舞和领导人民的能力是成功的必要条件。他没有向人民弱化威胁，他没有回避所需做出的牺牲。他愿意为他所提出的行动奉献出生命。在他的警告成真后，人们不再怀疑他的判断和决心。从来没有一位领导者在提出应对灾难措施时如此严格和具有说服力。

除了丘吉尔的之外，这些年我们看到，在处理危机时，一些领导方法获得了不同程度的成功。出乎意料地提出新问题及其解决方法，这两种行为可能是被拒绝的“配方”。让专家、媒体、立法者（或其共事者）公开问题，让公众决定解决措施，这通常比政府首先找到问题并随即提出解决方案的做法更好。

战略执行需要执行者具备精准的方向，因此国家警告办公室应该有义务持续对执行提供监督、阶段性评估和更新。国家警告办公室应该考虑到从应对措施制定以来的形势的变化，从而保证战略一直有效。

被复杂性掩盖的脆弱性

除提议建立应对潜在卡珊德拉与他们的警告的体系之外，我们想重新考虑复杂性这一问题。我们相信复杂性这一问题将在 21 世纪的问题中扮演越来越重要的角色。复杂性曾是本书后半部分的主旨。现当代的危险隐藏在复杂性中。因为问题、问题解决方案越来越多地源于科技或者知识，决策者可能不能完全明白卡珊德拉所告知的事情。因此，决策者越来越多地依赖于技术专家，这些专家自身研究的领域也变得越来越窄。然而，解决复杂问题需要结合不同领域的细节知识。

复杂性掩盖脆弱性，造成新的问题或使已有问题复杂化。这种趋势在人工智能和物联网两大领域的结合中显得最清楚。人工智能程序在电脑网络上运行，这些电脑网络控制着通信、商业和基础设施。人工智能程序将不断进行相互间“对话”，这会产生意想不到的互动和结果。这些网络会和你的车、你的家用电器，甚至你的医疗器械交流。最初的算法是人创造的，但是最终，代码会被软件程序自动生成，出现写代码的代码。这个更加复杂的生态系统将会包含更深层次的错误、无效和脆弱性。

代码错误不再仅仅是电脑软件的问题。利用 CRISPR–Cas9 进行人类基因编辑，或为删除致病缺陷，或为增强身体特征，也许在数年或数代之后产生意想不到的结果。我们还不完全知道基因是如何被表达的，彼此间是如何相互作用的。或许我们永远不会知道。一些科学家声称我们可以撤销基因编辑，使用的是我们一开始进行基因编辑的技术。而另有一些科学家不认为它如此简单。

这不是我们第一次遇到复杂性的问题了。那些执行重要且有风险行动的组织已经开发出应对复杂系统的方法了。所谓“高质量组织”，例如那些涉及人类航天、核反应堆的组织，需要大量的记录、模拟、测试、变革管理协议、红队判研、故障树分析以及有意信息冗余。应该对这些措施做出一定的调整，从而应对在基因组学、人工智能、气候科学、武器系统、健康医疗、金融和关键基础设施等领域中不断上升的复杂性。

复杂性这一问题也让我们更加相信，我们需要一个能够听见和评估卡珊德拉警告的正式的系统。“高质量组织”所采用的方式增加了部署必要新技术的费用和时间，市场竞争需要低成本、快速入市的解决方案，而不是高依赖性的解决方案。未来卡珊德拉会是那些在复杂性中看到风险的人，他们会倡议部署“高质量组织”的技术，从而保证我们能够理解这些技术的影响和弱点，这会不可避免地推延其进入市场的时间。

倾听的价值

我们结束了旅程，至少现在是这样。希望你和其他人会花时间倾听当代的卡珊德拉。如我们所见，这是一个困难的过程，有时也是有争议的过程，但是我们敦促你考虑树立风气、建立流程和团队去倾听警告，这些警告有可能是有预知作用的。

正如我们在本章开始所说，我们是乐观主义者。我们相信最近几十年的科技和工程创新把我们带到了一个勇敢的新世界的顶端，这样的新世界承诺，会在人性问题上有巨大完善。但是，要达到那样的高度，我们必须警惕潜在的灾难，这些灾难会阻碍或颠倒进程，因为持续进步和改善并非必然。因此，我们必须首先系统地找到看到风险的人，检验这些潜在的卡珊德拉所说的话，接着就如何应对风险做出坦率和明确的决定。

这是一个要求很高且无止境的过程，但是我们相信，这样做会在公司、政府和世界范围内提升决策质量。鉴于我们在 21 世纪所面临的潜在风险，如果不去面对，代价将史无前例的高。因此，花时间去倾听卡珊德拉非常重要。你能听见她吗?

致 谢

感谢本书中所提到的卡珊德拉给予我们时间，愿意帮助我们理解他们的担忧、了解他们的生活及他们本人。他们不仅展现出了敏锐的洞察力，而且还表现得无比勇敢。

本书的完成与我们研究团队付出的努力密不可分。他们中最主要的一位就是安德鲁 · S. 雅尼谢夫斯基（Andrew S. Janiszewski），他从我们开始写本书的第一天就担起了协作者的职责。安德鲁是一位曾获奖章的伊拉克战争退役老兵，是一位杰出的情报分析员，也是一位创造力丰富的学者，现任教于芝加哥大学商学院。

同样，知名作家戴维 · 杰奥格尔（David Georgi）、克里森 · 哈德菲尔德（Christen Hadfield）、阿兰 · 赫夫曼（Alan Huffman）、贝卡 · 沃比（Becca Worby）大力为本书出谋划策、打磨润色，感谢他们。

来自丹佛大学克贝尔学院的彼得 · 厄斯特林（Peter Oesterling）帮我们了解了气候变化及海平面上升。彼得现居秘鲁安第斯山，在富布莱特奖学金的支持下研究气候变化对南美洲冰川的影响。

对于本书的准确性和及时出版至关重要的一位人士就是约翰·霍普金斯大学尼采学院的泰勒·佩迪戈（Tyler Pedigo），感谢他的努力和勤勉。

兰迪·埃迪（Randy Eddy）、查尔斯·弗莱彻博士、戴维·科恩（David Cohen）、简·吉尼斯（Jane Geniesse）、马克·格尔森（Mark Gerson）、麦克·霍普迈尔（Mike Hopmeier）、麦克·米尔斯（Mike Mears）、奥朗·霍夫曼（Auren Hoffman），以及无数DIALOG（商业信息检索系统）会员提供的周到见解和专业视角让本书内容更加翔实，让我们得以了解和撰写许多复杂的话题。

从本项目开始，乌迪·查托帕迪亚雅（Udi Chattopadhyay）、凯特·克拉林（Kate Crumrine）、托德·埃格兰（Todd Egeland）、马修·凯莱赫（Matthew Kelleher）、马修·莫尼亨（Matthew Moneyhon）、内德·彼得森（Ned Peterson）、埃文·普雷斯曼（Evan Pressman）、整个Ergo团队，还有吉姆·艾伦（Jim Allen）、格雷厄姆·艾伦（Graham Allen）、托德·阿斯米斯（Todd Asmuth）一直在寻找和思考卡珊德拉，感谢他们。

最后，还要真诚地感谢丹·霍尔珀林（Dan Halperin）对我们的信任，感谢扎克·瓦格曼（Zach Wagman）以及整个Ecco出版团队，他们使我们在本书的问世过程中十分愉快。

注释

第一部分　被忽视的警告

第 1 章　卡珊德拉：从神话传说到现实世界

1. 美军将决策过程称为"OODA 循环"，即观察（observe）、判断（orient）、决策（decide）、行动（act）。找出卡珊德拉的挑战就在于首先要正确观察，然后要明智决策。
2. William Manchester, *The Last Lion: Winston Spencer Churchill:Alone, 1932–1940* (London: Pan Macmillan, 2015).

第 2 章　情报间谍：入侵科威特

1. 查理 · 艾伦于 2015 年 8 月 4 日的采访。
2. Daniel L. Schacter et al., *Psychology*, 3rd ed. (New York: Worth, 2014).

第 3 章 家园重建者："卡特里娜"飓风

1. Ivor van Heerden, *The Storm: What Went Wrong and Why During Hurricane Katrina* (New York: Penguin, 2007), 78–81; U.S. House of Representatives, *A Failure of Initiative: Final Report of the Select Bipartisan Committee to Investigate the Preparation for and Response to Hurricane Katrina*, Feb. 15, 2006, p. 81; and Madhu Beriwal, "Preparing for a Catastrophe: The Hurricane Pam Exercise," Statement before the Senate Homeland Security and Governmental Affairs Committee, Jan. 24, 2006.
2. Douglas Brinkley, *The Great Deluge: Hurricane Katrina, New Orleans, and the Mississippi Gulf Coast* (New York: Harper Collins, 2006), 5–7.
3. John McQuaid and Mark Schleifstein, "Special Report: Washing Away," *New Orleans Times-Picayune*, June 23–27, 2002.
4. "Flood History of Mississippi," National Oceanographic and Atmospheric Administration, Southern Regional Headquarters, http://webcache.googleusercontent.com/search?q=cache:gV29UL1q90J:www.srh.noaa.gov/media/jan/hydro/flood_history_ms.pdf+&cd=1&hl=en&ct=clnk&gl=us (accessed Nov. 9, 2016).
5. "Mississippi Rivers and Tributaries Project," U.S. Army Corps of Engineers, Mississippi Valley Division, www.mvd.usace.army.mil/About/Mississippi-River-Commission-MRC/Mississippi-River-Tributaries-Project-MR-T (accessed Oct. 2, 2015).
6. Richard Campanella, "Above-Sea-Level New Orleans: The Residential Capacity of Orleans Parish's Higher Ground," Center for Bioenvironmental Research, 2007, http://richcampanella.com/assets/pdf/study_Campanella%20analysis%20on%20Above-Sea-Level%20New%20

Orleans.pdf (accessed Aug. 13, 2015).

7. U.S. Energy Information Administration, "Crude Oil Production" and "Natural Gas Gross Withdrawals and Production," July 31, 2015.
8. 艾弗·范·希尔登于 2015 年 8 月 24 日的采访。（本章其余引用范·希尔登的采访内容将不再一一标注。）
9. Brett Martel, "If the Levees Break, New Orleans Is Sunk," *Pittsburgh Tribune Review*, Sept. 15, 2004; and van Heerden, Storm, 5–7.
10. R. B. Seed et al., *Investigation of the Performance of the New Orleans Flood Protection Systems in Hurricane Katrina on August 29, 2005*, vol.1, Independent Levee Investigation Team, July 31, 2006, 2–3 to 2–12.
11. Jon Nordheimer, "Nothing's Easy for New Orleans Flood Control," *New York Times*, Apr. 30, 2002.
12. U.S. Senate, *Hurricane Katrina: A Nation Still Unprepared*, Special Report of the Committee on Homeland Security and Governmental Affairs (Washington: 2006), 109; and Henry B. Hogue and Keith Bea, "Federal Emergency Management and Homeland Security Organization: Historical Developments and Legislative Options," (Washington, DC: Congressional Research Service, June 1, 2006),18–25.
13. "Chertoff: Katrina Scenario Did Not Exist," CNN, Sept. 5, 2005, www.cnn.com/2005/US/09/03/katrina.chertoff.
14. Ivor van Heerden, G. Paul Kemp, et al., *The Failure of the New Orleans Levee System during Hurricane Katrina* (Baton Rouge: Louisiana Department of Transportation and Development, Louisiana State Project No. 704–92–0022, Dec. 18, 2006), 96–112.
15. Mark Schleifstein, "New Orleans Area Hurricane Levee Designs Should

Be Reanalyzed by 2018, Corps of Engineers Says," NOLA.com, Apr. 20, 2015, www.nola.com/environment/index.ssf/2015/01/new_orleans_area_hurricane_lev.html (accessed Oct. 3, 2016).

16. Mark Schleifstein, "LSU Spent Nearly $1 Million on Legal Fight over Firing of Coastal Researcher Ivor van Heerden," NOLA.com,Apr. 2, 2013, www.nola.com/environment/index.ssf/2013/04/lsu_spent_nearly_1_million_on.html (accessed Oct. 3, 2016).

第 4 章　阿拉伯专家：恐怖势力的崛起

1. Fawaz A. Gerges, *ISIS: A History* (Princeton, NJ: Princeton University Press, 2016), 98–128.
2. 本着公开、全面的原则，我们声明：本书的两位作者都曾就任于该非营利性质的教育机构的理事会。
3. 罗伯特·福特于 2015 年 9 月 8 日的采访。

第 5 章　地震学家：福岛核灾难

1. Sherpem Sherpa, "Japan Expert Says Atomic Warnings Ignored," DW (Deutsche Welle), www.dw.com/en/japan-expert-says-atomic warnings-ignored/a-6488078 (accessed Oct. 3, 2016).
2. Mark Willacy, *Fukushima: Japan's Tssunami and the Inside Story of the Nuclear Meltdowns* (Sydney: Macmillan Australia, 2013).
3. 引自马克·威勒希（Mark willacy）《福岛》（*Fukushima*）一书中的会谈记录。
4. 同上。

5. 冈村幸信于 2016 年 5 月 27 日的采访。
6. 著名物理学家恩里科·费米（Enrico Fermi）建造了第一个核反应堆，事实证明，他是一位警告抓挠睡龙尾巴者的卡珊德拉。见证了一次这些危险的测试之后，他告诉那些在洛斯阿拉莫斯的科学家，如果继续这些危险的操作的话，那么他们将“活不到一年了”。
7. 造成两人死亡的是同一个钚坑槽。它曾被叫作“Rufus”，被选中用于比基尼环礁的一次核试验，之后就被重新命名，并熔化成其他多个坑槽。
8. “Recovery and Reconstruction from the Great East Japan Earthquake,” Reconstruction Agency, Tokyo, www.reconstruction.go.jp/english/topics/Progress_to_date/index.html (accessed Oct. 3, 2016).
9. Ishibashi Katsuhiko, “Why Worry? Japan’s Nuclear Plants at Grave Risk from Quake Damage,” *International Herald Tribune*, Aug. 11,2007.
10. Tokyo Electric Power Company Inc., “Fukushima Nuclear Accident Summary & Nuclear Safety Reform Plan,” Mar. 29, 2013, http://www.nrmc.jp/en/report/detail/__icsFiles/afieldfile/2014/04/29/report_3_4_e.pdf (accessed Jan. 30, 2017).
11. 引自马克·威勒希的《福岛》。
12. 同上。
13. Amory Lovins, *Soft Energy Paths for the 21st Century* (Rocky Mountain Institute), 2011, http://www.rmi.org/Knowledge-Center/Library/2011-09_GaikoSoftEnergyPaths.
14. David Nakamura and Chico Harlan, “Japanese Nuclear Plant’s Evaluators Cast Aside Threat of Tsunami,” *Washington Post*, Mar. 23, 2011, www.washingtonpost.com/world/japanese-nuclear-plants-evaluators-cast-aside-threat-of-tsunami/2011/03/22/AB7Rf2KB_story.

html (accessed Oct. 4, 2016).

第 6 章　会计师：麦道夫的“庞氏骗局”

1. 有关麦道夫诈骗案的著作不计其数，但是哈里·马科波洛斯写的《金融诈骗拍案惊奇》(*No One Would Listen: A True Financial Thriller*)尤其让我们受益匪浅；还有 Erin Arvedlund，*Too Good To Be True: The Rise and Fall of Bernie Madoff*(New York: Portfolio, 2009)(其中文版《天上掉馅饼：华尔街金融巨骗麦道夫浮沉录》已出版)；U.S.Security and Exchange Commission Office of Inspecter General,*Investigation of Failure of the SEC to Uncover Bernard Madoff' s Ponzi Scheme* (public Version) (2009)；马克·西尔（Mark Seal）于 2009 年 4 月、6 月、9 月的《名利场》(*Vanity Fair*)发表的系列文章《麦道夫个人史》。
2. Gregory Zuckerman and Kara Scannell, “Madoff Misled SEC in 2006, Got Off,” *Wall Street Journal*, Dec. 18, 2009.
3. 哈里·马科波洛斯于 2016 年 4 月 13 日的采访。(本章其余引用马科波洛斯的采访内容将不再一一标注。)
4. Markopolos, *No One Would Listen*, 113.
5. Ibid,55.
6. Ibid,62.
7. 证券交易委员会东北区域办公室助理执法主任莱斯利·卡松（Leslie Kazon）在 2001 年 4 月 5 日发给该区执法主任马克·斯科菲尔德（Mark Schonfeld）一封邮件，参见 SEC office of Inspector General,*Investigation of Failure of the SEC to Uncover Bernard Madoff's Ponzi Scheme*, 71。
8. Diana B. Henriques, “Madoff Scheme Kept Rippling Outward, Crossing

Borders," *New York Times*, Dec. 20, 2008; and Vicky Ward, "Greenwich Mean Time," *Vanity Fair*, Apr. 2009, pp. 102–7.

9. Steve Fishman, "The Monster Mensch," *New York*, Feb. 22, 2009.

10. See Markopolos, *No One Would Listen*, 98–106.

11. Ibid., 128–29.

12. Markopolos, *No One Would Listen*, 168.

13. Gregory Zuckerman and Kara Scannell, "Madoff Misled SEC in'06, Got Off," *Wall Street Journal*, Dec. 18, 2008.

14. Ibid., 192.

15. 马科波洛斯于 2007 年 6 月发给梅甘 · 张的一封邮件。

16. *U.S. v. Bernard L. Madoff*, FBI Special Agent Ted Cacioppi, in his Complaint in U.S. Federal Court, Southern District of New York,Dec. 11, 2008.

17. Ibid.

18. Arvedlund, *Too Good to Be True*, 231.

19. Portfolio Staff, "Wiesel Lost 'Everything' to Madoff," *Upstart Business Journal*, Feb. 26, 2009, http://upstart.bizjournals.com/executives/2009/02/26/Elie-Wiesel-and-Bernard-Madoff-html?page=all.

20. M. J. Lee, "Madoff: Politics, Remorse, Wall Street," Politico.com, Mar. 20, 2014, www.politico.com/story/2014/03/bernie-madoff interview-104838 (accessed Nov. 10, 2016).

21. Markopolos, *No One Would Listen*, 127.

22. Ibid.

23. SEC's *Investigation of Failure* report (2009), 37.

24. Ibid., 24.

25. Ibid., 261.

26. SEC' s *Investigation of Failure* report (2009), 37.

27. Deborah Solomon, "Math Is Hard," *New York Times*, Feb. 25, 2010, http://www.nytimes.com/2010/02/28/magazine/28fob-q4-t.html (accessed Oct. 25, 2016).

28. Markopolos, *No One Would Listen*, 226.

第 7 章　督察员：矿难

1. Jane R. Eggleston, "History of West Virginia Mineral Industries—Coal," West Virginia Geological and Economic Survey, Department of Commerce, Sept. 1996, www.wvgs.wvnet.edu/www/geology/geoldvco.htm (accessed Oct. 4, 2016).

2. Sean Patrick Adams, "The U.S. Coal Industry in the Nineteenth Century," Economic History Association, https://eh.net/encyclopedia/the-us-coal-industry-in-the-nineteenth-century-2 (accessed Oct. 4,2016); and John A. Breslin, *One Hundred Years of Federal Mining Safety and Health Research*, U.S. Department of Health and Human Services, Centers for Disease Control and Prevention, National Institute for Occupational Safety and Health, No. 2010–128 (Pittsburgh: NIOSH, Feb. 2010), 1–2.

3. Data derived from "Coal Mining Disasters: 1839 to Present," U.S.Department of Health and Human Services, Centers for Disease Control and Prevention, National Institute for Occupational Safety and Health, Jan. 2016, www.cdc.gov/niosh/mining/statistics/content/coaldisasters.html (accessed Oct. 4, 2016).

4. J. Davitt McAteer, *Monongah: The Tragic Story of the 1907 Monongah Mine Disaster* (Morgantown: University of West Virginia Press, 2007), 253.

5. Ibid., 242–58l; and interview with J. Davitt McAteer, Apr. 15, 2016. (We will not repeat the footnote for other texts and quotes from interviews with McAteer that permeate this chapter.)
6. Derived from NIOSH data.
7. 这里的“矿难”定义跟美国矿山安全与健康监察局的一致，即导致 5 人或 5 人以上死亡的事故。
8. Public Law 77–49, U.S. Government Printing Office, May 7, 1941.
9. Robert E. Hartley, *Death Underground: The Centralia and West Frankfort Mine Disasters*, 1st ed. (Carbondale: Southern Illinois University Press, July 24, 2006), 46.
10. Public Law 552, July 16, 1952, 66 Stat. 877, U.S. Government Publishing Office, https://www.gpo.gov/fdsys/pkg/STATUTE-66/pdf/STATUTE-66-Pg692.pdf (accessed Oct. 4, 2016).
11. Breslin, *One Hundred Years of Federal Mining Safety and Health Research*, 39–41.
12. Derived from NIOSH data.
13. Rachel Scott, "'Yes, Sir, This Has Certainly Been Considered a Safe Mine,'" *Atlantic*, Dec. 1972, www.theatlantic.com/magazine/archive/1972/12/-yes-sir-this-has-certainly-been-considered-a-safe-mine/304565 (accessed Oct. 5, 2016).
14. Derived from NIOSH data.
15. Laurent Belsie, "West Virginia Mine Explosion: Mining Jobs Were Getting Safer, Until Now," *Christian Science Monitor*, Apr. 6, 2010, www.csmonitor.com/Business/new-economy/2010/0406/West-Virginia-mine-explosion-Mining-jobs-were-getting-safer-until-now (accessed Oct. 5, 2016).

16. J. Davitt McAteer et al., *Upper Big Branch: The April 5, 2010,Explosion—a Failure of Basic Coal Mine Safety Practices*, (Charleston, WV: Governor' s Independent Investigation Panel, May 2011), 23–25.

17. "How Fossil Fuels Were Formed," US Department of Energy, Fossil Energy Office of Communications, Feb. 12, 2013, www.fe.doe.gov/education/energylessons/coal/gen_howformed.html (accessed Oct. 5, 2016).

18. 不熟悉长壁开采法的读者，可以参考卡特彼勒全球矿业公司在优兔（视频网站）上传的一则不长但很有帮助的视频，请点击 https://youtube/bXORrVmxwbM (accessed Oct. 5, 2016).

19. Fred Kissell, Jerry C. J. Tien, and Edward D. Thimons, "Methods for Controlling Explosion Risk at Coal Mine Working Faces," Proceedings of the 32nd International Conference of Safety in Mines Research Institutes, Sept. 28–29, 2007, Beijing, China, available at https://www.cdc.gov/niosh/mining/UserFiles/works/pdfs/mfcer.pdf (accessed Oct. 5, 2016).

20. Alvin L. Brown et al., *Report of Investigation: Fatal Underground Mine Explosion, April 5, 2010* (Arlington, VA: U.S. Department of Labor, Mine Safety and Health Administration, 2011), 3.

21. "Transcript of the Testimony of Joseph Mackowiak," Sargent' s Court Reporting Services, May 17, 2010, pp. 12–15.

22. McAteer et al., *Upper Big Branch*, 54.

23. Dennis B. Roddy and Vivian Nereim, "A History of Violations at Upper Big Branch Mine," *Pittsburgh Post-Gazette*, Apr. 6, 2010, www.post-gazette.com/region/2010/04/06/A-history-of-violations-at-Upper-Big-

Branch-mine/stories/201004060199 (accessed Oct. 5, 2016).

24. Mackowiak Testimony, May 18, 2010, pp. 25–26; and Ken Ward Jr., "Emails: MSHA Asked Massey Exec to Send Ventilation Expert to Fix Airflow Prior to Upper Big Branch Blast," *Charleston Gazette-Mail*, Coal Tattoo Blog, May 11, 2011, http://blogs.wvgazettemail.com/coaltattoo/2011/05/11/emails-msha-asked-massey-exec-to-send-ventilation-expert-to-fix-airflow-prior-to-upper-big-branch-blast/comment-page-1 (accessed Oct. 5, 2016).
25. Brown et al., *Report of Investigation: Fatal Underground Mine Explosion, April 5, 2010*; and "Upper Big Branch-South Explosion Scenario," U.S. Department of Labor, Mine Safety and Health Administration, Jan. 10. 2014, YouTube, https://youtube/hBvaJVaAEDU (accessed Oct. 5, 2016).
26. Sarah Tincher, "Bill Ross Recalls Efforts to Make Massey's Mines Safer in Day 23 of Blankenship Trial," *Charleston State Journal*, Nov. 4, 2015, www.statejournal.com/story/30435688/bill-ross-recallsefforts-to-make-masseys-mines-safer-in-day-23-of-blankenship-trial (accessed Oct. 5, 2016).
27. Bill Chappell, "Former Coal CEO Blankenship Found Guilty of Conspiracy in Mine Disaster Case," National Public Radio, Dec.3, 2015, www.npr.org/sections/thetwo-way/2015/12/03/456533421/former-coal-ceo-blankenship-found-guilty-of-conspiracy-in-mine-disaster-case (accessed Oct. 5, 2016).
28. *Internal Review of MSHA's Actions at the Upper Big Branch Mine-South*, U.S. Department of Labor, Mine Safety and Health Administration, Mar. 6, 2012.

第 8 章　市场分析师：2008 年经济大衰退

1. 梅雷迪思 · 惠特尼于 2016 年 6 月 3 日的采访。

2. 标普、穆迪、惠誉是最大的几家按揭贷款评级机构。

3. "Warren Buffet on Derivatives," edited excerpts from Berkshire Hathaway 2002 Annual Report, www.fintools.com/docs/Warren%20Buffet%20on%20Derivatives.pdf (accessed Oct. 5, 2016).

4. Sheelah Kolhatkar's piece, "In Meredith Whitney We Trust?" was an important source for this chapter and used extensively. *New York*, Mar. 22, 2009, http://nymag.com/news/businessfinance/55497 (accessed Oct. 5, 2016).

5. Steve Rosenbush, "The Analyst Who Rocked Citi," Bloomberg, Nov. 27, 2007. www.bloomberg.com/news/articles/2007–11–26/the-analyst-who-rocked-citibusinessweek-business-news-stock-market-and-financial-advice (accessed Oct. 6, 2016).

6. Ibid.

7. Meredith Whitney, *Fate of the States: The New Geography of American Prosperity* (New York: Portfolio, 2013).

8. Kolhatkar, "In Meredith Whitney We Trust?"

9. Ibid.

10. William Cohan, *House of Cards: A Tale of Hubris and Wretched Excess on Wall Street* (New York: Anchor, 2010), 47.

11. Kolhatkar, "In Meredith Whitney We Trust?"

12. Michael Lewis, "California and Bust," *Vanity Fair*, Nov. 2011, www.vanityfair.com/news/2011/11/michael-lewis-201111 (accessed Nov. 9, 2016).

第9章 卡珊德拉系数

1. See Andrew C. Revkin, "'Disaster Memory' and the Flooding of Fukushima," Dot Earth blog, *New York Times*, Apr. 4, 2011, http://dotearth.blogs.nytimes.com/2011/04/04/disaster-memory-and-the flooding-of-fukushima (accessed Oct. 6, 2016).
2. See Wim De Neys and Jean-François Bonnefon, "The 'Whys' and 'Whens' of Individual Differences in Thinking Biases," *Trends in Cognitive Sciences* 17, no. 4 (2013): 172–78.
3. "Michelin Lecture," California Institute of Technology, January 17, 2003.
4. Trafton Drew, Melissa L. H. Vo, and Jeremy M. Wolfe, "The Invisible Gorilla Strikes Again: Sustained Inattentional Blindness in Expert Observers," *Psychological Science* 24, no. 9 (Sept. 2013): 1848–53, www.ncbi.nlm.nih.gov/pmc/articles/PMC3964612 (accessed Oct. 7, 2016).
5. See Richard Farson, *Management of the Absurd* (New York: Simon & Schuster, 1996).
6. As discussed in Eliot A. Cohen and John Gooch's text *Military Misfortunes: The Anatomy of Failure in War* (New York: Free Press, 2006). 该研究认为失败的三因素为：习得失败，参与失败，调整失败。
7. See Tobias Greitemeyer and Dirk Oliver Mügge, "When Bystanders Increase Rather Than Decrease Intentions to Help," *Social Psychology* 46 (2015): 116–19, http://econtent.hogrefe.com/doi/abs/10.1027/1864–9335/a000215?journalCode=zsp& (accessed Oct. 7, 2016).
8. 议程惯性就是米查·曾科（Micha Zenko）在《红队联盟》（*Red Team*）一书中所定义的"为自己的家庭作业打分"（p. xvi）。当机构组织为不做出改变寻找正当理由时，他们依据的就是上文提及的深深根植于人类心理层面的群体思维模式。这种情况下的敌人就是习惯。虽然这种模式被看成防范降维、抵御潜在损失的一种生存机制，但是即使拥有着多种多样巧妙推理能力的人类仍反复未能准确评估其自身水平。因此，“红队联盟”或“倡导恶魔”的同盟者在评估运营链中的薄弱环节时十分有用。参见 Micha Zenko, *Red Team: How to Succeed by Thinking Like the Enemy* (New York: Basic Books, 2015)。

9. Chris Walsh, “The Soul of Cowardice,” Opinionator blog, *New York Times*, Nov. 9, 2014, http://opinionator.blogs.nytimes.com/2014/11/09/the-soul-of-cowardice/?_r=0 (accessed Oct. 7, 2016).
10. On satisficing, see Marcel Zeelenberg, “Robust Satisficing via Regret Minimization,” *Journal of Marketing Behavior* 1, no. 2 (Oct. 2015): 157–66 https://www.researchgate.net/profile/Marcel_Zeelenberg/publication/283278882_Robust_Satisficing_via_Regret_Minimization/links/5631ecb708ae506cea679fa3.pdf (accessed Oct. 7, 2016).
11. Tomas Chamorro-Premuzic, “The Five Characteristics of Successful Innovators,” *Harvard Business Review*, Oct. 25, 2013, https://hbr.org/2013/10/the-five-characteristics-of-successful-innovators (accessed Oct. 7, 2016).
12. 这可能是社会投射的直接结果，社会投射拒绝考虑和采纳“规范性”行为的替代假设，因为它采纳了“关于‘规则’的过度限制性假设”。参见 Keith A.Stanovich,*What Interlligence Tests Miss* ：*The Psychology of Rational Thought*（New Haven，CT：Yale University Press）,143。“未能适应”（Cohen and Gooth，Military Misfortunes，133–164）的并不是卡珊德拉，这是“对敌人行动的不充分或不完美的预期”的结果，其中卡珊德拉可能被误认为是敌人。
13. Jeremy D. Coplan et al., “The Relationship between Intelligence

and Anxiety: An Association with Subcortical White Matter Metabolism," *Frontiers in Evolutionary Neuroscience* 3, no. 8 (2011), www.ncbi.nlm.nih.gov/pmc/articles/PMC3269637 (accessed Oct. 7, 2016).

14. 事实上，"尽管过度忧虑通常被认为是一种负面特征，高智力被认为是一种正面特征，但是，忧虑可能会让人类去避免危险的情况，不管危险的概率是多么渺小……忧虑可能会让人"失去机会"，但是这样的人可能会有更高的生存率。因此，像智力一样，忧虑可能会给一种物种带来好处。以色列的萨齐博士也得出了类似的结论，那就是焦虑水平较高的人倾向于更早发现威胁并警告其他人。

15. 尽管人们坚持认为，科学是客观性的终极模式，但科学家毕竟是人类，仍服从于哲学家尼克·博斯特罗姆所说的选择效应。 科学家和他们的试验反映了这样一个事实："所有的观测都需要一个定位合适的观测者。"参见 Nick Bostrom, *Anthropic Bias: Observation Selection Effects in Science and Philosophy* (New York: Routledge, 2002)。

16. Charles S. Taber and Milton Lodge, "Motivated Skepticism in the Evaluation of Political Beliefs," *American Journal of Political Science* 50, no. 3 (2006): 755–69, doi:10.1111/j.1540–5907.2006.00214.

17. 1961 年经典的米尔格拉姆（Milgram）实验最好地证明了权威偏见，该实验成功说服了参与者去"电击"其他参与者，因为一位权威人物鼓励他们这样做。

18. See Yuval Noah Harari, *Sapiens: A Brief History of Humankind* (New York: Harper Collins, 2014) for a fascinating review of human cognitive evolution and how it leaves us riddled with decision-making biases.

19. 有数据支撑也不会让一个人无懈可击。博斯特罗姆认为，这些不同的主题具有一个共同之处，就是它们涉及"我有这样和那样的观察，是因为世界是这样和那样的"，因此，观察者是基于对世界的“是”或“应该”的判断来做数据分析的 (p. 4)。Nick Bostrom, “Self-Locating Belief in Big Worlds: Cosmology’s Missing Link to Observation,” *Journal of Philosophy* 99, no. 12 (2002): 607–23.

20. Richard E. Neustadt and Ernest R. May, *Thinking in Time: The Uses of History for Decision Makers* (New York: Free Press, 1986), 48–56.

21. 不完美回忆以及其如何影响记忆和反应约束在此至关重要。米歇尔·皮科内（Michele Piccone）和阿里尔·鲁本斯坦（Ariel Rubenstein）根据决策者数据集的限制详细阐述了可操作模型，即“决策者不能将不同的行为分配给同一信息集中的两种历史” (p. 4)。这是降维的一种特征，是将数据过度解读来匹配先前看似相似的、有着不完美回忆的经验。参见 Michele Piccone and Ariel Rubinstein, “On the Interpretation of Decision Problems with Imperfect Recall,” *Games and Economic Behavior* 20 (1997): 3–24.

22. 失败的原因不在于单个人，而是分散在做出指挥决策的人中，还在于“组织缺陷和环境变化”的影响，这也被称为“无人在码头”理论（Cohen and Gooch,*Military Misfortunes*, 6）。

第二部分　不能再被忽视的警告

第 10 章　计算机科学家：人工智能

1. Brandon Vinson “X-47B Makes First Arrested Landing at Sea,” U.S. Navy at http://www.navy.mil/submit/display.asp?story_id=75298, accessed July 7 2013.

2. 正如“人工智能”是一个过于宽泛的术语，用来指代其两个组成部分的术语“弱人工智能”和“强人工智能”也都是宽泛的术语。“弱人工智能”通常也被称为“限制领域人工智能”。

3. 1959 年，亚瑟·塞缪尔（Arthur Samuel）是这样定义“机器学习”的。
4. 超级智能是被哲学家尼克·博斯特罗姆普及的术语，“超级智能”通常也被称为“强人工智能”。
5. 出自卢克·米尔豪泽的非凡著作，其很好地指导了两位作者。
6. James Barrat, *Our Final Invention: Artificial Intelligence and the End of the Human Era* (New York: Thomas Dunne Books, 2013). Barrat’s book was an important source for the authors.
7. Nick Bostrom, “Ethical Issues in Advanced Artificial Intelligence,” http://www.nickbostrom.com/ethics/ai.html (accessed Nov. 9, 2016). Bostrom is a leading thinker on AI as well as disasters. His body of research was highly valuable to the authors.
8. MIT Aeronautics and Astronautics Department Centennial Symposium, Oct. 2014, http://aeroastro.mit.edu/aeroastro100/centennial-symposium (accessed Oct. 8, 2016).
9. Question 5 in “Less Wrong Q&A with Eliezer Yudkowsky,” Jan. 2010, http://lesswrong.com/lw/1lq/less_wrong_qa_with_eliezer_yudkowsky_video_answers (accessed Oct. 8, 2016).
10. 埃利泽·尤德考斯基于 2016 年 3 月 15 日的采访。
11. Thanks to Luke Muehlhauser, “Facing the Intelligence Explosion,” http://intelligenceexplosion.com/en/2011/not-built-to-think-about-ai;and Martin Kaste, “The Singularity: Humanity’s Last Invention?” *All Things Considered*, National Public Radio, Jan. 11, 2011, www.npr.org/2011/01/11/132840775/The-Singularity-Humanitys-Last-Invention (accessed Oct. 8, 2016).
12. 机器智能研究所宗旨。

13. 我们曾问过尤德考斯基，想知道他是如何说服看门人放他走的，但是他闭口不谈。

14. Eliezer Yudkowsky, "Lonely Dissent," Less Wrong, Dec. 28, 2007, http://lesswrong.com/lw/mb/lonely_dissent (accessed Oct. 8, 2016).

15. David Gilbert, "From Deep Mind to Watson: Why You Should Stop Worrying and Love AI," *International Business Times*, Mar. 18, 2016, www.ibtimes.com/deepmind-watson-why-you-should-learn-stop-worrying-love-ai-2339231 (accessed Oct. 8, 2016), quoting Harriet Green, general manager of Watson' s Internet of Things Unit.

16. Ray Kurzweil, "Don't Fear Artificial Intelligence," www.kurzweilai.net/dont-fear-artificial-intelligence-by-ray-kurzweil (accessed Oct. 8, 2016).

17. Vincent C. Müller and Nick Bostrom, "Future Progress in Artificial Intelligence: A Survey of Expert Opinion," in Vincent C. Müller,ed., *Fundamental Issues of Artificial Intelligence* (Berlin: Springer,Synthese Library, 2014), available online at www.nickbostrom.com/papers/survey.pdf (accessed Oct. 8, 2016).

18. Ibid.

19. 美国国防部高级研究计划局也是互联网、自动语音识别、隐身技术等创造的驱动力。

20. DARPA deputy director Steven Walker quoted in Sydney J. Freedberg Jr., "Robots, Techies, and Troops: Carter and Roper on 3rd Offset," Breaking Defense, June 13, 2016, http://breakingdefense.com/2016/06/trust-robots-tech-industry-troops-carter-roper (accessed Oct. 8, 2016).

21. Michael Sainato, "Steven Hawking, Elon Musk, and Bill Gates Warn About Artificial Intelligence," *The Observer* (UK), Aug. 19, 2015, http://observer.com/2015/08/stephen-hawking-elon-musk-and-billgates-warn-

about-artificial-intelligence (accessed Oct. 8, 2016); and Elon Musk interview with MIT students at the MIT Aeronautics and Astronautics Department Centennial Symposium, Oct. 2014, http://aeroastro.mit.edu/aeroastro100/centennial-symposium (accessed Oct. 8, 2016).

22. Bloomberg via Shobhit Seth, "The World of High Frequency Algorithmic Trading," Investopedia, Sept. 16, 2015, www.investopedia.com/articles/investing/091615/world-high-frequency-algorithmic-trading.asp (accessed Oct. 8, 2016).

23. Andrew Ng, "Is A.I. an Existential Threat to Humanity?" Quora, https://www.quora.com/Is-AI-an-existential-threat-to-humanity/answer/Andrew-Ng (accessed Oct. 8, 2016).

24. 该研究关注的是弱人工智能和机器人造成的失业问题。Carl Benedikt Frey and Michael A. Osbourne, "The Future of Employment: How Susceptible Are Jobs to Computerisation?" Sept. 17, 2013, Oxford Martin School, www.oxfordmartin.ox.ac.uk/downloads/academic/The_Future_of_Employment.pdf (accessed Oct. 8, 2016).

25. Nicholas Carr, *The Glass Cage: Automation and Us* (New York: Norton, 2014), reviewed in Sean Braswell, "All Rise for Chief Justice Robot!" Ozy.com, www.ozy.com/immodest-proposal/all-rise-for-chief-justice-robot/41131 (accessed Oct. 8, 2016).

26. McKinsey Global Institute, referenced in Lakshmi Sandhana, "47% of U.S. Jobs under Threat from Computerization According to Oxford Study," New Atlas, http://newatlas.com/half-of-us-jobs-computerized/29142 (accessed Oct. 8, 2016).

27. John Maynard Keynes, "Economic Possibilities for Our Grandchildren" (1933) in *Essays in Persuasion* (New York: Norton, 1963) referenced in

Frey and Osbourne, "Future of Employment," 3.

28. 斯蒂庞克曾是一家领先的越野车制造商，后转向汽车领域并成为美国四大汽车制造商之一。
29. Martin Ford, *Rise of the Robots: Technology and the Threat of a Jobless Future* (New York: Basic Books, 2015).
30. "The Great Depression and World War II, 1929-1945," Gilder Lehrman Institute of American History, www.gilderlehrman.org/history-by-era/essays/great-depression-and-world-war-ii-1929–1945 (by subscription, free to students and teachers).
31. Ibid.
32. Ash Carter, Secretary of Defense Testimony to House Appropriations Committee, Feb. 25, 2016, www.defense.gov/News/Speeches/Speech-View/Article/672855/submitted-statement-house-appropriations-committee-defense-fy-2017-budget-reque (accessed Oct. 8, 2016).
33. Freedberg, "Robots, Techies, and Troops."
34. William Roper, Defense One Tech Summit, June 10, 2016, in Freedberg, "Robots, Techies, and Troops."

第 11 章　新闻记者：大流行性疾病

1. Henry W. Griest, "The Big Sickness," Arctic Circle, http://arcticcircle.uconn.edu/HistoryCulture/Sickness/sickness.html (accessed Oct. 8, 2016).
2. Jeffery Taubenberger, Ann Reid, Amy Krafft, et al., "Initial Genetic Characterization of the 1918 'Spanish' Influenza Virus," *Science* 275 (1997): 1793–96.
3. David Malakoff, "Breaking News: NSABB Reverses Position on Flu

Papers," American Association for the Advancement of Science, Mar. 30, 2012, www.sciencemag.org/news/2012/03/breaking-news-nsabb-reverses-position-flu-papers (accessed Nov. 9, 2016). 然而，在明智地决定公布研究关键部分之后不久，董事会以 12 : 6 的投票推翻之前的决定，不再抗议。该委员会的新逻辑是“理解特定的突变也许能提高国际监督和公共健康与安全”。

4. Jim Avila and Meredith Ramsey, “Renowned Bird Flu Expert Warns: Be Prepared,” ABC News, Mar. 14, 2006, http://abcnews.go.com/WNT/AvianFlu/story?id=1724801&page=1 (accessed Nov. 9, 2016).
5. Robert G. Webster et al. “H5N1 Outbreaks and Enzootic Influenza,” *Emerging Infectious Diseases* 12:1 (2006): 3–8.
6. Avila and Ramsey, “Renowned Bird Flu Expert Warns.”
7. 罗伯特 · G. 韦伯斯特于 2016 年 5 月 23 日的采访。
8. 劳里 · 加勒特博士于 2016 年 5 月 23 日的采访。
9. 瑞恩 · 怀特是来自印第安纳州科科莫镇的一名血友病少年，他因受污染的血液而感染上艾滋病病毒。他在 14 岁时（1985 年），被中学开除。他遭到嘲笑，还收到死亡威胁，一颗子弹曾打穿过他家的客厅窗户。1990 年，他死于艾滋病，享年 18 岁。
10. 1992 年，迈克 · 赫卡比（Mike Huckabee）在竞选阿肯色州参议员时表示，应该采取措施“隔离这场瘟疫的携带者”。20 世纪 80 年代，参议员杰西 · 赫尔姆斯（Jesse Helms）呼吁“隔离那些感染者”。Dana Bash and Evan Glass, “Huckabee Refuses to Retract’92 Remarks on AIDS Patients,” CNN, Dec. 10, 2007, www.cnn.com/2007/POLITICS/12/10/huckabee.aids (accessed Oct. 8, 2016); and Jim Morrison, “HIV Quarantines? They Already Exist, *Advocate*, May 15, 2013, www.advocate.com/commentary/2013/05/15/op-ed-hiv-

quarantines-they-already-exist (accessed Oct. 8, 2016).

11. "Discovery and Development of Penicillin," American Chemical Society, https://www.acs.org/content/acs/en/education/whatischemistry/landmarks/flemingpenicillin.html.
12. 尽管人体滥用抗生素肯定是造成细菌耐药性的一个原因，但其中的原因错综复杂。比如，80% 的抗生素被用于动物农场里促进动物生长。
13. World Health Organization, *Antimicrobial Resistance: Global Report on Surveillance* (Geneva: WHO, 2014), http://apps.who.int/iris/bitstream/10665/112642/1/9789241564748_eng.pdf?ua=1 (accessed Oct. 8, 2016).
14. Amy E. Smithson and Leslie-Anne Levy, *Ataxia: The Chemical and Biological Terrorism Threat and the U.S. Response*, Stimson Report 35 (Washington, DC: Stimson Center, Oct. 9, 2000), 78–79.
15. 美国外交关系协会是美国历史上最为悠久、最负盛名的智库之一，恰好也是加勒特工作的地方。

第 12 章　气候科学家：海平面上升

1. "People," Climate Science, Awareness, and Solutions, Earth Institute, Columbia University, http://csas.ei.columbia.edu/about-us/people (accessed Oct. 9, 2016).
2. "About GISS," Goddard Institute of Space Studies, National Aeronautics and Space Administration, www.giss.nasa.gov/about (accessed Oct. 9, 2016).
3. Mark Bowen, Censoring Science: Inside the Political Attack on Dr. James

Hansen and the Truth of Global Warming (New York: Dutton, 2008), 209, 211.

4. James Hansen, "Why I Must Speak Out about Climate Change, www.ted.com/talks/james_hansen_why_i_must_speak_out_about_climate_change?language=en (accessed Oct. 9, 2016).
5. James Hansen et al., "Climate Impact of Increasing Atmospheric Carbon Dioxide," *Science* 213, no. 4511 (1981): 957–66, at 957.
6. James E. Hansen, *Storms of My Grandchildren: The Truth about the Coming Climate Catastrophe and Our Last Chance to Save Humanity* (New York: Bloomsbury, 2009), 61.
7. Philip Shabecoff, "Global Warming Has Begun, Expert Tells Senate," *New York Times*, June 24, 1988, sec. U.S., www.nytimes.com/1988/06/24/us/global-warming-has-begun-expert-tells-senate.html (accessed Oct. 9, 2016); and Bowen, *Censoring Science*, 224.
8. 詹姆斯 · 汉森于 2016 年 3 月 15 日的采访。(本章其余引用汉森的采访内容将不再一一标注。)
9. Richard A. Kerr, "Hansen vs. the World on the Greenhouse Threat," *Science* 244, no. 4908 (1989): 1041–43, at 1041.
10. "Global Temperature," Vital Signs, NASA Global Climate Change, http://climate.nasa.gov/vital-signs/global-temperature (accessed Oct. 9, 2016).
11. Christopher B. Field, Vicente R. Barros, and Intergovernmental Panel on Climate Change, eds., *Climate Change 2014: Impacts,Adaptation, and Vulnerability—Working Group II Contribution to the Fifth Assessment Report of the Intergovernmental Panel on Climate Change* (New York: Cambridge University Press, 2014), 63.

12. "Adoption of the Paris Agreement," Conference of the Parties, Twenty-First Session, Paris, Nov. 30-Dec. 11, 2015, (United Nations: Framework Convention on Climate Change), 4, 6.

13. Oliver Milman, "James Hansen, Father of Climate Change Awareness, Calls Paris Talks'a Fraud,'" *Guardian*, Dec. 12, 2015, sec. Environment, www.theguardian.com/environment/2015/dec/12/james-hansen-climate-change-paris-talks-fraud.

14. James Hansen et al., "Ice Melt, Sea Level Rise and Superstorms: Evidence from Paleoclimate Data, Climate Modeling, and Modern Observations That 2℃ Global Warming Is Highly Dangerous," *Atmospheric Chemistry and Physics Discussions* 15, no. 14 (July 23， 2015): 20059–179, doi:10.5194/acpd-15-20059-2015, www.atmoschem-phys.net/16/3761/2016/acp-16-3761–2016.html, p. 20061.

15. "Infographic: Sea Level Rise," NASA Global Climate Change, http://climate.nasa.gov/climate_resources/125 (accessed Oct. 9, 2016).

16. "Quick Facts on Ice Sheets," National Snow and Ice Data Center, https://nsidc.org/cryosphere/quickfacts/icesheets.html (accessed Oct. 9, 2016).

17. James Hansen, "Ice Melt, Sea Level Rise and Superstorms Video Abstract," YouTube, https://www.youtube.com/watch?v=JP-cRqCQRc8(accessed Oct. 9, 2016).

18. Andrew C. Revkin, "Whiplash Warning When Climate Science Is Publicized Before Peer Review and Publication," Dot Earth Blog,1437675605, http://dotearth.blogs.nytimes.com/2015/07/23/whiplash-warning-when-climate-science-is-publicized-before-peer-review-and-publication(accessed Oct. 9, 2016).

19. Hansen et al., "Ice Melt, Sea Level Rise and Superstorms," Peer Review,

Interactive Discussion, *Atmospheric Chemistry and Physics*,www.atmos-chem-phys.net/16/3761/2016/acp-16-3761–2016-discussion.html#discussion (accessed Oct. 9, 2016).

20. Eli Kintisch, Hansen's Retirement from NASA Spurs Look at His Legacy," *Science* 340, no. 6132 (2013): 540–41, at 540.
21. "James Hansen: For Sounding the Alarm on Climate Change, Early and Often," *Foreign Policy* 197 (2012): 45.
22. Katherine Bagley, "For James Hansen, the Science Demands Activism on Climate," *Yale Environment 360*, http://e360.yale.edu/feature/james_hansen_science_demands_action/2981 (accessed Oct.9, 2016).
23. Stephane Hallegatte et al., "Future Flood Losses in Major Coastal Cities," *Nature Climate Change* 3, no. 9 (Aug. 18, 2013): 802–6, doi:10.1038/nclimate1979.
24. Joanna Jolly, "How Boston Is Rethinking Its Relationship with the Sea," BBC News, www.bbc.com/news/magazine-29761274 (accessed Oct. 9, 2016).
25. "James Hansen: Taking Heat for Decades," *Bulletin of the Atomic Scientists* 69, no. 4 (July–Aug., 2013): 1–8, doi:10.1177/0096340213493256, 5.

第13章 气象员：核冰期

1. Christine C. Fair, *Fighting to the End: The Pakistan Armys' Way of War* (New York, NY: Oxford University Press, 2014), 16.
2. Bruce Riedel, *Avoiding Armageddon: America, India, and Pakistan to the Brink and Back* (Washington, DC: Brookings Institution Press, 2013).

3. Jeffrey Goldberg and Marc Ambinder,"The Ally from Hell," *The Atlantic*, Dec. 2011, www.theatlantic.com/magazine/archive/2011/12/the-ally-from-hell/308730 (accessed Nov. 11, 2016).

4. 艾伦 · 罗博克于 2016 年 5 月 10 日的采访。

第 14 章 工程师：万物互联

1. Elinor Mills, “Joe Weiss, Crusader for Critical Infrastructure Security (Q&A),” *CNET*, May 10, 2010, www.cnet.com/news/joe-weiss-crusader-for-critical-infrastructure-security-q-a/ (accessed Nov. 9, 2016).

2. 乔 · 韦斯于 2016 年 2 月 12 日的采访。

第 15 章 行星守卫者：小行星撞击

1. Donald K. Yeomans, *Near-Earth Objects: Finding Them Before They Find Us* (Princeton, NJ: Princeton University Press, 2013), 54–55.

2. 戴维 · 莫里森于 2016 年 4 月 14 日的采访。

3. Christopher Mele, “NASA and FEMA Rehearse for the Unthinkable: An Asteroid Strike on Los Angeles,” *New York Times*, Nov. 14, 2016, http://www.nytimes.com/2016/11/15/science/nasa-and-fema-rehearse-for-the-unthinkable-an-asteroid-strike-on-los-angeles.html?_r=0 (accessed Dec. 15, 2016).

第 16 章 生物学家：基因编辑

1. 珍妮弗 · 杜德娜于 2016 年 6 月 8 日的采访。（本章其余引用杜德娜的采访内容将不再一一标注。）

2. Jennifer Kahn, "The CRISPR Quandary," *New York Times Magazine*,Nov. 9, 2015, www.nytimes.com/2015/11/15/magazine/the-crisprquandary.html (accessed Oct. 11, 2016).
3. Andrew Pollack, "Jennifer Doudna, a Pioneer Who Helped Simplify Genome Editing," *New York Times*, May 11, 2015, www.nytimes.com/2015/05/12/science/jennifer-doudna-crispr-cas9-genetic-engineering.html?_r=0 (accessed Oct. 11, 2016).
4. Martin Jinek et al., "A Programmable Dual-RNA-Guided DNA Endonuclease in Adaptive Bacterial Immunity," *Science* 337, no.6096 (Aug. 17, 2012): 816–21.
5. Kahn, "The CRISPR Quandary."
6. Sean B. Carroll, "Tracking the Ancestry of Corn Back 9,000 Years," *New York Times*, May 24, 2010, www.nytimes.com/2010/05/25/science/25creature.html (accessed Oct. 11, 2016); and Jerry Adler and Andrew Lawler, "How the Chicken Conquered the World," *Smithsonian*, June 2012, www.smithsonianmag.com/history/how-the-chicken-conquered-the-world-87583657 (accessed Oct. 11, 2016).
7. Christina Larson, "China's Bold Push into Genetically Customized Animals," *Scientific American*, Nov. 17, 2015, www.scientificamerican.com/article/china-s-bold-push-into-genetically-customized-animals (accessed Oct. 11, 2016).
8. Hao Yin, Wen Xue, et al., "Genome Editing with Cas9 in Adult Mice Corrects a Disease Mutation and Phenotype," *Nature Biotechnology* 32, no. 6 (Mar. 30, 2014): 551–53, DOI:10.1038/nbt.2884.
9. Chengzhu Long, Leonela Amoasii, et al., "Postnatal Genome Editing Partially Restores Dystrophin Expression in a Mouse Model of Muscular

Dystrophy," *Science* 351, no. 6271 (Jan. 22, 2016): 400–403, DOI: 10.1126/science.aad5725.

10. Jonathan Rockoff, "Why Gene-Editing Technology Has Scientists Excited," *Wall Street Journal*, June 28, 2015, www.wsj.com/articles/why-gene-editing-technology-has-scientists-excited-1434985998(accessed Oct. 11, 2016).
11. Amy Maxmen, "Easy DNA Editing Will Remake the World. Buckle Up," *Wired*, Aug. 2015, www.wired.com/2015/07/crispr-dna-editing-2 (accessed Oct. 11, 2016).
12. Yangfan Fu, Jennifer A. Foden, et al., "High-Frequency Off-Target Mutagenesis Induced by CrIsPr-Cas Nucleases in Human Cells," *Nature Biotechnology* 31, no. 9 (Sept. 2013).
13. Helen Shen, "First Monkeys with Customized Mutations Born," *Nature News*, Jan. 30, 2014, www.nature.com/news/first-monkeys-with-customized-mutations-born-1.14611 (accessed Oct. 11, 2016).
14. Paul Berg, "Meetings That Changed the world: Asilomar 1975: DNA Modification Secured," *Nature* 455, no. 7211 (Sept. 17, 2008):290–91, doi:10.1038/455290a, www.nature.com/nature/journal/v455/n7211/full/455290a.html (accessed Oct. 11, 2016).
15. Anthony J. F. Griffiths et al., *Making Recombinant DNA: An Introduction to Genetic Analysis*, 7th ed. (New York: Freeman, 2000).The conference was hosted by the National Center for Biotechnology Information.
16. The Paul Berg Papers: Recombinant DNA Technologies and Researchers' Responsibilities, 1973–1980, Profiles in Science, National Library of Medicine, National Institutes of Health, https://profiles.nlm.nih.gov/ps/retrieve/Narrative/CD/p-nid/260 (accessed Oct. 11, 2016).

17. Paul Berg, David Baltimore, et al., "Summary Statement of the Asilomar Conference on Recombinant DNA Molecules," *Proceedings of the National Academy of Sciences of the United States of America* 72, no. 6 (June 1975): 1981–84.

18. 保罗 · 伯格于 2016 年 6 月 6 日的采访。

19. David Baltimore, Paul Berg, et al., "A Prudent Path Forward for Genomic Engineering and Germline Gene Modification," *Science* 348, no. 6230 (Apr. 3, 2015): 36–38.

20. David Cyranoski and Sara Reardon, "Chinese Scientists Genetically Modify Human Embryos," *Nature*, Apr. 22, 2015, doi:10.1038/nature.2015.17378.

21. Sarah Zhang, "CRISPR Is Getting Better. Now It's Time to Ask the Hard Ethical Questions," *Wired*, Dec. 1, 2015, www.wired.com/2015/12/stop-dancing-around-real-ethical-problem-crispr (accessed Oct. 11, 2016).

22. Michael Specter, "The Gene Hackers," *New Yorker*, Nov. 16, 2015, www.newyorker.com/magazine/2015/11/16/the-gene-hackers (accessed Oct. 11, 2016.)

23. Gregory Stock, *Redesigning Humans: Choosing Our Genes,Changing Our Future* (New York: Houghton Mifflin, 2003).

24. Stephen D. H. Hsu, "On the Genetic Architecture of Intelligence and Other Quantitative Traits," *arXiv*, Aug. 30, 2014, arXiv:1408.3421v2 (accessed Oct. 11, 2016).

25. 杰米 · 梅茨尔于 2016 年 4 月 28 日的采访。

26. Steven Olson, ed., *International Summit on Human Gene Editing: A Global Discussion* U.S. (Washington, DC: National Academies Press,

2016), doi: 10.17226/21913.

27. David Baltimore, Francoise Baylis, et al., "On Human Gene Editing: International Summit Statement," press release, U.S. National Academies of Science, Engineering, and Medicine, Dec. 3, 2015, www8.nationalacademies.org/onpinews/newsitem.aspx?RecordID=12032015a (accessed Oct. 11, 2016).